FICTION IN THE PORTUGUESE-SPEAKING WORLD

Fiction in the Portuguese-speaking World

ESSAYS IN MEMORY OF ALEXANDRE PINHEIRO TORRES

Edited by
CHARLES M. KELLEY

UNIVERSITY OF WALES PRESS
CARDIFF
2000

© The Contributors, 2000

British Library Cataloguing-in-Publication Data.
A catalogue record for this book is available from the British Library.

ISBN 0-7083-1455-4

All rights reserved. No part of this book may be reproduced, stored in a retrieval system, or transmitted, in any form or by any means, electronic, mechanical, photocopying, recording or otherwise, without clearance from the University of Wales Press, 6 Gwennyth Street, Cardiff, CF24 4YD.

www.wales.ac.uk/press

Typeset by Action Publishing Technology Ltd, Gloucester
Printed in Great Britain by Dinefwr Press, Llandybïe

Sagesse

Ao Alexandre Pinheiro Torres

Corre o rio do tempo: já, suave,
nos sorve a indiferença do futuro:
deitados, calmos, nesta nave
que nos leva ao alvo certo: o escuro.

Ser ou não ser – nada ao nada acresce:
a vida boa ou má dura o que dura.
Ter ou não ter feito? Mas tudo desce
ao lisinho nada que tudo cura.

Eugénio Lisboa
Paris, 31 October 1995

Importa-me equacionar, nos meus romances, a disparidade entre o Portugal inventado, na capital, e o Portugal do interior que eu conheço. Na verdade, os pilares do salazarismo eram falsos. Descobri-o através da minha própria família.

A sociedade criada pela espécie humana nunca soube viver sem máscaras, mentiras-a-sério (que acabam por ser as mais honestas), meias-mentiras, subterfúgios, palhaçadas.

A vida, Deus meu, é uma criança bem difícil de suportar.

Alexandre Pinheiro Torres

Contents

Foreword ix

List of Contributors xii

Portugal

1 On Autobiography and Fiction: The Case of Camilo's 3
  Amor de Salvação and *O Romance de um Homem Rico*
  DAVID FRIER

2 O Descrédito do Naturalismo Literário 15
  EUNICE CABRAL

3 Por(Torga)lidade or Torga and the Motherland: Still 22
  Angry after All These Years
  MARIA MANUEL LISBOA

4 Blighted Lives: Children and Adults in Soeiro Pereira 46
  Gomes's *Esteiros*
  JULIET PERKINS

5 Panorama do Romance Pós-neo-realista Português 63
  EUNICE CABRAL

6 Vai Alto o Romance: *O Meu Anjo Catarina* de Alexandre 75
  Pinheiro Torres
  CARLOS CEIA

7 Hermenêutica Humanista de *O Evangelho Segundo Jesus*
  Cristo de José Saramago 88
  CARLOS CEIA

CONTENTS

Portuguese-speaking Africa

8   Narration and Nation-Building: The Angolan Novels   107
of Pepetela
DAVID BROOKSHAW

9   History and Fiction in José Eduardo Agualusa's Novels   117
MARIA GUTERRES

Brazil

10   The Reception of Graciliano Ramos's *Vidas Secas*   139
outside Brazil
CLIVE WILLIS

11   Change versus Continuity: Popular Culture in the   158
Novels of Jorge Amado
MARK DINNEEN

12   Clarice Lispector: Re-Joycing in 'The Dead'   176
HILARY OWEN

13   *O Tempo e O Vento*: História, Mito, Literatura   194
REGINA ZILBERMAN

14   Riobaldo, Eros and the Enigma of Diadorim in   217
Grande Sertão: Veredas
CHARLES M. KELLEY

15   Torture in the Work of Ivan Ângelo   238
JOHN GLEDSON

16   *Corpo Vivo*'s Second Hero and the Age of Iron   246
ROBERT J. OAKLEY

Index   264

Foreword

This volume of essays has been long – some would say too long – in gestation. Originally planned as a fitting token of esteem to honour the final retirement from university teaching of Alexandre Pinheiro Torres, the distinguished novelist, essayist and poet, it was initially delayed by the untimely deaths of two contributors who had already started writing their essays: Dr Giovanni Pontiero of Manchester University and Professor Pamela Bacarisse of the University of Pittsburgh. It is only fitting that I pay tribute here to the fruitful lives and careers of these much respected colleagues. Regrettably the projected date of publication was overtaken by the unexpected death of Pinheiro Torres himself on 3 August 1999. The sixteen essays herein, written in his memory by scholars from universities in Great Britain, Portugal and Brazil, are now offered as a celebration of the life and works of a prolific writer and dedicated teacher.

Given that Pinheiro Torres's most prolific and original output was in the field of fiction, it is apt that the essays focus on a range of Portuguese, Brazilian and Portuguese-speaking African writers, including himself, who dissect different *tropoi* of their own society. Born in 1920, Pinheiro Torres lived in São Tomé e Príncipe, Póvoa do Varzim, Coimbra, Oporto, Lisbon and, for over thirty years, Cardiff, Wales. Notwithstanding these varied locations, or – more probably – because of them, one of the constants in his writing has been an obsession with the identity of his native land. The other has been the illusory nature of life in all its manifestations.

Deciding to go into voluntary exile from Portugal in 1965 in order to escape persecution at the hands of Salazar's Estado Novo, Alexandre Pinheiro Torres settled in Cardiff, where at the end of his teaching career he was Instituto de Camões Emeritus Professor of Portuguese in the School of European Studies, Cardiff University.

It was only after the 1974 Revolution in Portugal that Pinheiro Torres began to publish the novels that he had started writing during the dictatorship of Salazar. Thus, although he wrote *A Nau de*

FOREWORD

Quixibá in 1957 at the prompting of Castro Soromenho, it was not published until 1977; *Espingardas e Música Clássica* was written between 1961 and 1962 but not published until 1987. These two novels, together with *O Adeus às Virgens* (1992), *Sou Toda Sua, Meu Guapo Cavaleiro* (1994), and *A Quarta Invasão Francesa* (1995), constitute Pinheiro Torres's cycle of satire and criticism of Salazar's Portugal. His barbed references to the loss of Goa; Humberto Delgado, the omnipresence of the infamous political thought-police, the PIDE, military service for a colonial power (Portugal), as well as many other references to *bêtes noires* of the regime, would have made publication of these novels unthinkable during the dictatorship. In the subsequent novel, *Vai Alta A Noite* (1997), he continues the satirical vein, mocking the feverish pursuit of money and the relativity of contemporary values in Cavaco's democratic and 'Thatcheresque' Portugal. In his last novel, *O Meu Anjo Catarina*, Pinheiro Torres parodies religion, the family and tradition itself, inventing a latter-day picaresque world in which every experience is an illusion.

In the tradition of Eça de Queirós and Camilo Castelo Branco, Pinheiro Torres's novels critically dissect Portuguese society. The spirit of Machado de Assis, Swift, Sterne and Fielding lives on in his pages. Indeed he has mastered the deadpan nature of English humour and applied it to his writing on Portugal as well as life itself. Linguistically, he keeps company with Camilo and Guimarães Rosa.

Pinheiro Torres's output as a poet and literary critic should not go unmentioned. He received the Portuguese Writers' Asssociation (APE) Poetry Prize in 1983 for *A Flor Evaporada* (Lisbon: Dom Quixote), and his poetry was critically acclaimed in separate studies by Eduardo Prado Coelho in *A Letra Litoral* (Lisbon: Moraes, 1979), 217–20 and Jorge de Sena in *Dialécticas Aplicadas da Literatura* (Lisbon: Edições 70, 1978), 420–42. As a literary critic he was awarded the APE Essay Prize for his studies on Jorge de Sena (1981), Ruy Belo (1983) and Cristovam Pavia, the *alentejo* poet, in 1984. He became a major and – entirely within character – controversial critic of the Portuguese Neo-Realist movement, and within this field his principal books have become benchmarks for students and scholars alike. I am referring, of course, to *Vida e Obra de José Gomes Ferreira* (Lisbon: Bertrand, 1975), *O Neo-Realismo Literário Português* (Lisbon: Moraes, 1977), *Romance: o Mundo em Equação* (Lisbon: Portugália, 1967), *Poesia: programa*

FOREWORD

para o concreto (Lisbon: Ulisseia, 1966), *Ensaios Escolhidos I & II* (Lisbon: Caminho, 1989 and 1990) and *Le Mouvement Néo-Réaliste au Portugal* (Brussels: Sagres-Europe, 1991). His importance as a literary critic has been highlighted in Portugal by Antonio Saraiva and Oscar Lopes in the seventeenth edition of their seminal *Historia da Literatura Portuguesa* as well as by Leodegario A. de Azevedo Filho in *Situação Actual da Literatua Portuguesa* (Coimbra: Almedina, 1972, pp. 131–4).

Writing in the catalogue of the 1997 Frankfurt Book Fair, two distinguished fellow novelists – the Nobel prizewinner José Saramago and the late José Cardoso Pires – rightly placed him among the most influential contemporary Portuguese writers.

Charles M. Kelley
Cardiff University
December 1999

List of Contributors

David Brookshaw is Chair of the Department of Hispanic, Latin American and Portuguese Studies in the University of Bristol and has published widely on Lusophone African literature.
Eunice Cabral lectures on Portuguese literature in the Universidade de Évora, Portugal, and has published articles on various aspects of the Portuguese novel.
Carlos Ceia is a Professor of Literature in the Universidade Nova de Lisboa, Portugal, and has written on Alexandre Pinheiro Torres and José Saramago.
Mark Dinneen lectures on Portuguese in the University of Southampton and is an expert on the novels of Jorge Amado.
David Frier teaches Portuguese in the University of Leeds, and is a specialist on the works of Camilo Castelo Branco.
John Gledson is Emeritus Professor of Latin American Literature in Liverpool University and has published widely on Brazilian literature, including seminal essays on Machado de Assis.
Maria Guterres is University Lecturer in Portuguese, Liverpool University, and specializes in Lusophone African writing.
Charles Kelley teaches Portuguese, Brazilian and Spanish American literature in Cardiff University and has published on the novels of João Guimarães Rosa.
Maria Manuel Lisboa lectures on Portuguese literature in the University of Cambridge and publishes on twentieth-century Portuguese literature.
Robert J. Oakley has recently retired from full-time teaching in the University of Birmingham and has published on a wide range of Portuguese and Brazilian writers.
Hilary Owen teaches Portuguese in the University of Manchester and is an expert on the writings of Clarice Lispector.
Juliet Perkins teaches in the Department of Portuguese, King's College, London, and is a specialist on Portuguese neo-realism.
Clive Willis is Emeritus Professor of Portuguese in the University of Manchester and has published extensively on Portuguese literature and culture.
Regina Zilberman is Professor of Brazilian Literature in the Pontifícia Universidade Católica do Rio Grande do Sul, and has published extensively on Brazilian literature and culture. She is an expert on Érico Veríssimo.

PORTUGAL

1
On Autobiography and Fiction: The Case of Camilo's *Amor de Salvação* and *O Romance de um Homem Rico*[1]

DAVID FRIER

It is one of the great commonplaces of studies of Camilo that his work is fundamentally autobiographical. This belief goes back to the author's own lifetime, when works such as Alberto Pimentel's *O Romance do Romancista* purported to give the reader an account of the novelist's experiences of life through his own published words.

In the latter years of the twentieth century it is surely unnecessary to outline the questionable nature of the assumptions which such a project makes: nevertheless the fact that incidents such as the sensationalist tale of Maria do Adro (recounted in *Duas Horas de Leitura*) had to be refuted as historical fact by Alexandre Cabral in his *Dicionário de Camilo Castelo Branco* as recently as 1989 should be a forceful reminder of the continuing strength of the autobiographical line of interpretation often adopted with regard to this particular writer.[2]

A simple equation of life and work is clearly inadequate then. However, are we to go so far as to deny the autobiographical content which has generally been perceived in Camilo's writing? I intend to suggest that we should not, and, indeed, that there are very good reasons why we should not do so, for this would involve the rejection of many useful insights as well as what are now seen to be the naïve interpretations of enthusiasts such as Pimentel. The weakness of past autobiographically based criticism should not therefore require the reader to follow the position adopted by commentators such as Abel Barros Baptista, who chooses to see the novelist's creation purely in terms of discourse itself.[3]

There are two main reasons why I hold this position: firstly, because there is a continual recurrence in the novelist's works of situations and characters which bear clear resemblances to his own experiences, the most obvious – although not necessarily the most reliable – example being the martyrdom of Simão Botelho in *Amor de Perdição*, supposedly written in a period of two weeks while the author himself awaited trial and possible exile to Africa in the same prison in Oporto as his real-life uncle, the explicit model for the fictional hero. In the case of this novel it is surely untenable to question the fact that there is some kind of parallel between real-life experience and fiction: it is, rather, a question of establishing the exact nature and function of that parallel.

Secondly, however, the novelist himself invites the autobiographical mode of interpretation by his references, explicit and implicit, to his own (very public) figure as narrator in a number of works: *Amor de Perdição* itself closes with a direct link being made between the real-life author and his subject-matter, while other texts leave the reader in little doubt that in some way or another the narrative voice is to be identified with a historical person called Camilo Castelo Branco: thus, the opening pages of *Amor de Salvação* are very prominently set in the area around Camilo's new-found home in São Miguel de Ceide, while the opening section of *O Romance de um Homem Rico* alludes directly to an earlier text by the novelist (III, 9).[4]

Too often, however, the link between text and real-life experience has been made at a superficial level: in particular Camilo's traumatic experiences of the court case brought against him and Ana Plácido by her husband Pinheiro Alves for their adulterous relationship have been seen to form the basis for many of the novelist's works of the late 1850s and early 1860s. Thus, in the case of *Amor de Perdição* convention has it that Simão Botelho is Camilo, Teresa de Albuquerque is Ana, and Baltasar Coutinho is Pinheiro Alves. This neat one-to-one correspondence raises as many questions as it answers, however: for if Teresa is Ana, then her association with the concept of perdition should surely lead us to question our received images of the relationship between Camilo and Ana. Moreover, how does this identification of Teresa with Ana lead the reader to understand the enigmatic figure of Mariana, whose mature and selfless love for Simão could be said to be more intense and worthy than Teresa's youthful passion? And, finally in relation to Camilo's most celebrated novel, it surely should not have taken until the 1960s for a critic to point out that if Simão is intended to be a self-portrait by the author, then it is not a very flattering one.[5]

The question which I wish to ask, therefore, is not whether or not

Camilo's novels are in some way autobiographical but instead in what way they may be said to be autobiographical: if we accept that they do indeed reflect in some way on the author's real-life experiences, how should these transformed experiences be read by us?

I shall cite one further example of the misuse of the biography-work equation with regard to Camilo before I go on to discuss an alternative reading of two of his major novels (*Amor de Salvação* and *O Romance de um Homem Rico*) in what I believe is a more productive treatment of autobiographical content.

In Camilo's miscellaneous collection of texts of 1863 *Cenas Inocentes da Comédia Humana*, the narrator writes of his first meeting with three beautiful women whom he met at a society ball:

> Da que primeira vi, mal me recordo. Se a procurar hoje, depois de doze anos, para acordar as reminiscências de então, não a encontro, que morreu.
>
> Da segunda nunca poderei esquecer os olhos. A luz, que eles tinham, como o fogo das Vestais, nunca se apaga: a terra da sepultura abafa o recipiente da alma que chamejava neles, mas a flama vive sempre na memória do coração, que os contemplou um momento. Morreu também essa.
>
> A terceira eras tu . . . Doze anos, e nem uma pétala murcha daquelas flores! (XIII, 1203-4)

This figure has been identified with Ana, and the setting in a ball is quite possibly based on real-life experience, as this recurs in other contexts, such as the novel *Anos de Prosa* of the same year.[6] This, however, should not be taken to imply that all other aspects of Camilo's account of the occasion should be regarded as reliable, but at most as proof that he remembers the event. In fact, the passage here shows clear signs of conscious artistic shaping, which suggests that there has been at least some element of imposition of present feelings upon past events: phrased in anecdotal style, it deliberately sets the explicit centre of attention (Ana) in relief against two less important women, who may even have been invented specially for this purpose, and the narrative voice seems to use the idea of physical death to convey the sense of a deeper, undying love for Ana at a spiritual level. The passage therefore projects emotional significance in the present on to a memory of an event which may or may not have stimulated that experience for the author at the time.

It is from passages such as this that the mistaken belief has grown up of Camilo's devotion to Ana as his 'mulher fatal'. In fact, however, the research carried out on Camilo's biography by Alexandre Cabral suggests that this was anything but the reality; in particular, an examination of the letters and telegrams exchanged by the couple during the period of the novelist's flight from imprisonment in 1859-60 suggests that it was Ana who was determined to pursue her relationship with Camilo to the end at the time, while his attitudes were more unstable.[7]

Nevertheless, it was with Ana that Camilo settled down to spend the rest of his days, and there is clear evidence that a deep love did develop between them, particularly after the death of Pinheiro Alves in 1863 permitted them to settle in his former estate at S. Miguel de Ceide. The problem in literary terms, however, is that the projection of present feeling on to past experience in contexts such as that of *Cenas Inocentes da Comédia Humana* has stimulated a general belief in the novelist's undying devotion to Ana at a level of biographical fact, and this assumption has then been used in turn to justify readings such as the traditional one of *Amor de Perdição* alluded to above. One naïve reading has therefore created a particular perception of reality, which in turn has provoked a further one-sided reading of literary texts. This particular line of interpretation has therefore become merely a self-referential circle.

I have already suggested that in the case of *Amor de Perdição* this kind of interpretation breaks down on closer examination. I would suggest, however, that it is *O Romance de um Homem Rico* and *Amor de Salvação* which are of greatest interest in this context, because the narrative content of these novels (which, as I have already suggested, is in some sense autobiographical in origin) is placed inside a framing narrative whose relationship to the main narrative has not been subjected to adequate scrutiny.

An initial reading of these works suggests that both novels tell tales of virtue triumphing over evil, of the rediscovery by the two protagonists of the simple truths of traditional Portuguese rural values after a period of temptation by the sophisticated allure of an increasingly cosmopolitan city society. In both novels this glamour of the city is embodied by captivating female figures who effectively seduce the main characters and nearly lead them to their doom. In both cases, however, eventual salvation is achieved through the intercession of the innocent love of a maternal figure: in *Amor de Salvação* it is the warm Mafalda who brings Afonso de Teive back from his life of degradation in Paris to blissful contentment in the

Minho, while in *O Romance de um Homem Rico* it is the protagonist's own mother, Maria da Glória, who leads him to discover the truth of the Gospel and become a priest as she lies on her death-bed.

When seen in isolation, all of this helps to sustain the image of Camilo as a reactionary defender of the status quo, a position attacked effectively in recent years by João Camilo dos Santos with regard to *A Queda dum Anjo*.[8] And yet it would appear that little attempt has been made to approach this question with regard to other texts; indeed, given the publicity accorded to Camilo's extra-marital liaison with Ana, one might have been forgiven for thinking that the conventional wisdom about the novelist's conservativism should have been questioned before now.

Furthermore, it is surely remarkable that so little comment has been made on the novelist's own reflections on *O Romance de um Homem Rico* in his work *Memórias do Cárcere* of 1862. There are two particular references to this novel in that text to which I wish to draw attention. Firstly, he recalls a meeting in prison with a certain António José Coutinho, who told him that his imprisonment was caused by his mother, to which the author claims to have reacted in the following way:

– A santa que o perdeu? – atalhei, a primeira vez que ele me apresentou ideias tão discordes. – Mãe e santa pode perder um filho?! (XI, 424).

According to Camilo, the story which the character then told him was later to become the basis for *O Romance de um Homem Rico*. Yet on first examination of the novel it would appear that Maria da Glória saves Álvaro from moral downfall, rather than having a negative influence on his life. To square these comments with the novel itself, therefore, we are surely obliged to adopt one of two paths: either the novelist has chosen to radically alter the mother's role in the move from reality to fiction – in which case we can no longer talk about this as a text based on real experience – or one must surely call into question the whole traditional interpretation of the text. In fact, the life-story which we are given of Coutinho suggests the latter option, that we should perhaps revise our understanding of the novel: Camilo tells us that Coutinho's mother had reacted with horror to her son's work in a snuff factory, and that in order to avoid hurting her feelings he gave up this job, a renunciation which led him into poverty and from there – ironically – into a life of crime. In this case, therefore, the mother's ultimate contribution to her son's life is one of well-meaning bungling.

Equally, however, there is the matter of the apparent anomaly seen by Alexandre Cabral in the explicit association made by Camilo of the Leonor of *O Romance de um Homem Rico* with Ana. This is problematic because in the text Leonor is the temptress who attempts to deflect Álvaro from the paths of virtue. Although Cabral at least highlights the problem here, his own explanation is surely an unsatisfactory one, as he merely resorts to the rather speculative idea that Camilo meant to write 'Maria da Glória' instead: 'Talvez estivesse a pensar na Maria da Glória, que fora injustamente acusada de adultério e, por fim, perdoada pelo marido – que era o objectivo de Camilo.'[9]

This seems an unlikely error, given the sharply opposing roles of the two characters within the plot. In addition, Cabral's assertion that the book was intended simply to lead Pinheiro Alves to pardon Ana's adultery seems unconvincing, since in other contexts Camilo made it abundantly clear that he did not particularly care what Ana's ex-husband thought. In short, Cabral's suggestion raises as many questions as it answers: if Leonor is not a representation of Ana, who is she? However, if Ana is Maria da Glória, Álvaro's mother, this prompts obvious questions concerning the way in which Camilo saw his own relationship with Ana – questions which Cabral does not even mention.

The solution to these problems is perhaps to be found more readily in *Amor de Salvação*, where the influence exerted over Afonso de Teive by his mother is seen to operate in negative terms of denial, rather than in positive ones of opening up a new path for the narrator. D. Eulália makes abundantly clear her disapproval of her son's adulterous liaison with Palmira/Teodora, and the narrative of the event furnished to the narrator of the framework-narrative by the protagonist himself provides a frank confession of the moral unworthiness of his past, using her potential for good only as a counterpoint to her actual achievement of evil:

> ... que belo seria o mundo, se as bocas formosas estivessem sempre absorvidas no ósculo perpétuo da inocência! Ó Teodora, se tu então morresses, o teu rosto, trasladado em marfim, ainda agora nos seria a imagem dos lábios nunca despregados do beijo de algum anjo, ressabiado ainda da voluptuosidade dos anjos mal-avindos com o candor celestial! Mas tu cresceste, e deformaste-te, ó crisálida! A tua essência

de Céu vaporou para lá no alar-se de alguma virgem, irmã tua, que o Senhor chamou na antemanhã do primeiro dia nebuloso da sua vida; e o que de ti ficou foi a formosura e a desgraça da mulher.
  Mas, afora a essência pura do Céu, que esvelta, que peregrina mulher cá se ficou a ostentar as galas mundanas, esse opulento nada que desaba do altar da nossa idolatria a um roer surdo de vermes e de podridão! (IV, 656)

  This presentation of events is not made without some degree of irony, however, as the reader discovers that Eulália's ideal morality smacks somewhat of reaction: 'A palavra "adultério", no espírito de D. Eulália, tinha uma significação de horror, como se o crime não tivesse exemplo na humanidade, nem remorso que o contrapesasse na balança da misericórdia divina' (IV, 693-4).
  Significantly also, when Afonso de Teive recounts his story, he tells the main narrator pointedly that this is the first time in ten years of perfect conjugal bliss that he has spent a night away from Mafalda and his children (IV, 640). Afonso, therefore, has had to move away from his paradise into the real world in order to be able to recount his story. One therefore finds it difficult to accept that his account is to be taken seriously as a solution to life's challenges, an impression which is reinforced by the author's own words in the 'Observação' which functions as a preface to the text: 'Para o amor maldito, duzentas páginas; para o amor de salvação, as poucas restantes do livro. Volume que descrevesse um amor de bem-aventuranças terrenas seria uma fábula' (IV, 621).
  Regardless of Afonso's situation, the narrator of the framework-narrative is left with no solutions evident to his own problems which are poured out in the first four chapters of the novel. Indeed, on the final page of the text, as the reader returns to the primary level of fiction, the narrator finds consolation but little else in seeing the happiness which his friend has achieved: 'Este gozo, que nem contado pelos evangelistas eu acreditaria, sei agora que existe, abaixo do reino dos justos, entre os homens, no mundo de 1863, no AMOR DE SALVAÇÃO!' (IV, 769).
  Yet at the end of the text the narrator himself must still leave Afonso de Teive's house and find the way back home which he was seeking when he first encountered his friend. Significantly also, although Afonso's narrative has an uplifting effect on the narrator in the short term, it has been largely overlooked that the famous passage in chapter 4 of this novel which has frequently been read as

an expressionistic description of the scene around the estate at S. Miguel de Ceide is written after the narrator has finally returned home;[10] the sense of apprehension which dominates that chapter and the desperate turn to prayer which closes it both suggest that the narrator's own experiences do not coincide with those of his protagonist.

Similarly in *O Romance de um Homem Rico* it could be argued that the 'truth' which Álvaro discovers at the end of the text is a very unsatisfactory one. One is certainly struck by the facile nature of the symbolism involved in Leonor's physical paralysis in later life, which leads her to exclaim:

- Valho hoje mais, Álvaro! Perdi meio corpo, e ganhei o coração! - respondeu ela. - A primeira paralisia era a pior . . . (III, 164)

Yet her past spiritual 'paralysis' is, in fact, merely the manifestation of quite normal sexual tendencies engaged in an internal struggle with an awareness of what is expected of her by others. In spite of Maria da Glória's frequent criticisms of her untrustworthiness, her attraction to the poet Miguel de Sotto-Maior instead of Álvaro could be argued to be partly a result of his lukewarm response to her. Similarly the treatment of Palmira in *Amor de Salvação* is not entirely unsympathetic: her letter to Afonso after his rejection of her in favour of Christian virtue is not, in fact, dissimilar to the kind of reproaches which Amélia justifiably makes to Eça's Father Amaro when he abandons her.[11]

We therefore have two texts here which are rather more problematic than they appeared to be at first sight. Certainly the neat parallels implied by Cabral between Leonor and sin on the one hand and Maria da Glória and virtue on the other no longer seem as convincing as they appeared to be at first. For if the reader takes into account the perspective added by the framework-narrative, what is found is that instead of the ready answers given by Afonso de Teive - and more particularly by the rather smug figure of Álvaro in the early part of *O Romance de um Homem Rico* - these two texts are in fact centred on questions and doubts rather than on certainties.

Returning, therefore, to the problem of comments made by Camilo on *O Romance de um Homem Rico* in *Memórias do Cárcere*, one finds oneself faced by two particular questions requiring resolution: If Ana is indeed to be identified with Leonor, in what way should this be done? And why does Camilo mention the mother's influence in negative terms with regard to his friend's experiences?

I would like to suggest that Ana is, indeed, to be identified with Leonor, but not in the straightforward way that Cabral seems to imagine. Indeed, I would also suggest that to some extent she is also to be identified with Maria da Glória. The point is surely that the demonization of Leonor – and these comments could apply equally to Palmira in *Amor de Salvação* – is precisely that, demonization. Álvaro's tale is presented to the reader in an embedded narrative within the tale of the principal narrator's own spiritual pilgrimage in search of the truth about body and soul, and as he accompanies his new-found friend in his last days of life, he can only guess at the nature of the experiences which have given him his other-worldly aura. After Álvaro's death, however, he reads the text of his friend's life-story, which he then reproduces for us, the real-life readers.

The Leonor who appears in the pages of Álvaro's account of his own life is the worldly counterpoint to the saintly virtues represented by Maria da Glória, the very virtues which lead him to his ultimate revelation and to his renunciation of the earthly life. When the narrator returns from his retreat at Olivais (perhaps chosen for its echoes of the biblical Mount of Olives) to the city of Lisbon, he is then faced by the reality of life with others who do not fit into the manichaeistic categories of good and evil which enable Álvaro to impose this pattern upon his own life. Leonor, then, is to be seen negatively only within the same kind of jaundiced perspective as that already taken towards Maria da Glória herself by Álvaro's father in his simplistic – and unreliable – black-and-white categories of absolute right and wrong, applied in a world where reality is more complex and where moral categories apply only in a qualified way.

Camilo closes *A Queda dum Anjo* by reflecting in a non-moralising tone on the experiences of Calisto Elói, who – in common with the narrator of *O Romance de um Homem Rico* – is a reader whose dependence on texts abstracted from reality is shown by experience to be an inadequate response to real life and whose mission to reform Lisbon society has reformed him instead:

> Deixá-lo ser feliz: deixá-lo. Calisto Elói, aquele santo homem lá das serras, o anjo do fragmento paradisíaco do Portugal velho, caiu.
>
> Caiu o anjo, e ficou simplesmente o homem, homem como quase todos os outros, e com mais algumas vantagens que o comum dos homens . . .

Na qualidade de anjo, Calisto, sem dúvida, seria mais feliz; mas, na qualidade de homem a que o reduziram as paixões, lá se vai concertando menos mal com a sua vida.

Eu, como romancista, lamento que ele não viva muitíssimo apoquentado, para poder tirar a limpo a sã moralidade deste conto. (V, 1005)

The narrator here recognizes that this kind of morality betrays reality rather than contributing in a positive way to our understanding of it. Similarly, in the second chapter of *Amor de Salvação* there is a passage which appears to undermine the conservative interpretation which might be placed upon the novel as a whole. The narrator opens the chapter in tongue-in-cheek fashion by expressing his frustration at not being taken seriously as a writer and then tells the following anecdote, which recalls Calisto's quixotic ambitions in *A Queda dum Anjo*:

O Universo, e a Humanidade principalmente, ganha muito com os romances sérios: exceptuam-se da Humanidade os editores. Um meu amigo publicou seis volumes de novelas de costumes morais, a ponto de toda a gente dizer que não haviam tais costumes em Portugal. Recebeu muito abraço de umas pessoas que tinham ouvido contar que o meu amigo aconselhava aos filhos a obedecência aos pais, aos próximos o mútuo amor, e à Humanidade o temor de Deus. As seis novelas eram glossas aos dez mandamentos. Esperava-se a regeneração das velhas virtudes portuguesas, logo que o espírito público se balsamificasse da unção dos seis livros. Volvidos porém uns dous anos, as estatísticas iam delatando em aumento a criminalidade pública. Espanto no meu amigo autor, e desanimação melancólica nos editores! Não obstante, a gente grave continuava a dizer que o meu amigo, continuando a escrever por aquele teor e jeito, endireitaria o mundo. Os editores, porém, observando que o mundo se entortava cada vez mais para eles, recomendaram ao escritor moralista que vendesse a eles romances, e a quem quisesse os sermões. Ora, deu-se o caso de que este meu amigo era eu em pessoa. (IV, 632–3)

In both of these excerpts there is a recognition that absolutes do not work in the real world, that these are at best abstractions which help make sense of life, but that real life is not as simple as a matter of black-and-white choices. Similarly, in *Amor de Salvação* itself, as with Leonor and Maria da Glória in *O Romance de um Homem Rico*, Palmira and Mafalda operate as something like chess-pieces which may be pushed around to allow the narrator (and through him the author and his real-life readers) to explore very personal matters such as the conflict of passion and reason, Camilo's own perception of Ana (which was a very variable one, as surviving letters and other documents indicate) and his search for a sense of his own identity. This does not mean, however, that any of these figures should be seen as an exact representation of how the real-life Camilo perceived the real-life Ana.

When the narrator leaves Afonso de Teive's house in *Amor de Salvação* and when his counterpart in *O Romance de um Homem Rico* returns to Lisbon, they return to everyday life, renewed by exploring situations which bear some similarities to their own, but both will continue to struggle in a world where such absolutes do not apply, and it is significant that in both works the narrators feel obliged to express their hopes in prayer. Certainty is not given on this earth, and within real life the kind of patterns which can be detected easily in the discourse of figures such as Álvaro are replaced by doubts and insecurities.

One final question which I would wish to attempt to answer, then, is this: can these texts be described as autobiographical? I would answer this with a qualified affirmative: they certainly refer to events in the author's life, and biographical facts may in turn illuminate our understanding of them. So when the novelist himself declares that Ana is to be identified with Leonor in the context of an emotionally highly charged passage of *Memórias do Cárcere*, statements of this nature surely deserve to be taken seriously rather than being dismissed in an off-hand way as Cabral does. Nevertheless, Leonor is not all of Ana – one can, after all, imagine that domestic relations might have been rather tense if she had had reason to believe that this was Camilo's real opinion of her – nor is Álvaro all of Camilo, for the poet Miguel de Sotto-Maior – who briefly becomes a rival to Álvaro for Leonor's hand – is surely to some extent also a self-reflection.

What these novels display, therefore, is that at least in the case of Camilo, the question of fictional representation of real life is a much more problematic one than has been generally conceded in the past. The notion of a one-to-one correspondence between incident and character in fact and fiction respectively has been exposed to be inadequate to account for the complex array of pieces which make up the picture of his own life which Camilo chose to paint. I would suggest that the traditional interpretation of Camilo's works has been right to insist on the necessity of the biographical component for a full understanding of the novels, but a new task now begins: to map out what the pieces in the jigsaw are and to piece them together in a way which is infinitely subtler than a simple reconstruction of historical fact from fictional incident. Autobiography? Perhaps another term such as Pessoa's 'Autopsicocografia' might actually be a more appropriate one in this case.

Notes

[1] For further discussion of the issues raised here, see my book *Visions of the Self in the Novels of Camilo Castelo Branco (1850–1870)* (Lewiston: Edwin Mellen Press, 1996). I am grateful to the Edwin Mellen Press for permission to publish the present chapter, which reproduces material from that book.

[2] For the refutation of the story of Maria do Adro, see Alexandre Cabral, *Dicionário de Camilo Castelo Branco* (Lisbon: Caminho, 1989), 441–2.

[3] See, for example, Barros Baptista's work *Camilo e a Revolução Camiliana* (Lisbon: Quetzal Editores, 1988).

[4] All references to texts by Camilo will be made to the series *Obras de Camilo Castelo Branco* (17 vols. to date, ed. Justino Mendes de Almeida, Oporto: Lello e Irmão, 1982–94). Reference will be made after each passage quoted in the form 'volume number, page number'. Thus this passage is to be found in vol.III, p.9.

[5] See the article by R. A. Lawton 'Technique et signification de l'*Amor de Perdição*', *Bulletin des Études Portugaises* (new series, XXV, 1964), 77–135. António Sérgio had, of course, already raised some of the difficulties implicit in the heroic interpretation of the figure of Simão in his earlier article 'Sobre o *Amor de Perdição*'; see his *Ensaios* (Lisbon: Publicações Europa-América, 1954), VII, 119–25.

[6] For the passage relating to the ball in *Anos de Prosa*, see III, 1142, where the name Raquel is used to refer to the figure identified with Ana.

[7] For reproduction of the correspondence exchanged by the couple at the time, see Cabral's *A Via Dolorosa 1859–1860* (Lisbon: Livros Horizonte, 1979).

[8] See João Camilo dos Santos, *Os Malefícios da Literatura, do Amor e da Civilização* (Lisbon: Fim de Século Edições, 1992).

[9] Alexandre Cabral, *Dicionário de Camilo Castelo Branco* (Lisbon: Caminho, 1989), 571.

[10] This chapter may be found at IV, 642–4.

[11] For Palmira's embittered letter to Afonso, see IV, 683.

2
O Descrédito do Naturalismo Literário

EUNICE CABRAL

1. A valorização da intuição subjectiva

Comparemos o romance de Eça de Queirós, *O Primo Bazílio*, de 1878 e o romance de Raul Brandão, *Húmus*, de 1917. Pode-se considerar o primeiro romance mencionado como um 'romance fechado' no sentido em que o texto literário apresenta uma intriga com princípio, meio e fim bem definidos enquanto o segundo, ao invés, é considerado um 'romance aberto'. Neste, os episódios sucedem-se, interpenetram-se mas não fazem parte de uma acção única e englobante. Por outro lado, o primeiro utiliza a omnisciência narrativa como sistema de narração enquanto o segundo romance dispersa a focalização narrativa anulando, deste modo, o narrador único e demiurgo. Pode-se mesmo articular a diferença de focalizações narrativas dos dois romances com o modo como o narrador configura a sua matéria romanesca. O narrador queirosiano conta uma história – na qual surgem microsequências narrativas – que é decorrente de uma visão panorâmica (proveniente da análise) de uma sociedade. O narrador brandoniano, pelo contrário, tem uma visão que é trespassada por um conjunto de emoções ou sentimentos explicitamente afectos a uma subjectividade (a do narrador e de várias personagens) que inviabiliza a panorâmica de carácter social implícita na omnisciência narrativa.

É evidente que esta questão não é simples na medida em que sempre se poderá afirmar que o narrador queirosiano deixa marcas da sua subjectividade ao longo do texto e que o narrador brandoniano não deixa de ser afectado por uma visão também social, sobretudo na representação das personagens desgraçadas porque excluídas socialmente. No entanto, a distinção persiste no sentido em que o narrador queirosiano aspira a uma representação objectiva dos dados da sua narrativa e o narrador brandoniano valoriza o sonho na tentativa de trazer à superfície o 'fundo de poço' do ser humano.

O Primo Bazílio releva do período naturalista da produção literária de Eça. O naturalismo literário é uma aplicação do positivismo surgido como corrente filosófica inspirada na fortuna das ciências ocorrida no século XIX. Eça, em artigos e correspondência havidos na fase naturalista, põe ênfase na experiência de observação directa, no 'processo experimental' científico à Claude Bernard. O romance naturalista é considerado como uma vasta pesquisa sobre a natureza e sobre o homem.

Mais tarde, em duas crónicas de 1893, 'Positivismo e Idealismo' e 'O Bock ideal', Eça de Queirós regista, no primeiro texto, o 'descrédito do naturalismo' e a dúvida sobre a existência, salvo em teoria, do 'romance experimental, de observação positiva, todo estabelecido sobre documentos'.[1]

Sabemos que a escola naturalista francesa, iniciada à volta do magistério de Zola, teve uma curta existência, no máximo, vinte anos. De facto, em 1887, cinco escritores, considerados discípulos de Zola, afastam-se do naturalismo tal como o mestre o entendia. Na carta que escrevem a Zola, referem a documentação de pacotilha, a ignorância médica e científica, a observação superficial, a repetição de velhos 'clichés', etc. Encontra-se, deste modo, aberta a crise do romance naturalista na cena literária mais profundamente marcada por este código, a francesa.[2]

De facto, na última década do século XIX, são apontadas as insuficiências do naturalismo pela anotação da emergência de preocupações intelectuais e psicológicas no espaço cultural francês. O questionamento do romance naturalista é coincidente com a procura de uma 'nova linguagem capaz de traduzir as contradições e o ilogismo do mundo interior do homem', conforme afirma Vítor Manuel de Aguiar e Silva.[3]

Mas convém-nos perceber as razões do descrédito do naturalismo literário. O descrédito do naturalismo deve ser enquadrado num contexto mais abrangente que remete para as transformações ocorridas na sociosfera cultural europeia de finais do século XIX. Podemos englobar uma parte importante dessas transformações sob a égide da questionação da objectividade. Com efeito, os vários campos do saber explicitam uma rotura com o objectivismo cientificista ou realista que tinha estado na ordem do dia nas décadas de 60 e de 70. Poucos anos depois, surgem outras preocupações que

O DESCRÉDITO DO NATURALISMO LITERÁRIO

valorizam a intuição subjectiva investida da tarefa de problematizar a percepção comum ou científica da realidade, do espaço, do tempo e dos valores consagrados.

Note-se que Bergson, no campo da literatura, proclamava, na sua obra mais conhecida 'Essai sur les données immédiates de la conscience' (1889), a necessidade de o romancista romper com a herança naturalista e realista ao mesmo tempo que apontava um novo caminho a seguir, a exploração do espaço interior. Estas novas preocupações são articuláveis com a problematização do ponto de vista narrativo na concepção do romance. De facto, o questionamento do naturalismo significa, em boa parte, a 'eliminação do observador omnisciente'[4] a favor de um focalizador que não sabe mais do que as personagens romanescas.

Um dos escritores que, desde os finais do século XIX, se opôs à omnisciência narrativa é Henry James. Para este, o 'sentido de realidade' provém da impossibilidade em delimitar a 'experiência' humana, o que produz uma aproximação entre 'realidade' e uma eventual 'ilusão'[5] na medida em que, segundo Henry James, uma visão (ou ponto de vista) só pode ser concebida como limitada e falível. Como comenta Wayne C. Booth, na esteira das considerações e da produção romanesca de H. James, 'o processo mais semelhante ao processo da vida é o da observação dos acontecimentos através duma mente humana convincente e não duma mente divina desligada da condição humana'.[6] Como nos adverte o estudo de Wladimir Krysinski, em termos de pragmática narrativa, os romances de James operam uma 'redução da história' e 'uma diversificação do sujeito'. Segundo o estudioso, é o 'processo de cognição' do protagonista que orienta a estruturação da intriga dos romances de Henry James.[7]

Deste modo, esta focalização restritiva – concebida e praticada no texto romanesco – põe em causa a omnisciência narrativa implicada numa focalização panorâmica do narrador na medida em que a 'experiência' é concebida apenas como a redutível a um sujeito. O mundo é apreendido por 'revelações', como nos diz Henry James, que, como tal, constituem verdades circunscritas a um indivíduo, num determinado espaço de tempo.

2. A restrição da noção de objectividade pelo pragmatismo

Não é possível referir as inovações de Henry James, no âmbito da concepção do romance, sem as articular com o pragmatismo jamesiano, o de William James. Com efeito, uma das principais teses de William James é a de que 'o facto central da mente é o interesse ou a preferência' de um sujeito por um dado ou conjunto de dados da realidade.[8] Em *Pragmatism* (1907), William James levanta a questão da verdade ao empregar o termo 'verdade instrumental', querendo significar com esta noção que a verdade é configurada por meio de acontecimentos. Quer dizer: a verdade não é uma propriedade estável inerente a uma ideia mas um estado temporário da experiência. William James refere o 'processo de crescimento da verdade' como dependente da 'experiência fundada'. Sendo assim, a 'verdade instrumental' é temporária e situada num contexto determinado de experiência humana, o que inviabiliza a verdade absoluta que, a existir, seria a que não é alterável por experiências posteriores.

O pragmatismo jamesiano – tal como o peirceano – pressupõe uma crítica do espírito do cartesianismo a favor do espírito do experimentalismo concretizado no 'inquérito'. Peirce rejeitou, de facto, duas noções básicas de Descartes, a de que a filosofia deveria começar com a dúvida universal e de que o último teste de certeza deveria ser encontrado na consciência individual. O que é aqui negado do cartesianismo é o poder de introspecção e um conjunto de faculdades intuitivas para conhecer a realidade. Peirce afirma que todo o nosso conhecimento do mundo interno é derivado da observação de factos externos.[9] Paralelamente, William James recusa admitir que a mente seja receptividade pura e passiva.

Para o pragmatismo, a dúvida é um estado de preocupação e de insatisfação de que cada pessoa se tenta libertar. É pelo 'inquérito' que cada um tenta converter a dúvida em crença, sendo esta um 'hábito de acção' como resposta aos desafios quotidianos colocados pela realidade circundante. Deste modo, a 'produção de crença é a única função do pensamento', conforme afirma Peirce,[10] o que constitui claramente uma crítica à 'teoria contemplativa do conhecimento' em que se dá a distinção entre aparência e realidade e da qual decorre a noção de realidade como uma entidade unitária.

3. A afirmação do romance pós-simbolista

Mas a focalização restritiva, defendida pelo ensaísmo de Henry James, não é a única resposta à crise do romance naturalista. Em termos histórico-literários, costuma apontar-se o simbolismo enquanto movimento (ou código) literário como o que sucede ao naturalismo-realismo. No entanto, esta oposição nem sempre é nítida no campo da literatura. Lembrem-se os casos de dois romancistas russos de finais do século XIX, Tolstoi e Dostoievski, que são considerados ou autores realistas ou então como estando no ponto de partida de vários tipos de romance introspectivo, metafísico ou poético, próprios do pós-simbolismo.[11] Por exemplo, a 'arte' de Dostoievski foi considerada neste período, por certos autores, como um 'realismo irreal'.[12]

Com o simbolismo, ou seja, no caso português, com a geração de 90 a que pertence, no início da sua produção literária, Raul Brandão, o romance aproximou-se dos domínios da poesia, como explica V. M. de Aguiar e Silva. Continua este estudioso: 'esta aproximação implicou não só a fuga da realidade quotidiana, física ou social, mas também uma nítida desvalorização da diegese'.[13] De facto, Raul Brandão pertenceu a uma geração que foi marcada pela 'crise antinaturalista e espiritualista' de finais do século XIX. Machado Pires afirma que, de um modo muito sintético, os traços fundamentais deste período são o 'antipositivismo (falência do ideal positivista cientificista), anarquismo (decadência do mito do progresso material, agravamento da Questão Social e surgimento de manifestações de tipo anarquista), degenerescência e decadentismo (o comprazimento numa estética da decadência, da nevrose, do fim da raça)'.[14]

Com efeito, devido à reacção idealista antipositivista fim de século, o romance afasta-se cada vez mais do modelo do romance naturalista – ao qual se pode associar a omnisciência narrativa – pela impossibilidade em representar uma visão unitária do ser humano e dos acontecimentos. Em vez de um ponto de vista global, capaz de unificar todos os outros, surge uma multiplicação de visões do mundo a que Nietzsche chamou, de um modo radical, a 'fabulação do mundo' ou o 'mundo tornado fábula'.

O pensamento de Nietzsche é contemporâneo do simbolismo, conforme nos demonstra Habermas. O seu pensamento opera uma crítica da modernidade a partir do que Habermas designa como o 'absoluto outro da razão'. Para Habermas, as considerações de Nietzsche partem da experiência da arte contemporânea ao filósofo e, por isso mesmo, a razão centrada no sujeito é vista como uma mera 'vontade de poder' (ou 'vontade de potência'). Nietzsche invoca uma subjectividade descentrada em que se dá a libertação de todos os constrangimentos da cognição e da teleo-actividade dos imperativos da utilidade e da moral.[15]

No entanto, a crítica da filosofia da consciência empreendida por Nietzsche – e, mais tarde, por Heidegger – não vai além do que foi conseguido pelo pragmatismo desde Peirce a Dewey, segundo Habermas.[16] A tónica de Nietzsche é, contudo, totalmente diferente do pragmatismo no sentido em que o seu pensamento se opõe a uma filosofia sistemática e das essências (consubstanciada no platonismo) e ao carácter absoluto dos valores morais. A sua crítica incide sobretudo na concepção do ser em que neste, para Nietzsche, nada é fixo e definitivo e, por conseguinte, tudo o que dele se diz é uma certa interpretação dependente de um certo ponto de vista, de uma certa perspectiva.

O perspectivismo aberto por Nietzsche tem efectivamente algumas relações com a representação literária da vida concreta da consciência empreendida pelo romance pós-simbolista. Em muitos romances deste período – do qual um bom exemplo é *Húmus* –, a ordem da experiência do mundo aparece como impenetrável para uma racionalidade discursiva de tipo linear como a implícita no romance naturalista.

Notas

[1] Eça de Queirós, *Notas Contemporâneas* (Lisboa: Livros do Brasil, s.d.), 188.
[2] A obra de Michel Raimond, *La Crise du roman – des lendemains du naturalisme aux années vingt* (Paris: José Corti, 5a ed., 1993) apresenta uma panorâmica do declínio do naturalismo literário em França.
[3] Vítor Manuel de Aguiar e Silva apresenta esta tendência como uma etapa na evolução do romance ocidental. V. M. de Aguiar e Silva, *Teoria da Literatura* (Coimbra: Livraria Almedina, 8a ed., 1991), 733.
[4] Raimond, *La Crise*, 323.
[5] Henry James, 'The Art of Fiction', em *Selected Literary Criticism*, ed. Morris Shapira (London: Cambridge University Press, 1981), 56-7.
[6] Wayne C Booth, *A Retórica da Ficção* (Lisboa: Arcádia, 1980), 63.

[7] Wladimir Krysinski, *Carrefour de signes: essais sur le roman moderne* (La Haye: Mouton, 1981), 167.
[8] Trata-se de uma das principais teses do autor em 'Remarks on Spencer's definition of mind' em *Essays in Philosophy (The Works of William James)* (Cambridge, Mass.: Harvard University Press, 1978), 7-22.
[9] Charles Sanders Peirce, 'Questions concerning certain faculties claimed for man', em *Selected Writings*, ed. Philip P. Wiener (New York: Dover Publications, 1966), 15-38.
[10] Charles Sanders Peirce, *Philosophical Writings of Peirce*, ed. Justus Buchler (New York: Dover Publications, 1955), 26-7.
[11] Óscar Lopes e A. J. Saraiva, *História da Literatura Portuguesa* (Porto: Porto editora, 16ª ed, s.d.), 982.
[12] Michel Raimond, *La Crise,* 35-6.
[13] V. M. de Aguiar e Silva, *Teoria da Literatura*, 732.
[14] A. M. B. Pires, *Machado, Raúl Brandão e Vitorino Nemésio – Ensaios* (Lisboa: Imprensa Nacional–Casa da Moeda, 1988), 12.
[15] Jürgen Habermas, *O Discurso Filosófico da Modernidade* (Lisboa: Publicações Dom Quixote, 1990), 98-9.
[16] Ibid., 145.

3
Por(Torga)lidade or Torga and the Motherland: Still Angry after All These Years

MARIA MANUEL LISBOA

> I went to the Garden of Love.
> And saw what I never had seen:
> A Chapel was built in the midst,
> Where I used to play on the green.
>
> And the gates of this Chapel were shut,
> And Thou shalt not, writ over the door;
> So I turn'd to the Garden of Love,
> That so many sweet flowers bore,
>
> And I saw it was filled with graves,
> And tomb-stones where flowers should be:
> And Priests in black gowns, were walking their rounds,
> And binding with briars, my joys and desires.
>
> William Blake

In volume XII of his *Diário,* in the entry for 26 April 1974, Torga inserted the following remark:

> Golpe militar. Assim eu acreditasse nos militares. Foram eles que, durante os últimos macerados cinquenta anos pátrios, nos prenderam, nos censuraram, nos apreenderam e asseguraram com as baionetas o poder à tirania. Quem poderá esquecê-lo? Mas pronto: de qualquer maneira é um passo. Oxalá não seja duradoiramente de parada ...[1]

The entries that follow express bitterness equally clearly:

> Coimbra, 27 de Abril de 1974 – Ocupação das instalações da Pide. Enquanto, juntamente com outros veteranos da oposição ao fascismo, presenciava a fúria de alguns exaltados que reclamavam a chacina dos agentes, acossados lá dentro, e lhes destruíam as viaturas, ia pensando no facto curioso de as vinganças raras vezes serem exercidas pelas efec-

tivas vítimas da repressão. Há nelas um pudor que as não deixa macular o sofrimento. São os outros, os que não sofreram, que se excedem, como se estivessem de má consciência e quisessem alardear um desespero que jamais sentiram.[2]

And, a few days later:

> Coimbra, 1 de Maio de 1974 – Colossal cortejo pelas ruas da cidade.
> ... Segui o caudal humano, calado, a ouvir vivas e morras, travado por não sei que incerteza, sem poder vibrar com o entusiasmo que me rodeava, na recôndita e vã esperança de ser contagiado ... Dentro de mim ressoava apenas uma pergunta: em que oceano de bom senso iria desaguar aquele delírio? Que oculta e avisada abnegação estaria pronta para guiar no caminho da história a cegueira daquela confiança? A velhice é isto: ou se chora sem motivo, ou os olhos ficam secos de lucidez.[3]

These avowals of a disenchantment which was also prophetic of an emerging national disorder encapsulate the relationship of the writer with a motherland he loved in a manner that was profoundly ambivalent, and frequently tinged with disappointment. In any case, Torga's position in relation to his political contemporaneity and its historical backdrop was not unique; it was, rather, the tragic sequel of an older anguish, which previously found voice through the works of other great Portuguese literary figures (such as Camões, Herculano, Garrett, Camilo, Eça, Pessoa), all of whom, curiously, at some point in their lives were exiled, either temporarily or on a long-term basis, voluntarily or forcibly, from a country whose essence came for them all to be summed up in the concept of a lost hope:

Bartolomeu Dias

> Eu não cheguei ao fim.
> Dobrei o Cabo, mas havia em mim
> Um herói sem remate.
> Quando os loiros da fama me sorriam,
> Aceitei o debate
> Do meu destino de predestinado
> Com singelos destinos que teriam
> Um futuro apagado,
> Fosse qual fosse a glória prometida.
> E sempre que uma nau enfrenta o mar e o teme,
> E regressa vencida,
> Sou eu que venho ao leme
> Com a Índia perdida.[4]

Camões urged the nation, albeit in tones of hopelessness, towards heights of achievement that would preclude the possibility of envy of other nations' greatness. Herculano allegorically saw it as perpetually doomed to ever-renewed invasions. Almeida Garrett feared it might be destroyed by counterproductive myths of an inauspicious *Sebastianista* or messianic return. Camilo Castelo Branco (for example in *A Brasileira de Prazins*) feared it had fallen prey to the potential for caricature inherent in those self-same myths. Eça dismissed it as the 'triste país que eles formam – eles e elas'. Pessoa in *Mensagem* described it as being a present 'nevoeiro'.[5] This complex national identity is also Torga's homeland, a homeland beset throughout the middle decades of the century by a political regime the writer abhorred, and after that by a revolutionary and post-revolutionary aftermath whose character on the whole he apparently deplored.

We find, therefore, throughout a body of work which encompassed all the literary genres as well as the non-ficional diaries, a lifelong meditation which discloses, hand in hand but without apparent possibility of reconciliation, a love (more complex than the merely telluric feeling habitually attributed to him) of the motherland in its geophysical, political and human reality, but also an inconsolable indignation faced with the less noble moments of that land's history. Among the latter, of course, it is impossible not to include the period of Torga's own lifetime throughout the years of a *Salazarismo* whose effects he possibly continued to discern in the two decades that unfolded between the revolution of April 1974 and the date of his own death twenty years later. The mental habits and corruptions of an anti-meritocratic dictatorship do not vanish automatically upon the disappearance of the latter, and the anguish of this awareness haunted until the very end a writer imbued with all the *granitismo* which Eça admired in the old Portuguese, 'homens de outras eras'.[6] Thus, if throughout the decades of the former regime Torga's work was underpinned by an accusatory impetus in turn allegorical and self-declared, against the political, colonial, ecclesiastical and intellectual tendencies of that regime (for example, in stories such as 'Requiem' and 'O Cobarde'),[7] he did not appear to find, post-1974, the redemption he had sought for so long. Mission not accomplished. But if not accomplished, always, until the end, attempted by him.

Letreiro

Porque não sei mentir,
Não vos engano:
Nasci subversivo.
A começar por mim – meu principal motivo
De insatisfação –,
Diante de qualquer adoração,
Ajuízo.
Não me sei conformar.
E saio antes de entrar,
De cada paraíso.[8]

Torga's work, therefore, in all its genres, unfolds to us a multifaceted *terra* which encompasses, side by side with that already tired telluric appellation of critical parlance, a much-neglected consciousness of a parallel harsh urbanism, in short stories included in volumes such as *Pedras Lavradas* and *Rua*.[9] Whether in the mountain or in the city, however, we find in this writer, in parallel with the unquestionable lyrical quality which betrays the poet even in his prose writings, the intentional brutality of narratives scattered with the corpses of an Arlindo castrated in an act of revenge in 'A Paga', the suicidal Duro of 'Solidão' who hanged himself when he lost his wife and the will to earn his daily bread (1987, pp.127–37),[10] the arbitrarily murdered *compadre* in 'Cabra-Cega',[11] or the leper Julião, burnt alive by his fellow villagers in 'O Leproso'.[12] Whether rural or urban, Torga's humanity is bonded by a common denominator which is its author's refusal of idealization, a refusal which gives rise to the multiple confrontations which structure his work and underwrite that subversive streak of which he so justifiably boasted: stability vs anarchy, sedentarism vs nomadism, divinity vs humanity, organized religion vs free-thinking, patriarchy vs feminism, reason vs superstition, conformity vs non-conformity, adults vs children, the list is endless.

Fome Indecisa

Como hei-de saber o que desejo,
Se tudo o que não tenho me apetece?
A minha vida é mesmo essa quermesse
Negativa.
Vivo
A sonhar ser conviva
Doutro banquete.[13]

In a single-verse poem entitled 'Ignoto', dating from as early as 1928, included in the 1992 *Antologia Poética* compiled by the author himself, and in the preface to which he confesses to regarding his life as 'um extenso rol de perplexidades' (p.7), Torga remarks cryptically: 'Sinto o medo do avesso' (p.15). The 'avesso', the 'other', the dark side of the moon, becomes among all others the fruitful point of departure for an understanding of this spirit of contradiction *par excellence* of the Portuguese world of letters, as being that which he fears but which attracts him, and us to him.

Julia Kristeva understood Judaeo-Christianity as structuring the universe according to a paradigm of separation or difference between the two terms of a multiplicity of binary entities (light and darkness, God and humanity, good and evil),[14] and from that premise she develops the concept of the 'abject' as the reverse side of an orthodoxy which that abject opposes:

> The abject has only one quality of the object – that of being opposed to *I*. If the object, however, through its opposition, settles me within the fragile texture of a desire for meaning, which, as a matter of fact, makes me ceaselessly and infinitely homologous to it, what is *abject*, on the contrary, the jettisoned object, is radically excluded and draws me toward the place where meaning collapses ... It lies outside, beyond the set, and does not seem to agree to the latter's rules of the game. And yet, from its place of banishment, the abject does not cease challenging its master ...[15]
>
> The abject is perverse because it neither gives up nor assumes a prohibition, a rule, or a law; but turns them aside, misleads, corrupts; uses them, takes advantage of them, the better to deny them. It kills in the name of life – a progressive despot; it lives at the behest of death ... An unshakable adherence to Prohibition and Law is necessary if that perverse interspace of abjection is to be hemmed in and thrust aside. Religion, Morality, Law. Obviously always arbitrary, more or less; unfailingly oppressive, rather more than less; laboriously prevailing, more and more so.[16]

No framework, outside this concept of the abject, the 'site of the other',[17] which Georges Bataille saw as being directly proportional to the vulnerability of the system it opposes, could be more appropriate to an understanding of the attack which, throughout his writing life, Torga unleashed against an execrable orthodoxy which that body of writing, determinedly and offensively outsiderish, always imperilled. Torga's *avesso* is exactly commensurate with the abject which Bataille and Kristeva understand as 'the inability to assume with sufficient strength the imperative act of excluding abject things (and that act establishes the foundations of collective existence)'.[18] Those abject things might, in Torga's vision, be said to be the infrastructures of a regime which represented, in a Portuguese reality, that collective existence of which the abject is precisely the inverse or *avesso*.

> The symbolic 'exclusory prohibition' that, as a matter of fact, constitutes collective existence does not seem to have, in such cases, sufficient strength to dam up the abject or demoniacal potential ...[19]

> What is the demoniacal – an inescapable, repulsive, and yet nurtured abomination? The fantasy of an archaic force, on the near side of separation, unconscious, tempting us to the point of losing our differences ...[20]

The abject is the recanting of orthodoxy, the prioritization of the inverse, of the absent, of that which was declared negative by the mainstream, of the other (side). But, through the workings of a contradiction central to western thought, underpinned as it is by a Judaeo-Christianity saturated by the notion of a sinful human condition which is the obverse of divine (and perfect) love, perversion and beauty become apparent also 'as the lining and the cloth' (or *avesso* and *direito*) 'of one and the same economy'.[21]

Câmara Escura

Devagar,
Hora a hora,
Dia a dia,
Como se o tempo fosse um banho de acidez,
Vou vendo com mais funda nitidez
O negativo da fotografia.

E o que eu sou por detrás do que pareço!
Que seguida traição desde o começo,
Em cada gesto,
Em cada grito,
Em cada verso!
Sincero sempre, mas obstinado
Numa sinceridade
Que vende ao mesmo preço
O direito e o avesso
Da verdade.

> Dois homens num só rosto!
> Uma espécie de Jano sobreposto,
> Inocente,
> Impotente,
> E condenado
> A este assombro de se ver *forrado*
> *Dum pano de negrura que desmente*
> A nua claridade do outro lado.[22] (my italics)

The symbology of separation or exclusion, omnipresent and preoccupying in Torga, assumes multiple aspects, of both a concrete and a metaphysical nature, but all leading equally to a single conclusion, which is, however, composed of a duality that juxtaposes against the *avesso* or *forro* or lining of a nihilistic despair the ultimate hypothetical (but never more than hypothetical) *direito* or cloth of a symbolic partial rebirth.

Where the Land Ends and the Sea Begins

Throughout the pages of Torga's writings one theme recurs with the insistence of an unhealed wound, a wound biographically incurred in the past but whose significance transcends the purely personal, to reach a wider national Portuguese sorrow, namely the anguish of departures overseas, on travels from which it is not always possible to come home again.

> Em resumo, a hipótese que vos proponho é a seguinte: o messianismo português (de que o sebastianismo é uma fase) originou-se, não de uma psicologia de *raça* (segundo se afirma unanimemente desde Teófilo e Oliveira Martins) mas [sim] de *condições sociais* semelhantes às dos Judeus, reforçadas pelas ideias do messianismo dos Judeus ... essas condições vêm a resumir-se, para vos falar como os teólogos, numa consciência de 'queda,' acompanhada da falta de verdadeira independência ... A esperança num Messias, num Desejado, num Redentor, é comum a todas as raças; mas a situação social e mental dos Judeus e dos Portugueses intensificava nestes dois povos a tendência comum a todos. Em primeiro lugar, a acção ideológica (ou educativa, no sentido largo desta palavra) dos Cristãos-novos e da Bíblia ... difunde pelo nosso país o pensamento messianista, sendo que as condições especiais do Judeu em Portugal reforçavam naturalmente a aspiração a um Messias. A catástrofe de Alcacer Quibir e o desaparecimento do monarca; depois, a pregação dos religiosos e a apologia

de D. João IV; e com isto, até hoje, o facto de as circunstâncias nacionais não satisfazerem o patriotismo – explicam que dure o antigo sonho na alma de gente pouco afeita à iniciativa e ao *self-government* . . .[23]

In a country haunted by *Sebastianista* and messianic myths – but also by the ghosts of returns which never materialized, by the perpetual absences which were the price of the maritime epic of the Discoveries, and finally, ironically, in the 1970s by the wave of by then profoundly undesired returns, in the wake of the final liquidation of the colonial account – to return or not to return are concepts burdened by a heavy emotional charge. And nowhere is the burden more anguishing than in the short stories and plays of Miguel Torga. In the volume *Contos da Montanha*, two short stories, 'Homens de Vilarinho' (pp.45–55) and 'Maria Lionça' (pp.13–23) focus on this theme elsewhere reiterated in *Novos Contos da Montanha* by another two, 'O Regresso' (pp.145–50) and 'A Confissão' (pp.151–7), and central to the author's two most important plays, *Terra Firme* and *Mar*.[24] Both 'Homens de Vilarinho' and 'Maria Lionça' focus on the theme of the perpetual traveller, in both these cases voluntary absentees, alienated or *othered* by a sea-crossing which disclosed to them the truth that, having severed the bonds that linked them to the established community of their origins, it is not always possible to return. In 'Homens de Vilarinho' Firmo is a man overflowing with an absolute 'amor à vastidão do mundo' (p.54), a nomad whose only 'traço de união' with the motherland, which sometimes prompts a sporadic return, is the wife to whom he comes back 'o tempo de fazer-lhe um filho' (p.46). He is a simplified version of the phenomenon at the heart of the admirable story 'Maria Lionça'. In the latter the separation which persists between the status quo and the alienated other is less clearly linear, because if Maria Lionça is the stable point of reference in her erring husband's wanderings (in Portuguese 'errante' in both senses of the word), she herself is fingered by a special destiny which her village community always suspected to be hers: 'ser ali a expressão humana de um sofrimento levado aos confins do possível. Torná-la imune à desgraça seria desenraizá-la do torrão nativo' (p.17). Maria Lionça is the widow of a living man, one of those women who 'enviuvam com os homens vivos do outro lado do mar' (pp.17–18). The men, such as Lourenço Ruivo in this story, Firmo in 'Homens de Vilarinho', Domingos in *Mar* and the eternally absent son in *Terra Firme*, are themselves the prerequisites of an identity and a role, hers, which is that of the scapegoat or sacrificial lamb, upon whom converge all the sufferings of the community, and, equally 'todas as virtudes da povoação' (p.16). By concentrating upon herself the anguish of never-to-be-fulfilled returns which are not just those of her husband and son, both dead overseas, but also all those of the men who in the course of the history of the village and of the nation never came back, and by drawing upon herself the abjection of others' alienations, Maria Lionça preserves the integrity of the village which, through her agency, remains intact, unbesmirched and untouchable. Her sorrows are not exclusively her own but also those of the community: when her husband dies overseas having never returned, 'nem o chorou fora dos limites do seu amor atraiçoado, nem se carregou dum luto para além da melancólica negrura que lhe apertava o coração. Manteve-se na justa expressão do sentir de Galafura, enojada e apiedada ao mesmo tempo' (p.20). The Kristevan abject which her husband here represents, 'fantasma de podridão' (p.21) only partially redeemed by a woman who 'fazia do absurdo o pão da boca' (p.21), finds subsequent echo in a son who also departs only to return, in his turn, already dead at the end of a wandering exile overseas like that of his father, but, in a more extreme rendering of the latter's destiny: a restless, anchorless exile, unlike that father who had at least rooted his absence in a land and a geographical confine not entirely alien to the village's imagination, 'no Brasil, ao menos aproado a um chão que fazia parte da cosmogonia de Galafura' (p.22). Maria Lionça, however, inextricable from a collectivity whose essence she is, as a twin of the Mariana of *Novos Contos da Montanha* – 'a terra humilde era ela' (p.117) – in the end gathers back the son who, albeit dead, returns 'para dormir o derradeiro sono em Galafura, que era ao mesmo tempo a terra onde nascera e o regaço eterno de sua mãe' (p.23), and thus proves yet again to be the very concept made flesh of 'uma realidade que em setenta anos fora o sol de Galafura' (p.15).

Although relatively neglected by the critics, Torga's theatre offers to his readers examples of some of the most moving narratives of absence (both 'sebastiânica' and otherwise) of Portuguese literature. In his play *Mar*, Domingos, an outlaw in the Kristevan sense of a man outside the orthodoxy, or in the Lacanian sense of a man disidentified from the Symbolic masculine and identified with the Imaginary feminine-maternal, is beloved of women and street urchins but not of his male peers, the seaside village fishermen. And in the end he is punished to the death for that nonconformism which separates him from orthodox masculinity and from the Law of the Father. Domingos has 'o mulherio todo por ele . . . tanto faz serem novas, como velhas' (p.55), but he ends up the victim of his own imagination and of a vision (the hallucination of the mermaid) which draws him to his death in the bosom of the aquatic (maternal) element of the sea. That very imagination, therefore, which otherwise guaranteed his success with children and more particularly with women, by emphasizing his difference from the taciturn ordinariness of the other men who 'nem namorar sabiam, os estafermos' (p.20), in the end brings about his downfall: too different within a status quo where fantasy is a dangerous deviation from the monosyllabic norm, lacking someone who might 'lhe açaimar a fantasia que o traz fora da lei do mundo' (p.24), he travels overseas and dies.

The figure of the son (Mariana's) and bridegroom (Rita's) who in *Mar* fails to return is recast again in *Terra Firme*. The opening pages of the play disclose the fact that the absent son and lover – a man who only acquires a name at an advanced stage of the plot – rejected father, mother, bride and a life spent tilling the land, the life of his ancestors, in order to become a sailor. Portugal's maritime past, therefore, is recalled here as in other works by a synchrony of analogous motivations (the claustrophobic smallness of the motherland, the desire for new worlds). Here, in a smaller or less grandiose migratory scale, they throw the retrospective light of the twentieth century on the sixteenth-century adventure against which we had already been warned by Gil Vicente and the Velho do Restelo, whose voices variously condemned the expansionist enterprise as being, in the end, the source of misery for the family left behind, and, in tragic Aristotelian manner, the cause of the extinction of bloodlines. If, according to Fernando Pessoa, and somewhat later Torga, in order to conquer the sea 'mães choraram [e] noivas ficaram por casar', the reply to the question 'valeu pena?' may still be that 'tudo vale a pena pena se a alma não é pequena'.[25] But this last premise, none the less, obligatorily remains unclear in the light of the absence, in Torga, of the third poetic and real element of the 'filhos que em vão rezaram' and who, in Pessoa, *did* perpetuate the dynastic line in a manner which Torga's nihilism, unlike Pessoa's utopianism, does not allow. The childless men who depart never to return represent, in Torga's universe of fiction, more sombrely than in Pessoa's poetic one, a promise as empty as that of Dom Sebastião. And whereas Pessoa retains sufficient faith to be able to utter through the mouth of the *Rei Desejado* that 'É O que me sonhei que eterno dura/ É Esse que regressarei',[26] in Torga, writing within the confines of an emotion which may still bear traces of Pessoa but is also utterly different, 'cala a voz e há só o mar',[27] a sea from which, for Portugal, nothing good can come any longer, and from beyond which the prodigal son will not return.

The bride who waits staunchly but in vain in *Terra Firme* is called Maria, like that other Maria in *Frei Luís de Sousa*; in this play too, in which, as in the latter, there is also an accompanying Madalena, Torga's Maria is the very personification of a motherland in search of a resurrection which will not come. The first act of the play takes place on Christmas Eve, a date clearly symbolic of birth and rebirth, of the promise of a Saviour or Messiah, and, within a specifically Portuguese context, of a sebastianic and redeeming return from overseas. The promise of redemption, however, becomes evident as early as the end of this first act as being clearly void, with sublime hope giving way, in the second act, to the anarchy of the 'três dias de regabofe' (p.66) of Shrovetide. If, as understood by Bakhtin, carnival signifies the temporary misrule of an upside-down world, the non-permanent deposition of the customary structures of an authority which remains suspended for the duration,[28] in *Terra Firme* the carnivalization of Shrovetide ushers in, not necessarily the Kristevan abject capable of subverting both authority and authoritarianism, but, more apocalyptically, the abolition of the promise to which Christmas gestured, by means of its carnivalesque caricature. Whereas in Portugal the theme of return favours associations of a historical and religious, sebastianic and messianic character, in Torga the symbology of the return is doubly threatened. First, because that return never happens, and the myth, as Barthes suggested, is shown to be bankrupt, devoid of a grounding in history or present reality:

> When it becomes form, the meaning leaves its contingency behind; it empties itself, it becomes impoverished, history evaporates, only the latter remains . . . The relation which unites the concept of the myth to its meaning is essentially a relation of *deformation*.[29]

And secondly, because parallel to that myth and intrinsic to it, there comes into operation a process of simulation of the historical reality which the myth supposedly guaranteed:

Thus perhaps at stake has always been the murderous capacity of images: murderers of the real; murderers of their own model as the Byzantine icons could murder the divine identity. To this murderous capacity is opposed the dialectical capacity of representations as a visible and intelligible mediation of the real. All of Western faith and good faith was engaged in this wager on representation: that a sign could refer to the depth of meaning, that a sign could *exchange* for meaning and that something could guarantee this exchange – God, of course. But what if God himself can be simulated, that is to say, reduced to the signs which attest his existence? Then the whole system becomes weightless; it is no longer anything but a gigantic simulacrum: not unreal, but a simulacrum, never again exchanging for what is real, but exchanging in itself, in an uninterrupted circuit without reference or circumference.[30]

When Lúcia dresses up as Maria's fiancé in order to desecrate the ideal he simulates and wrench her from her vain fidelity to the hope of his return, she becomes the simulacrum of this second *encoberto* and desired traveller, himself already a simulacrum of the sebastianic and messianic promise. In this instance, however, the mask becomes apparent for what it is – that is to say, it becomes aggressively unbelievable and visibly distorted, the representation of an abject, here defined exclusively through its negative implications, through what it in fact is *not*, and in relation to an orthodoxy itself stripped of redemptory power. *Terra Firme*, therefore, offers an absolutely nihilistic reading of the Portuguese national and maritime phenomenon of migration overseas. When in the second act tio António surrenders to the memories of past carnivals, he discloses a world which, albeit upside down, inaugurates, not the reviving alternative which the Kristevan abject may also encompass, but rather the confirmation of prior tragedies: in his recollections a cuckolded husband adorns himself of his own volition with a pair of horns, a secret aspirer to the priesthood gives vent to his frustration by preaching sermons, and a respectable married man with inadmissible desires exposes these and himself by·dressing in drag:

> O Entrudo ... A confissão geral do povo ... Estou-me a lembrar do Pé-Tolo. Nunca vi semelhante perdição. Sofria o ano inteiro como um cadelo, e ainda não estava contente! Precisava de se ver mais crucificado. A mulher enganava-o à grande e à francesa. Pois o desgraçado, quando chegava esta altura, punha dois cornos de boi na testa e passava o tempo a marrar pelas portas! Quanto ao Lameiroto, vestia-se de padre, e pregava. Imitava o prior de tal maneira, que ninguém os

distinguia. Sermões a valer, iguaizinhos aos verdadeiros! Até latim metiam! E durante o ano não ia à missa, nem queria saber da religião para nada! Entenda-se a gente este andamento do mundo! O Januário, esse pelava-se por fazer de mulher. Pai de filhos, e o regalo dele era ver-se dentro de uma saia. Punha uma cabeleira, metia uma roca na cinta, e fiava de manhã à noite. Mas fiava a valer! Não havia cá na terra quem apresentasse maçarocas de fio tão fino ... Ou então bordava. O fuso e a agulha eram as enxadas com que lhe apetecia cavar ... E por aí adiante. Se fosse a desfiar o rosário, nunca mais acabava ... Uma comédia, tudo isto. E que comédia! *(Terra Firme*, 75-6)

In an upside-down world patriarchal conjugal rights to fidelity, the religion of God the Father and even the differences between the sexes are undone through the disappearance of a previously sacrosanct concept of separation or difference.[31] And when this particular carnival gives way to the rigours of Lent, the latter ushers in also the death of the mother, the madness of the father and the perpetual loneliness of the bride finally faced with the certainty of the non-return of the long-awaited *(des)esperado*.

Orthodoxy and Dissidence

It is not necessary to cross the waters, whether to return or not, in order to observe in Torga the agency of a consciousness of separation understandable within the parameters of a formula which juxtaposes the orthodox and the abject in the Kristevan mode. An abundance of examples are to be found throughout the writer's work, including that of the community of Riba Dal (or Dalém? that which is over there, far away, remote?), the home of Jews and of the Alma-Grande in *Novos Contos da Montanha (*pp.15-24), a place where religious heterodoxy purchases its eagerly defended otherness at the price of the occasional premature, and on at least one occasion, internally divisive death. Another example is that of Pitões in *Pedras Lavradas*, a community of professional beggars, a village which is geographically (as well as morally) imponderable, 'um segredo físico e metafísico' (p.80) where entry is impossible to every outsider, whether he 'representasse Deus ou o Diabo' (p.79), where abjection is a profession and 'o segredo é a alma do negócio' (p.83):

> Ninguém conhece Pitões. Quem a escondeu, escondeu-a bem, fora de caminho, numa fenda da serra do Espinheiro, longe de tudo e de todos.

Nunca lá foi um padre, um médico, um meirinho, um carteiro – um homem que reprentasse Deus ou o Diabo. E por isto: porque nos dias da semana toda a gente tem mais que fazer do que ir pelos montes a cabo à procura do cão que manqueja, e aos domingos Pitões desaparece. Cedo, ainda nem o ribeiro acordou, erguem-se todos, velhos, novos e meninos, e vão pedir. Uns a mancar, outros cegos, outros aleijados, espalham-se pelo concelho de Bastos, e só pela noite adiante regressam a casa, ajoujados dos precisos para a próxima semana. (p.79)

A similar phenomenon is apparent in 'Fronteira' in *Novos Contos da Montanha* (pp.25–36). The village of Fronteira is the exact reverse of the habitual order: it lives by night, not by day – 'quando a noite desce e sepulta dentro do manto o perfil austero do castelo de Fuentes, Fronteira desperta' (p.25). And, as the physical manifestation of the concept of the abject, as signalled by its very name, indicative of a demarcation between two orders of life, the village subsists on the basis of a dividing line (the border with Spain) which it both perpetuates (since the commercial implications of this separation are advantageous) and transgresses (earning a living entirely through the illicit crossing of that line for the purposes of smuggling). Fronteira makes a living out of buying cheap merchandise abroad, in Spain and selling it at a profit in Portugal, a metaphor for the commercial dimension of the sixteenth-century enterprise of the Discoveries, but here and now illegal. The transgression, furthermore, goes beyond the law or its infringement: Fronteira's nocturnal smuggling industry imperils the demarcation of lines of various descriptions: geographical ones (since Spain becomes confused with Portugal by means of an illegal traffic which does not observe a frontier line historically experienced by the Portuguese as precious), national ones (since the two countries, and consequently nationalities become one), and finally, as will be argued, religious ones. In a status quo in which smugglers and officers of the law earn a living respectively from the activity of smuggling and from the attempt to curtail it, the dividing line – and the trespass of it – guarantees the very continuity of the community. The fragility of the law that defines and perpetuates the possibility of an abject which opposes it endures by means of an equilibrium which finds expression in the binary entity constituted of Isabel, an assiduous smuggler, and Robalo, the frontier guard who loves, impregnates and professionally persecutes her. The resolution of the conflict, and the introduction of a disequilibrium which results in the victory of the abject other, comes about on a Christmas Eve in which Isabel, finally caught by Robalo, as he thinks, *in flagrante delicto*, reveals to him that the burden concealed under her clothes at the moment when she crosses the border is, for once, not smuggled merchandise but a child of his to whom she is about to give birth.

The significance of a Christmas birth which, however, results not in remorseful contrition, orthodox redemption and judicial triumph but rather in the enlisting of Robalo, until then the representative of the law, in the ranks of the smugglers, can only with difficulty have escaped the vigilance of the censorship apparatus in a regime officially bonded by a concordat to a religious orthodoxy, in this instance even more profoundly desecrated than its judicial counterpart. The birth of the son on Christmas Eve, and Robalo's metamorphosis into an agent not of the Law but of the outlaw are indicative of the inauguration of a new marginal – or abject – order which variously contravenes a series of orthodoxies now rendered acutely imperilled. In 'Fronteira' as in Saudel (in *Contos da Montanha*, 63–70) – the latter the scenario for the staging of a cycle of *endoenças* (Passion plays), supposedly regenerative of the village's impieties, but which ultimately slide into the dangerous subversiveness inherent in the acting out of a religious mystery – the power of a Godhead barbarously enlisted in the service of ill-disguised secular political interests is toppled by a 'viril ressurreição do sagrado humano' (p.70) – a veritable Torguian miracle which elsewhere found its supreme expression in the admirable narrative 'Vicente'.[32]

Torga's vision, however, only rarely permits itself uncontested victories of a miraculous abject over the brutality of the established order. More habitually, and possibly more realistically, he offers us the spectacle of the crushing of any manifestation of dissidence, or difference, in a variety of manifestations, throughout his narrative work. An example of this, and one of the most poignant, is the plight of the village of Ervedosa, in 'A Barragem' (*Pedras Lavradas*, 155–9), which, in the Portugal of the 1950s, when the volume in which it is included was first published, represented a clear collective threat to the political orthodoxy:

> Ervedosa ficava no fundo do vale, aninhada à volta da igreja. Isolada e distante do mundo, vivia do pastoreio e da minguada cultura das terras ribeirinhas de aluvião. Contudo, dessa economia circunscrita e pobre, fazia milagres. Comunitária desde tempos imemoriais, ninguém

ali podia alargar os braços e estrangular o vizinho. Embora livre nas suas expressões íntimas e pessoais, no tocante à ordem e aos meios de produção cada qual tinha de dar contas à colectividade. E era ao mesmo tempo bonito e reconfortante ver partir de manhã *o rebanho de todos para o baldio de todos*. (pp.155–6, my italics)

Organized along co-operative rather than capitalist lines, inward-looking rather than expansionistic, introspective rather than imperialistic, Ervedosa approximates to the utopian anarchic-syndicalist commune whose modus vivendi resembles that which Gabriel, in 'O Pastor Gabriel', sustains with his flock of sheep, within which 'cada cabeça como que porfiava em não desagradar ao dono, em viver sintonizada com aquele governo sem cajado' (p.38). As is the case with Gabriel, whose empathy with his 'bando de salteadores' (p.38) arouses comment and even the occasional insinuation of wizardry – 'que fazes tu ao gado, criatura? Parece que o enfeitiças!' (p.37) – Ervedosa, too, allows glimpses into vestigial traces of a pagan heterodoxy evocative of the land of the Alma-Grande in *Pedras Lavradas*, traces which, when combined with its anarchic-syndicalist way of life variously offend the prevailing political, theological and economic order:

> Assim o burgo atravessara os séculos, com suas normas e costumes, dobrado sobre uma vida que, apesar do burel, tinha horas de escarolada alegria. *As festas pagãs das primeiras idades, embora assenhoreadas pelo hagiológo cristão, mantinham o salutar transbordamento da origem.* E era ver como o vinho corria e os adufes ressoavam ao rebentar da folha e ao pingar da castanha. *Conciliante e contagiado, até* o padre Eusébio colaborava nos festins. Passada a onda de mosto, é que tratava de encaminhar como podia, em direcção à residência, a oferenda destinada aos mortos, para que nem tudo desagradasse a Deus.[33] (p.157, my italics)

In a clear attack directed against the national political reality of Salazarismo, Ervedosa follows an organizational rule of democratic decentralized local government whereby '*eleitos*, os dirigentes prestavam contas dos seus actos em conselhos da povoação' (p.156, my italics). The response of the regime to that effrontery entails all the brutality of a divine retribution elsewhere successfully questioned in 'Vicente' (*Bichos*, 127–34), and whose aspect – a flood – closely resembles that in the latter story. The infrastructures of authority, personified by the chief engineer of the building works destined to erect a dam whose lagoon will submerge Ervedosa, bring about the dismembering of the community and force it to scatter towards its diaspora:

> Sem casa e sem terras, apenas dona do preço inútil e mesquinho das expropriações, toda a comunidade se sentia à deriva, perdida num mundo que não era o seu. A união fraternal acabara. Agora cada qual teria de recomeçar outra vida, construir outro ninho, conquistar outro pão, criar outras amizades. Os filhos ficariam longe dos pais, os namorados com o seu amor frustrado. (p.158)

In the 'mar morto de aniquilamento' (p.158) which drowned the village, even the church, which under the tolerant auspices of the 'conciliante e *contagiado*' (p.159, my italics) Padre Eusébio partook of the collective pagan disobedience of this particular abject, 'jazia sepultada no fundo das águas' (p.159). The tragedy culminates in the death of Belmiro, 'cego [in other words other, alien, different, unsocializado] de nascença' (p.158), who, 'a tactear as urzes tentou voltar a Ervedosa. E logo depois de acariciar a casca do primeiro castanheiro que dantes marcava o começo da povoação, afogou-se' (p.159).

Because he is blind, Belmiro symbolically never acquires an acceptable understanding of the processes of authority essential to survival. Knowledge or gnosis, the awareness of the law, determines the fundamental capacity for separation, the possibility of consciousness and of identification of the demarcation line that separates the abject from the impunity of the socially assimilated self.

Following Kristeva, desecration is one of the possible foundations of the abject, threatening as it does the fragile integrity of that self and its immunity to contagion. Pollution consequently appears, within the framework of this logic, not as an attribute in itself, but rather as a dividing line, as well as all that is situated beyond that line, on the other side or in the margin. The potency of the polluting agent is proportional to the prohibition that proscribes it and which gives it both origin and definition as abject being, while the danger of contagion resides precisely in the fragile nature of the order which opposes it. Purification rites, similarly, operate through the imposition of lines of separation (quarantine) within a group or community. The act of prohibition which excludes the object defined as abject inaugurates on the cleansed side of the unpolluted *I* the order which thus emerges as sacred. Defilement, by the same para-meter, becomes linked to that which was expelled from the Symbolic Order, that which is alien to social reason and to logic, or which evades them, by doing so remaining outside the social aggregate whose fabric is underpinned by those self-same props of reason and logic.[34] The process whereby the protection of the integrity of the group is achieved at the price of the abjection of the other finds its most poignant expression in Torga in the short-story 'O Leproso' (*Novos Contos da Montanha*, 65–82). When Julião is diagnosed as a leper, the reaction of the community discloses the workings of an internal solidarity which, however, excludes him as newly different, and leads to a perceived need for self-defence on the part of the tribe, driven first to excommunicate and then to kill him for the sacrificial purpose of self-purification and redemption of its own freedom: 'Propriamente em Loivos davam-lhe pouco. O facto de ser da terra, um testemunho, portanto, de que nela cresciam tão negros males, e um sentimento estranho de defesa irracional impediam-nos de qualquer acto generoso para com ele' (p.71).

Confronted with the condemnation which declares him abject, Julião's desire for a return to the bosom of the community, first as avenging power and then as a creature in search of the birthplace where it wishes to die, is also the return of the repressed, an ever-imminent threat. The revenge selected by Julião against the community which scapegoated him – the bath in a tub of olive oil subsequently sold to the population of Loivos for cooking purposes – is the perfect, because literal, expression of an abject reingested by the order which expelled it:

> It is through the abolishment of dietary taboos, partaking of food with pagans, verbal and gestural contact with lepers, as well as through its power over impure spirits that the message of Christ is characterized and, as is well known, compels recognition in a most spectacular manner – superficial perhaps but striking. Those indications should not be construed as simply anecdotal or empirical, nor as drastic staging of a polemic with Judaism. What is happening is that a new arrangement of differences is being set up, an arrangement whose economy will regulate a wholly different system of meaning, hence a wholly different speaking subject. An essential trait of those evangelical attitudes or narratives is that abjection is no longer exterior. It is permanent and comes from within. Threatening, it is not cut off but is reabsorbed into speech. Unacceptable, it endures through the subjection to God of a speaking being who is innerly divided and, precisely through speech, does not cease purging himself of it.

Such an interiorization of abjection, before being effected through the assumption of Christic subjectivity within the Trinity, is brought about through an expedient that takes over Levitical abominations but changes their location. That expedient is *oralization*, which the New Testament will try to rehabilitate, render guiltless, before inverting the pure/impure dichotomy into an outside/inside one.[35]

Julião's attempt against the integrity of the orthodoxy which literally ingests him, or at least the contaminated bits of his disintegrating body, becomes his, but also their, mortal sin. It demands renewed atonement, the biblical extermination of the abject through the purifying sacrificial fire which transforms him into a burnt offering, while failing utterly, none the less, to extinguish him as presence: 'Mas o corpo do Julião não estava inteiramente desfeito como desejavam. Era um grande e negro tição, que dificilmente se distinguia do tronco de um sobreiro mal queimado' (p.82).

The possibility of the return of the abject, here clearly indicated, arguably reflects Torga's awareness that, in the act of condemnation, 'a desgraça é que precisamente quando a sentença vinha, a razão estava sempre do lado do criminoso. Indefeso, todo o ser tem razão' (*Pedras Lavradas*, 43).

Vicente, or the Glory of Dying

Arguably no narrative of Torga's encapsulates the ideas developed above as powerfully as 'Vicente' (*Bichos*, 127–34). In 'Vicente' the supreme authority of God rendered protagonist is juxtaposed against the arch-concrete instance of the pantheistic abject, man made into animal. The raven, a black bird of supernatural literary associations and disturbing ecclesiastical ones, is the very incarnation of rebellion from within, of deconstruction of erstwhile uncontested authority. Vicente is precisely the internalized abject, the evil in me, but also, and most pertinently, that 'interiorization of impurity [which] is in progress everywhere'.[36]

Vicente brings about the collapse of the edifice of the Divine Father, not because he is its antithesis, but because he is intrinsic to it, constitutive of its and His Creation, but also now, in revisionistic disobedience, a new Christ and the Messiah of a new order. Like Jesus Christ, Vicente spends forty days in the wilderness, albeit here an aquatic one, in this instance the Ark where, like his precursor, he undergoes a number of temptations. Here, curiously, the temptation is in the nature of inertia and the impetus toward *obedience* to God the Father, Vicente being bribed by God, rather than by the Devil, to endure rather than dissent. At last, as will be discussed presently, sanctity in Torga's universe becomes discernible as residing after all in disobedience towards the Godhead on the part of this rebellious son.

In Vicente's horizon God and the world are antithetical rather than coterminous because they are differentiated by the agency of the possibility of free will at the very moment of Creation. The Ark, a second act of violence perpetrated against the species in the aftermath of the first one of the Flood, becomes apparent as 'um ultraje à criação' (p.127), the assertion of a demoralizing reign of terror imposed upon 'aquela fauna desiludida e humilhada' (p.131), while Vicente rises as the heretical representative of a heterodox manichaeanism which confronts the divine law with the undoing possibility of an alternative, separate Genesis: 'que tinham a ver os bichos com as fornicações dos homens, que o Criador queria punir?' (pp.127–8). The heresy of a vision which hypothesizes the animal world as being outside divine jurisdiction is reaffirmed through the 'irreprimível repulsa' with which 'os altos desígnios' (p.128) are met by Vicente. For Vicente, to remain in the Ark is to succumb to rather than to resist temptation, a pusillanimous temptation 'da própria conservação' (p.128). If during the forty days of trial in the wilderness Jesus resisted the self-destructive temptation of throwing himself from the top of the mountain in order to prove that he would be sustained aloft by angels, Vicente resists the complementary temptation of remaining on firm ground. Instead, he submits to this new trial in his own idiosyncratic way, 'abriu as asas negras e partiu' (p.127). Newly cast as an icon of rebellion and courage for the animals that remain in the Ark and which, at the spectacle of his flight 'sentiram na alma a paz da humilhação vingada' (p.132) in contrast with the 'mísera pequenez daquela natureza [de Noé]' (p.129), Vicente exhibits 'uma *pura* insubmissão' (p.130, my italics) which is, abjectly, in the Kristevan sense, the 'primeira subversão' (p.130) but also 'o símbolo da universal libertação' (p.128) in the aftermath of the Flood whose now defeated purpose was precisely the suppression of difference or dissidence.

Vicente, however, is not merely different but unique, the only animal without match (in both senses of the word) in the Ark: 'como tu mandaste, só o guardei a ele' (p.130), says Noah to the Lord. Like Christ, Vicente too undergoes hunger, storms and the temptation of death, but unlike the former his kingdom is secularly of this world, a world which he conquers and restores rather than abandoning it like Christ in favour of a divine ascension. Thanks to Vicente, and to his opposition to a wrathful Creator, 'existia ainda o ventre quente da mãe' (p.132), not entirely obliterated by the fury for procreative and destructive, thundering monopoly by the Father, 'o pequeno penhasco [que] resumia a grandeza do mundo' (p.132).

Vicente's fate, predetermined by the free will of which the initial example was set genesiacally by the first disobedient woman, is linked to the maternal womb, to the telluric destiny of Mother Earth here threatened by a celestial power which seeks to drown her. Vicente is threatened by the maternal or uterine liquid element of the waters which at the very last, however, find they are unable or unwilling to extinguish that 'perfil de vontade' (p.132). As is the case with the greater part of Torga's rebels of either sex, the telluric bond is in the nature of a complicitous alliance which habitually gets the better of apparently mightier forces. In 'Vicente' God understands that, in order to save the Earth which is his creation, he must also save the dissidents whose figurehead is Vicente, serene before the rising tide:

> Transida, a turba sem fé fitava o reduzido cume e o corvo pousado em cima. Palmo a palmo, o cabeço fora devorado. Restava dele apenas o topo, sobre o qual, negro, sereno, único representante do que era raiz plantada no seu justo meio, impávido, permanecia Vicente. Como um espectáculo impessoal, seguia a Arca que vinha subindo com a maré. Escolhera a liberdade, e aceitara desde esse momento todas as consequências da opção. Olhava a barca, sim, mas para encarar de frente a degradação que recusara. (p.133)

Unlike the blind Belmiro in 'A Barragem' (*Pedras Lavradas*, 155-9), however, Vicente, although also blind to the ruling authority, is spared and does not drown, and ultimately his victory over God becomes apparent as being above all an intellectual triumph:

> Noé e o resto dos animais assistiam mudos àquele duelo entre Vicente e Deus. E no espírito claro ou brumoso de cada um, este dilema, apenas: ou se salvava o pedestal que sustinha Vicente, e o Senhor preservava a grandeza do instante genesíaco – a total autonomia da criatura em relação ao criador –, ou, submerso o ponto de apoio, morria Vicente, e o seu aniquilamento invalidava essa hora suprema. *A significação da vida*

ligara-se indissoluvelmente ao acto de insubordinação. Porque ninguém mais dentro da Arca se sentia vivo. Sangue, respiração, seiva de seiva, era aquele corvo negro, molhado da cabeça aos pés, que, calma e obstinadamente, pousado na derradeira possibilidade de sobrevivência natural, desafiava a omnipotência. (*Bichos*, 134, my italics)

The dilemma with which the raven confronts God – the choice between destroying his own authority or his own work – gestures also towards problems which are simultaneously more abstract and more specific. Vicente's triumphant disobedience reopens two central dilemmas of Christian orthodoxy: namely, the question of free will in the light of the understanding of divine omnipotence, and the issue of predestination, the latter having been partly responsible for the unleashing of schism within the Catholic Church in the sixteenth century, and culminating at last in the emergence of the Kristevan abject heterodoxy which was Protestantism in the face of non-reformed Catholic doctrine. The *salazarista* regime undertook an alliance of mutual support with that doctrine by way of a concordat signed in 1940, the same year that the volume *Bichos*, which includes the story in question, was published. The demonstration of a philosophical flaw in it (implicit in the acceptance of a predestined salvation for Vicente, whether or not he disobeys God), therefore, not only recalls one of the points of origin of the schism, but furthermore represents an onslaught against the entire body of interdependent theological and political positions which were cemented by the 1940 concordat. The revelation of divergence and error within an orthodoxy which can only endure while officially uncontestable opens up, in 'Vicente', the possibility of the defeat of both divine omnipotence and secular totalitarianism, here manifestly powerless against 'àquela inabalável vontade de ser livre [*sic*]' (p.134).

Fernando Pessoa wrote in *Mensagem* that 'o mito é o nada que é tudo'.[37] When the last remnants of an established order and of arbitrarily imposed and despotically perpetuated categories are erased, the untarnished 'nada' which endures from a personal, national or theological panorama newly realigned is the rest 'que é tudo'. In the end Torga told us so in sparse but precious words, in a poem with an eminently appropriate title:

Pátria

Soube a definição na minha infância.
Mas o tempo apagou
As linhas que no mapa da memória
A mestra palmatória
Desenhou.
Hoje
Sei apenas gostar
Duma nesga de terra
Debruada de mar.[38]

Notes

[1] Miguel Torga, *Diário*, 3rd edn revised (Coimbra: Edições do Autor, 1986), 59 (first published in 1977).
[2] Ibid., 59–60.
[3] Ibid., 60.
[4] Migue Torga, *Antologia Poética*, 3rd augmented edn (Coimbra: Edições do Autor, 1992), 148 (first published in 1981).
[5] Eça de Queirós, *Correspondência*, I (Lisbon: Casa da Moeda, 1983), 135; Fernando Pessoa, *Mensagem* (Lisbon: Edições Ática, 1979), 104.
[6] Eça de Queirós, *Os Maias: Episódios da Vida Romântica* (Lisbon: Livros do Brasil, s.d.), 516 and 452 (first published in 1888).
[7] Miguel Torga, *Pedras Lavradas*, 3rd edn (Coimbra: Edições do Autor, 1976), 53–60, 189–97 (first published in 1951).
[8] Torga, *Antologia Poética*, 183.
[9] Miguel Torga, *Rua*, 5th edn (Coimbra: Edições do Autor, 1985) (first published in 1942).
[10] Miguel Torga, *Contos da Montanha*, 7th edn (Coimbra: Edições do Autor, 1987), 111–18, 127–37 (first published in 1941).
[11] *Pedras Lavradas*, 97–102.
[12] Miguel Torga, *Novos Contos da Montanha*, 12th edn (Coimbra: Edições do Autor, 1984), 65–82 (first published in 1944).
[13] Torga, *Antologia Poética*, 291.
[14] Toril Moi (ed.), *The Kristeva Reader* (Oxford and Cambridge, Mass.: Basil Blackwell, 1993), 139.
[15] Julia Kristeva, *Powers of Horror: An Essay in Abjection* (Pouvoirs de l'horreur), trans. L. S. Roudiez (New York: Columbia University Press, 1982), 1–2.
[16] Ibid., 15–16.
[17] Ibid., 54.

[18] Ibid., 56.
[19] Ibid., 64–5.
[20] Ibid., 107.
[21] Ibid., 125
[22] Torga, *Antologia Poética*, 187–8.
[23] António Sergio, 'Interpretação Não-Romântica do Sebastianismo', in *Ensaios*, 8, I (Lisbon: Sá da Costa Editora, 1976), 249.
[24] Miguel Torga, *Terra Firme*, 4th revised edn (Coimbra, Edições do Autor, 1977; first published in 1941); and *Mar*, 4th edn (Coimbra: Edições do Autor, 1983; first published in 1941).
[25] Fernando Pessoa, *Mensagem*, 70.
[26] Ibid., 81.
[27] Ibid., 86.
[28] M. M. Bakhtin, 'From the prehistory of novelistic discourse', in *The Dialogic Imagination: Four Essays*, ed. M. Holquist (Austin: University of Texas Press, 1981), 41–83.
[29] Roland Barthes, 'Myth to-day', in Susan Sontag (ed. and trans.), *Barthes: Selected Writings* (London: Fontana, 1989), 103, 108.
[30] Jean Baudrillard, 'Simulacra and simulations', in *Jean Baudrillard: Selected Writings*, ed. Mark Poster (Cambridge and Oxford: Polity Press and Basil Blackwell, 1989), 170.
[31] *The Kristeva Reader*, 139.
[32] Miguel Torga, *Bichos*, 17th edn (Coimbra: Edicoes do Autor, 1987), 127–34.
[33] A useful discussion of the implications of a pagan palimpsest in Christian ritual from the Middle Ages to the present day can be found in Bakhtin, *The Dialogic Imagination*.
[34] Kristeva, *Powers of Horror*, 56–132.
[35] Ibid., 113–14.
[36] Ibid., 114.
[37] Pessoa, *Mensagem*, 25.
[38] Torga, *Antologia Poética*, 131.

4
Blighted Lives: Children and Adults in Soeiro Pereira Gomes's *Esteiros*

JULIET PERKINS

Joaquim Soeiro Pereira Gomes's literary output was small, and his reputation rests principally on one novel, *Esteiros*, published in 1941, the success of which assured him a place in the gallery of neo-realist writers. He was born in 1909, in the district of Gestação, near Oporto. After a course at agricultural college in Coimbra he worked for a year in Africa as a farm manager, returning to Portugal in 1931. He married and settled in Alhandra, finding office employment with the local cement works. His spare time was dedicated to improving the lot of the working class (organizing cultural and sporting activities, labouring, participating in clandestine political activities) as well as to writing. He had his first pieces published in *O Diabo* in 1939. *Esteiros* was written in 1940 and published the following year. His other novel, *Engrenagem*, was written in 1944 but, like his two collections of short stories, *Refúgio Perdido* and *Contos Vermelhos*, was published only posthumously.[1] He died of tuberculosis, at the age of forty.

Esteiros, following on closely from Alves Redol's *Gaibéus* (published in 1939), is considered to be one of the foundation stones of Portuguese neo-realism, the artistic and literary movement aimed at promoting Marxist socialism and the proletarian revolution, and underpinned, therefore, by the theory of dialectical materialism. To write on a neo-realist novel used to be tantamount to joining battle, either in the war between modernists and neo-realists, or in the skirmishes between literary and political theorists over the nature of the genre. As is well known, the ideological and aesthetic divide between Portugal's modernists and neo-realists gave rise to a long-running and acrimonious debate. The intense partisan feelings resulting from the incompatibility of two views of art and politics eventually died down, to be followed by a willingness on the part of critics to acknowledge quality and deficiencies where none had been found before, and to submit the literary works in question to more sober judgements.

Esteiros is a novel that is caught in the cleft stick of neo-realist ideology and practice. Although one of its canonical works, it none the less avoids dogmatic theorizing and invites analysis from non-socialist perspectives. At its publication, the foremost neo-realist critic, Mário Dionísio, welcomed the appearance of a novel so clearly in line with the neo-realist intentions of the *Novo Cancioneiro* poets, and with a universal theme.[2] Adolfo Casais Monteiro, the *Presença* critic, preferred to disregard the socialist perspective and praised the novel for its veracity, its humanity and the personalities of the characters. He also took pains to correct the opinion, current at the time he wrote his piece (1950), that *Esteiros* had been influenced by Jorge Amado's *Capitães da Areia* (an idea put forward by João Gaspar Simões in his review of the novel's second edition in 1942)[3] by stating categorically that only after hearing of this supposed influence did Soeiro Pereira Gomes read Amado's novel.[4] It was for Fernando Mendonça to establish the nature of the influence of the Brazilian North-East novel on Portuguese neo-realism and, more particularly, the difference in attitudes: 'Enquanto que o romance nordestino é, pois, uma fixação de valores, o romance neo-realista é uma utilização de valores.'[5] Writing in the aftermath of the 1974 revolution, Augusto da Costa Dias and Álvaro Pina both gave full rein to their political preferences, raising Soeiro Pereira Gomes to the status of a true revolutionary, and stressing the Marxist message in his writings.[6] More calmly, Alexandre Pinheiro Torres highlights the obvious polemical tone of many pages in the novel, which is a fierce indictment of capitalism, as well as being a work which cannot fail to touch its readers' hearts.[7] Urbano Tavares Rodrigues also places *Esteiros* firmly in socialist realism, with its commitment to communism.[8] Both he and Carlos Reis look at the mythic and symbolic patterns in the novel and, like Casais Monteiro, at the child-centred perspective, and at aspects such as nature.[9]

A novel that has received as much praise for its emotional truth as for its ideological content might not be an obvious candidate for inclusion in neo-realism, but this ambiguity may, perhaps, be as symptomatic of the movement itself as of the individual work. As committed literature, neo-realism must, of course, be judged by ideological as well as by literary standards, but the difficulty in deciding the priority of those standards has often led to a gap between aim and achievement. This was the concern underlying the sharp comment by Herberto Helder (in his admirable preface to Edmundo de Bettencourt's poems) about the neo-realists: 'Converteram em má literatura o que deveria ter sido uma boa acção social.'[10] In his opinion, they were soothing their petit bourgeois consciences but not succeeding in awakening the consciousness in the very class that needed it. He criticized their failure to carry out a 'revisão de valores' that must be the first step in any innovation, and argued that the transfer of individual creativity to the collective had led to the loss of its innovatory or revolutionary quality. However, Alexandre Pinheiro Torres has shown the extent to which the neo-realist theorists did, in fact, admit the importance of art, and the fact that the writer could embrace, or countenance, the compatibility of his individual and social aspects, though it seems generally more acceptable to submit the individual to the demands and needs of the social, or collective.[11]

Like nineteenth-century realism, Portuguese neo-realism has continually been put under the microscope of literary and political criticism. From its earliest days the theory was as important as the practice. As in the Soviet Union, the theory seemed to precede and dictate the literary production, but the canon can only be determined by reference to the important works themselves, rather than to the theoretical recommendations. In the Soviet Union, the novels held up as official 'models' to be followed by writers, such as *Mother* and *Cement*, were written well before the formation of the Writers' Union in 1932 and the coining of the term 'socialist realism' and, of course, before the spate of articles and speeches culminating in the 1934 First Writers' Union Congress and the formulation of the theory of socialist realism.

As part of this assessment of Portuguese neo-realism, a distinction had to be made between the 'old' realism of the 1870 generation, with its nineteenth-century socialism and the 'new', firmly rooted in Marxian conceptions of history and literature. Rather than go again over ground that has been covered so competently, this study would refer the reader to the vigorous essays of Alexandre Pinheiro Torres, to the comprehensive theoretical analyses of Carlos Reis, and to the recent thesis of Ana Paula Ferreira, for a varied picture of neo-realist criticism.[12] These and other critics make valuable use of

Marxist thinkers such as Lukács, whose division of realism into two brands, critical and socialist, is still contentious. Whether this division is a valid one or not, it does allow Portuguese neo-realism to find a home in one or other camp. For Carlos Reis, it fits more easily into critical realism, thus allowing a line of development from nineteenth-century realism (bourgeois realism in Lukács's term) to twentieth-century neo-realism. Alexandre Pinheiro Torres, however, is in no doubt about the clear ideological difference between nineteenth-century realism and the 'Novo Humanismo'. Ana Paula Ferreira seeks to place neo-realism in relation to the literary past and to study it in terms of the dialectic between tradition and renewal. She also seeks a way round the form/content debate by examining the psychological development of Alves Redol's characters in relation to behaviourist and Freudian theory, thus allowing Redol greater value as a novelist than his early detractors would admit.

Another area of debate has been the title of the movement. While it is accepted that Marxism-Leninism is the ideological foundation, there seems to be some ambiguity about whether 'neo-realismo' is 'socialist realism'. Urbano Tavares Rodrigues, for example, defines the traits of the literary current that, 'impossibilitada pelo circunstancialismo repressivo da ditadura fascista de se intitular "realismo socialista", vai chamar-se "neo-realismo", por analogia e contraste com o realismo ao tempo revolucionário, da geração de 70'. Further on, however, when demonstrating what unites the disparate members of neo-realism ('a denúncia da miséria e a explicitação da luta de classes'), he suggests it is more necessary to determine, 'no campo comum do neo-realismo, que nem sempre coincide com o realismo socialista, as áreas de um realismo crítico e de um realismo ético'.[13] Álvaro Pina goes further into the question: 'No capítulo do realismo socialista, o realismo da nossa época (também ele em desenvolvimento para um realismo ainda superior), temos também de distinguir duas correntes principais: o realismo militante, norteado já pelo movimento operário e pela sua teoria, mas que ainda não resolveu completamente os problemas temáticos e formais que aquele e esta lhe colocam, e por isso não produz impulsos socialistas, e o realismo socialista propriamente dito, expressão artística do marxismo-leninismo como reflexo e guia da prática revolucionária da classe operária e do povo trabalhador.'[14]

Augusto da Costa Dias makes no bones of the fact that Marxism-Leninism, in Portugal, 'era o erguer entre nós, na nossa realidade, de uma realidade sem paralelo na história das massas trabalhadoras, dos intelectuais a elas ligados, enfim do povo português. Era, em suma, o Partido. O Partido: assim e apenas sem mais acrescentamentos.'[15]

With this ideology and with these aims, it seems fairly uncontentious to conclude that neo-realism is socialist realism. In that case, a neo-realist novel should bear some comparison with the 'model' that came out of the birthplace of this artistic credo, the Soviet Union. This study will put to one side the literary heritage of Portugal, valid though it is as an analytical approach, and proceed to consider some of the aspects of the Soviet model (with which Soeiro Pereira Gomes may be presumed to have been familiar) that may be reflected in *Esteiros*.

It seems that Soviet socialist realism is as problematic as Portuguese neo-realism when it comes to defining its nature, and this, according to Katerina Clark, is because it is not a single doctrine: 'Different countries, different political parties, and critics with different *parti pris* have each evolved different definitions of it. Even if socialist realism is confined to the meaning "officially sponsored Soviet literature," it soon becomes apparent that among the various canonical accounts of it there is no *one* that is incontrovertible or in any sense comprehensive.' Deciding that any answer to the question, 'What is socialist realism?' should be found in practical examples rather than theoretical writings, she takes a pragmatic approach and defines Soviet socialist realism as 'a canonical doctrine defined by its patristic texts'.[16]

Among the canon were two works that Soeiro Pereira Gomes knew, Gorky's *Mother* and Gladkov's *Cement*, both of which predate the Writers' Congress of 1934, and hence the imposition of Stalinist values on Soviet writing. Portuguese neo-realism may well claim that it was founded on Marxist-Leninist principles and not on Stalinism, but this will not undo the facts that the Party in the 1930s followed Stalinist thought and that 'party-mindedness' was part and parcel of socialist realism. How far Portuguese neo-realists could be aware of the enormities of Stalin's dictatorship at a time when it was well-nigh impossible to mention his name is very difficult to assess. What seems certain is that they saw themselves as working to bring about the revolution rather than supporting the cult of a leader. Ana Paula Ferreira relates them to the group of European and American writers of the 1930s who dedicated themselves to writing proletarian literature: 'Por oposição aos *fellow-travellers*, estes são escritores plenamente "comprometidos": revolucionários não de uma causa já ganha mas de uma causa bem longe de se realizar; revolucionários, pois constituem um grupo intelectual periférico nos seus respectivos países, utilizam a literatura como meio de acção política subversiva com o intuito de contribuir para a transformação da ordem política estabelecida. E é justamente dentro deste grupo que se articula o neo-realismo português.'[17]

However, what needs to be borne in mind is the position occupied by writers in Portugal as compared to their Soviet counterparts (for the latter, the revolution had taken place, for the former, it was yet to be achieved), and also the very different function of the socialist realist writer: 'In some way the most definitive characteristic of socialist realism is not the mode of writing but its radical reconception of the role of the writer. After 1932 (at least) the Stalinist writer was no longer the creator of original texts: he became the teller of tales already prefigured in Party lore.'[18] The other aspect which draws the Portuguese writer away from his Soviet counterpart is one that has a bearing on the appropriateness of his writing to the people it was meant to reach. In the Soviet Union, the socialist realist novel 'was intended to be a form of popular literature (or, at most, middle-brow), and like most varieties of popular literature it is formulaic. It thus lends itself to a comparison with other varieties of popular formulaic literature, such as detective stories and serial novels. Unlike most such fiction, however, it is also highly didactic . . .'[19]

Thus, it can be seen how the function of the Soviet novel brought the writer into close relation with his readership. He had to write for the masses, and also had to bring Soviet literature up to the standard of the political transformation achieved. With the ties between writer and people much closer than in Portugal, it is not surprising that the 'reconception of the role of the writer' was much less effective in the latter country. This may help to explain crucial differences, such as the individuality of the Portuguese neo-realists who wrote largely autonomously, and not along Party lines, and the frequent lack of direct contact with the people whose problems they addressed. Portuguese neo-realism has to be studied in its variety of examples, that is, not as a writer-based method but as a mode of writing. In the Soviet Union, writers were encouraged and required to write books that conformed to a preordained model. Clearly, the Soviet writers' role became less an individual one, and more a collective activity.

The recipe for socialist realism was definitively formulated at the Writers' Union Congress in 1932, over a fortnight of twenty-six sessions attended by 591 delegates. The addresses by ·Zhdanov, Gorky, Bukharin and Radek are those most often quoted, but there were hundreds of other contributions to the Congress that voiced opinions, debated issues and betrayed power battles.[20] As is well known, literature was henceforth required to promote the cause of socialism, to show party-mindedness, popular culture and national spirit, be accessible to the masses, to reflect reality in its revolutionary development, and to depict the proletariat in an optimistic manner, with the new, positive hero a hero of the workforce.

Gorky's own novel, *Mother*, first published in 1907, became one of the models for other writers to follow, as did Gladkov's production novel *Cement* (first published in 1925). As interesting as the history of *Mother's* progress from propaganda piece to canonical work is that of Gorky from diffident exiled author to leading light of Soviet literature, who found his previously despised novel raised to the status of exemplar. In its warm-heartedness and sense of struggle, *Mother* has greater affinities with the mood of *Esteiros* than does *Cement*, which clearly had an influence on *Engrenagem*.

Two aspects of Gorky's speech, however, seem to relate particularly to *Esteiros*. He recommended that, 'As the principal hero of our books we should choose labour, i.e., a person, organized by the processes of labour ... We must learn to understand labour as creation.' As regards the changes operating in the Soviet citizen, he called attention to children as a suitable subject for writers: 'The growth of the new man can be seen with especial clarity among children, yet children remain quite outside literature's sphere of observation. Our writers seem to consider it beneath their dignity to write about children and for children.'[21] In taking up these two subjects, Soeiro Pereira Gomes acquired a pioneering role in Portuguese literature.

Esteiros is set in a small town in the Ribatejo, by the River Tagus. The story centres on a group of street children, some orphaned, some with homes of a sort, who scrape a living by seasonal work in the local tile works, petty thieving and begging. The novel follows these children through a year in their lives, a year of hunger, tragedy, poverty, illness and death, relieved by brief moments of optimism and laughter. The action starts in autumn, when work in the 'telhal' comes to a close and brief respite is provided by the annual fair, before the harsh weather arrives. By the time the autumn comes round again, death has taken its toll of various members of the community, adults as well as children, and there is little prospect of better times to come. Indeed, it could be argued that here Pereira Gomes goes against the optimism normally required in a socialist realist work, which looks to the future, rather than merely describing the present. By leaving the characters at the beginning of autumn, he creates a despondency in the reader all the deeper for being able to predict what lies ahead every winter. The young lives, old before their time, will be blasted as surely as the vegetation before the autumnal winds and rain. And the leader of the band of boys, Gineto, in spite of his hope that he will be released by the yet-to-be-found father of Gaitinhas, remains in prison, alone and powerless to act.

The success of *Esteiros* is undeniably due to the depiction of the children. Each of the main characters is delineated sufficiently to make him an individual, but they have enough in common to bind them together as a group. Within their band there are dissensions and tiffs; when faced with other groups, such as the adults, and the older boys at the tile works, they support each other.

Their interaction with each other is as important as their personalities. Gineto, the rebel, is not lacking in courage as leader of the group but he remains isolated from the others because of his independence and self-sufficiency. This is in marked contrast to Sagui, the orphan, also courageous and self-sufficient, but whose kind heart and good humour make him friends with everyone. Gineto does not identify himself with the others and his individualistic attitude prevents his moral viewpoint from developing. He has not the positive qualities of a hero, so it will not be for him to strive for a better world. His rebelliousness is personal, not collective and he therefore lacks class consciousness.[22] João (or Gaitinhas, as he soon becomes known), though initially the outsider because of his previous schooling and learning, becomes part of the group through both necessity and empathy. It is his sensitive character that has to make the greatest leap into the comradely poverty of the other boys, from where he will experience the humiliation that will urge him to seek a better life. Soeiro Pereira Gomes starts the novel with him and makes him the emotional centre, thereby indicating that Gaitinhas is the future leader who will strive for change and education. Although it is overstating the case to say that he is enlightened, it is clear that he is most aware of social differences and the injustice of poverty. Importantly, he is a dreamer and has imagination, qualities that mark him out as 'the chosen one', to receive enlightenment and carry the torch of consciousness in the future. In addition, he is fitted for leadership by his honesty. Like Pavel, like Gleb, he is incorruptible. In the novel's last sentences he is heard singing as he leaves town with Sagui to look for his father, an ending as ambiguous in its optimism as that of Fabiano's final thoughts in *Vidas Secas*, Graciliano Ramos's superb novel. He is the only one of the group to have a figure to look up to like the standard mentor figure in the Soviet socialist realist novel. The absent Pedro is the only positive father in *Esteiros*, but his influence is too diluted by distance to nurture his son. He has given sound advice to Madalena, that João should be schooled, advice that cannot be followed because of Madalena's poverty, which in itself comes from her husband's absence, as well as being compounded by her illness, rendering her unfit to earn her own living.

In *Esteiros*, the boys are not heroes in the socialist realist sense of the word where (as in *Cement*) they have battles with protagonists and obstacles before they reach their goal. They are pre-conscious in class terms and have neither the awareness nor the opportunity to break out of their state. In the action there is no direct example of the guide and mentor teaching the disciple, of the father/son relationship of socialist realism. It is a hidden motif, in the shape of Gaitinhas's father, Pedro. Gaitinhas does not explain whether he is 'far away' because of emigration, exile or imprisonment, but the text makes it plain that his father is a protester, imprisoned for his political views and actions. His letters to Madalena hold out the ideal to which his son should aspire. Interestingly, Pedro wants his son to be educated so that he can become a doctor, thereby escaping the working class into which he was born. This could be seen as a betrayal of the proletarian cause, in that being a doctor is a bourgeois profession. But in other neo-realist novels (for example, by Carlos de Oliveira and Fernando Namora) it carries special connotations of commitment to social change and sympathy with the oppressed. Madalena's doctor, like Dr Seabra in *Casa na Duna*, is shown as concerned and willing to do more, but unable to do so because of the defective economic and social structures hampering him. An idealist in his early days of medicine, he has decided to keep his opinions to himself, unlike Pedro who, by voicing them has ended up in prison.

BLIGHTED LIVES: PEREIRA GOMES'S *ESTEIROS*

The adults in *Esteiros* appear in relation to the children. These relations are of two kinds: those within the family and those at work.

The family is the nucleus of suffering in *Esteiros*, rather than a bulwark against deprivation, and is intended to reflect social and economic difficulties in the country as a whole. Interestingly, the radically different political systems of Portugal and Soviet Russia invoked the family in similar ways: Portugal's appeal to the family had religious and moral connotations of stability; Soviet leaders used the family as a metaphor for the State, with themselves as the fathers (the overall father being, of course, Stalin). The ideology of the family is undercut by Soeiro Pereira Gomes, for he refuses to depict the family in the approved way as a social paradigm serving the interests of the country. In this refusal there is not just reality, but protest. Gineto's family is on the poverty line; financial problems cause antagonism and rows between Manuel do Bote and Maria. Gineto's rebelliousness is destructive, not constructive, for he contributes nothing to the family's income, while Deolinda's perceived idleness is a constant irritation to her mother. It is not until the dreadful night of the flood that Gineto and his father discover any bonds between them. Up till then, Manuel do Bote had looked upon his son as an arrogant layabout and nuisance, and there was no respect between the two. When he loses his boat, his livelihood, and thus his position as head of the family, his resentment and depression lead to heavy drinking. His pride stops him working for others at first, but finally shame at seeing his wife the breadwinner drives him to accept some casual employment. Madalena and Gaitinhas hardly constitute a family. Worn down by loneliness and illness, she cannot support or bring up her son. The only family not affected by unemployment and poverty is that of Castro and his son, Arturinho, personifying the cosy, complacent bourgeoisie, identified with Portugal's conservative and inward-looking regime. The only other woman to come into direct relation with the boys is Doida, the unfortunate mother bereaved in the flood, who finds a sort of consolation in the physical attentions of Sagui and the others. This episode, although of symbolic significance, loses impact because of its vague suggestiveness and because the reader does not hear any dialogue between Doida and the boys. It is the vivid dialogue in the novel that brings the characters to life more than anything.

The normal family relationship of parents/children is replaced by the 'brotherhood' of children on the streets. They have to look out for themselves, for their parents cannot, and the men at the workplace will not, and so they substitute their peer group for the family.

The group itself is anti-élitist. When Gineto goes to work on the river with his father, this is seen as a betrayal of his friends, and he finds he is ostracized for having become one of the adults. The bonds that tie the children together can most easily be broken by the demands of work. In the same way, in *Engrenagem*, the attitude towards the worker who strives to outdo his fellows is negative. This was also found in the Soviet novels, in a metaphoric relation where men were depicted as part of the great machine. Before long, however, in 1931, Soviet writers were asked to change their anti-élitist tune, and write about leaders. Using the language of kin systems, Katerina Clark summarizes this change of emphasis: 'And so the thirties saw not merely the end of the machine as the dominant social symbol but also a change in the axis of kinship metaphors from the horizontal to the vertical.'[23]

This observation is most interesting in relation to the lack of a similar family metaphor in *Esteiros*, and the existence of the 'horizontal axis' in *Engrenagem*. In a simplistic way, Soeiro Pereira Gomes is happier to depict the Boxers of his world, rather than the Napoleons. His writings supported the fraternal spirit of workers, and rejected the cult of the leader, or the 'father'. But this is not to say that he did not value the positive role of the father figure, as is seen in *Esteiros*.

It is at work that the relations between children and adults are seen as most hostile, a microcosm of class conflict. There is no initiation into the family of workers at the 'telhal', only bullying, cruelty, and individualism. No transfer of ideology or information takes place. Instead of explanation, there is indifference to the point of callousness; instead of fatherliness and protection, there are sadistic tests of strength and stamina, primitive rites of passage to see if the young ones are up to the job. Maquineta, because of his nervousness on his first day at work, cannot explain to the foreman that he is intended for the machine shop (where he believes that he has been given employment) rather than for heaving coal. There, by the water's edge, the carriers are expected to work like machines, all in time, with no pause for breath. Because Maquineta looks downcast, the foreman, Má-Cara, takes this ill and gets the men to shovel plenty of coal into the boy's basket so that his load will be unduly heavy.

Maquineta can expect no kindness from them, working as they are under the foreman's gaze.

The worst scenes of the reality of labour are at the 'telhal'. From the moment Gaitinhas arrives, he is abused and humiliated as he goes through his initiation as a worker. He is not alone, for a group of boys from the hills are also strangers and they, in their turn, are mocked by the lads already at the works. But the chain of capitalist necessity is shown as the reason for Zé Vicente's harshness and, in particular, for his folly in opening the kiln before it has had time to cool down and forcing the boys, the lame Coca among them, to unload the burning hot bricks.

As if to point a contrast, there is a more humane depiction of the 'valadores'. Driven by the same economic necessity as all migrant workers, they travel south to dig out the silt and clay from the creeks to be turned into bricks and tiles. The ditchers' chief, sensing that Zé Vicente would like to reduce their pay on the grounds that some of them are not seasoned labourers, directs his son to excavate a softer patch of mud in order to conserve his strength. However, when the next opportunity for some slightly lighter work is presented, this father resists the temptation to ask his son to do it and, acting fairly, sends the oldest to do the task.

In spite of this positive picture, the overwhelming impression in the novel is that of dog eating dog. Whether it is Gineto overturning the cake stall at the fair (thus depriving the stallholder of an evening's meagre takings), or Carraça, the foreman's lackey at the tile works, treading on the bare heels of the boy in front, there is no relationship of trust or support between the age groups of the same class. Soeiro Pereira Gomes was clearly indicating the division and unreadiness of these people for the class struggle to come.

The kind of work depicted in *Esteiros* is that of pre-industrialized Portugal, and of pre-Stalinist Russia. The socialist realist novel, if only briefly however, came to reflect Stalin's drive to industrialization and mechanization. As Katerina Clark records, 'It was even pointed out (taking a cue from Stalin) that the traditional revolutionary values of enthusiasm and sacrifice, while laudable in their own way, could never achieve as much as that which was planned and controlled and that utilized the latest technology. Standard pieces in literature of this period show the contrast between what a single machine can do as compared to many men or horses.'[24]

In *Esteiros*, the only machines are those in the Fábrica Grande, that Maquineta dreams of working with. Implicit in this picture is Portugal's distance from industrialization and an urban proletariat and thus, from the socialist revolution. But implicit also is the rising status of the machine, which was such a feature of Stalin's Five Year Plan, built on his policy of collectivization of agriculture. The machine in *Esteiros* is a symbol of progress, the key to employment, and because seen from Maquineta's perspective, inaccessible (although not to his uncle, who works at the factory). The cult of the machine in Russia was, however, brief. Its value was questioned, following on from Stalin's change of policy towards the end of the Five Years. The machine had crowded out the Party and its leaders, and was unable to 'express that key notion of the Stalinist vocabulary, "struggle"'. As Katerina Clark makes clear, the reaction against Five Year Plan values had an important effect on literature: '... the guidelines for socialist realism were thought out during a wave of reaction against machine-age values.'[25] And when machines fell out of favour, nature came back to take their place, thematically speaking.[26]

Although there are parallels between Soviet Russia and Portugal as essentially rural, peasant-based economies, the machine-vs-nature antagonism had different roots: in Russia the population was forced into the machine age; in Salazar's Portugal, the machine age, or industrialization, was held back, even though labour was needed for the factories that underpinned Salazar's power.

In the Soviet novel, then, when the machine fell out of favour, writers turned to nature, and 'billed their heroes as adventurers in the physical world who were engaged in some epic struggle against brute, elemental forces ... Natural disasters in the very stronghold of technology were staged, so that the *essential* drama took place in the natural world, with the machine as mere cardboard backdrop.'[27]

This is very different from the use of nature in *Esteiros*. Its effect on the human beings is similar in all respects to that in *Vidas Secas* by Graciliano Ramos, where it combines with the injustice of capitalism to ruin Fabiano and his family. The Soviet nature, moreover, is an abstraction[28] while in *Esteiros*, as in *Vidas Secas*, it is a reality but with a metaphoric function. The 'struggle with nature' of the Five Year Plan was the complete opposite to that in *Esteiros*: it saw climate being tamed in the face of great projects such as dams and canals, and was a collective enterprise, to bring nature to heel. In *Esteiros*, the struggle is an individual one: there is no heroic attempt to tame nature on behalf of the State so that the economy may flourish. It is a real battle, in which man is the loser. The Soviet novel is concerned with myth-making, whatever version the myth might be called upon to take; the Portuguese one, *Esteiros* in this case, is concerned to depict reality, even when propaganda is included. The element of hyperbole found in the Soviet 'struggle with nature' (combating natural phenomena and disasters, such as ice, floods, snowstorms – just as Stalin himself was said to have done) is, therefore, absent from *Esteiros*, for all the symbolic and mythic suggestions.[29] But it is worth pointing out that in *Esteiros* the individual struggle against nature is really a trial by the elements of earth, air, water and fire, and that these link to the seasons of the year. By turn, the sections of the novel are dominated by one of these elements: autumn by the wind, winter by water, spring by earth, and summer by fire.

Soeiro Pereira Gomes uses the cycle of the seasons and the elements not just to show the daily struggle for existence, but also to demonstrate how the natural world determines work and hunger patterns (in effect, imbuing nature with the metaphoric power of a capitalist boss). He used this cycle motif, in fact, before it had become so rooted in the Soviet novel during the 1940s. It was during that decade that the year, measured by the seasons, became the standard unit for a novel's action. Unlike the Soviet socialist realist author (Gladkov, for example, opened *Cement* in early March and ended it in October 1921), Soeiro Pereira Gomes chose autumn as the starting-point, as mentioned above. But although he chose the seasonal cycle, in common with Soviet writers, it is by no means clear that he adopted their reasoning for using it. 'The Marxist scheme for the progress of history from harmony through discord and back to higher-order harmony is a complete circle, or rather a narrowing gyre as a series of syntheses bring man ever close to final harmony in communism. The normal reckoning of history is chronological or linear, but nature is cyclical and thus is subject to change yet is outside time. So most Stalinist novelists place in the foreground the time of nature and the seasons rather than the time of the modern world.'[30] The *Esteiros* cycle belongs to the pre-revolution era, however; were it in the revolution, every new summer would herald the arrival of the harmony of communism.

Because the community of *Esteiros* is lacking in real solidarity, they cannot be revolutionaries. When they suffer or die, they do not become martyrs or sacrifice themselves for a greater cause; it is because they are helpless victims of nature and of the labour market. So there is no sense of redemption to relieve the tragedies that strike, through the flood, or through Madalena's tuberculosis, for example. The lives are wasted ones, that might have been saved if economic conditions were different. The need to earn when and where he can drives Manuel do Bote out on the river in the storm, only to lose his boat and livelihood, and nearly his own and his son's lives. Madalena's poverty prevents her from having even the basic charity of the Montepio, and her tuberculosis proceeds unchecked, worsened by her appalling living conditions. Tia Rosa's lameness arose from an accident she had as a child, left alone at home by a mother forced to go out to work. In the same way, seasonal changes in the weather strike hardest on those who depend on it for their livelihood, a dependence that turns the population of the creeks into victims. This aspect alone brings *Esteiros* closer to the regional novel than to the socialist realist one.

If the expression of political awareness is covert in *Esteiros*, it is overt in *Engrenagem* and in the *Contos Vermelhos*. For Álvaro Pina, the fact that *Esteiros* does not exhibit an activist ideology is because it is the first of three moments in the revolutionary struggle, 'o reconhecimento de uma situação objectiva e das condições subjectivas que a acompanham'.[31] The novel could be seen, therefore, not as the culmination of a brief literary career but as a first essay towards class consciousness, to be sketched in *Engrenagem*, and shown fully in the *Contos Vermelhos*.

In terms of explicit ideology, there is an wide gap between *Esteiros* and *Engrenagem*, and the *Contos Vermelhos*. The work which has received the greater attention and praise, however, is the one most susceptible to being read outside the confines of socialist realism. *Esteiros* may be the expression of an ambivalent, or an as then undecided approach to a political ideology, or it may indicate the extent to which Pereira Soeiro Gomes disguised the contentious nature of his views while retaining his fidelity to socialist realism as a literary model.

To describe the place of *Mother* in the history of socialist realism, Katerina Clark borrows a metaphor from Pushkin, of translators being the 'post-horses of civilization': '*Mother* was that post, or station, where Bolsheviks coming out of the old intelligentsia tradition were able to stop and take on fresh horses to bear them on into socialist realism itself.'[32] This image is strikingly apt to describe the place of Soeiro Pereira Gomes's *Esteiros* in Portuguese neo-realism.

Notes

[1] In 1951. There is a copy of the first edition of *Engrenagem* in the British Library, but not of the short stories. Only two editions of the *Obra Completa* have been published since – by Editorial 'Avante!' in 1979, and Editorial Caminho in 1992. For the preparation of this article I have used the fifth edition of *Esteiros* (Lisbon: Europa-América, 1974).
[2] Mário Dionísio, 'Ficha 2', *Seara Nova*, 759, 28 de Fevereiro de 1942, 38–9.
[3] João Gaspar Simões, 'Soeiro Pereira Gomes', in *Crítica III. Romancistas Contemporâneas (1942–1961)* ([Lisbon]: Delfos, n.d. [1968]), 41–2.
[4] Adolfo Casais Monteiro, 'Soeiro Pereira Gomes e o mundo da infância', in *O Romance (teoria e crítica)* (Rio de Janeiro: José Olympio, 1964), 399.
[5] Fernando Mendonça, *Três Ensaios de Literatura* (São Paulo: Faculdade de Filosofia, Ciências e Letras de Assis, 1967), 30.
[6] Augusto da Costa Dias, *Literatura e luta de classes. Soeiro Pereira Gomes* (Lisbon: Editorial Estampa, 1975); Álvaro Pina, *Soeiro Pereira Gomes e o Futuro do Realismo em Portugal* (Lisbon: Editorial Caminho, 1977).
[7] Alexandre Pinheiro Torres, *O Movimento neo-realista em Portugal na sua Primeira Fase* (Lisbon: Instituto de Cultura Portuguesa, 1977), 89.
[8] Urbano Tavares Rodrigues, 'O Real e o Imaginário em *Esteiros* de Soeiro Pereira Gomes', in *Um Novo Olhar sobre o neo-realismo* (Lisbon: Moraes Editores, 1981).
[9] Carlos Reis, *O Discurso Ideológico do neo-realismo Português* (Coimbra: Livraria Almedina, 1983), 479–532.
[10] Herberto Helder, 'Relance sobre a poesia de Edmundo de Bettencourt', in *Poemas de Edmundo de Bettencourt (1930–1962)* (Lisbon: Portugália Editora, 1963), xiii.
[11] In *O neo-realismo Literário Português* (Lisbon: Moraes Editores, 1977), especially 17–25.
[12] Torres, *O Movimento . . .*, *O neo-realismo*, and *Os Romances de Alves Redol*, (Lisbon: Moraes Editores, 1979); Reis, *O Discurso Ideológico* and *Textos Teóricos do neo-realismo Português* (Lisbon: Seara Nova/Editorial Comunicação, 1983); Ana Paula Ferreira, *Alves Redol e o neo-realismo Português* (Lisbon: Editorial Caminho, 1992).
[13] Rodrigues, *Um Novo Olhar*, 13–14.
[14] Pina, *Soeiro Pereira Gomes*, 20.

[15] Dias, *Literatura*, 18.
[16] Katerina Clark, *The Soviet Novel: History as Ritual* (Chicago and London: University of Chicago Press, 1981), 3.
[17] Ferreira, *Alves Redol*, 117.
[18] Clark, *The Soviet Novel*, 159.
[19] Ibid., x–xii.
[20] See the detailed and fascinating book by Régine Robin, *Socialist Realism: An Impossible Aesthetic*, trans. Catherine Porter (Stanford: Stanford University Press, 1992), 9–36, for a full account of the congress.
[21] Gorky, Radek, Bukharin, Zhdanov and others, *Soviet Writers' Congress 1934* (London: Lawrence & Wishart, 1977), 57–8.
[22] Reis, *O Discurso Ideológico*, 491.
[23] Clark, *The Soviet Novel*, 118.
[24] Ibid., 94.
[25] Ibid., 98–9.
[26] Soeiro Pereira Gomes took up the machine metaphor in his other novel, *Engrenagem*, but with a certain ambivalence in attitude towards the factory and machines. See Pina, *Soeiro Pereira Gomes*, and Dias, *Literatura*, for detailed analyses of the novel from a Marxist perspective.
[27] Clark, *The Soviet Novel*, 99.
[28] Ibid., 100.
[29] See the two illuminating studies of these aspects by Rodrigues, *Um Novo Olhar* and Reis, *O Discurso Ideológico*.
[30] Clark, *The Soviet Novel*, 112.
[31] Pina, *Soeiro Pereira Gomes*, 52.
[32] Clark, *The Soviet Novel*, 52.

5
Panorama do Romance Pós-neo-realista Português

EUNICE CABRAL

1. *A autoria individualizada de romances no Pós-Neo-Realismo literário*

As evoluções na concepção do texto literário nem sempre são acompanhadas pela teoria ou pelo ensaísmo. Pelo menos, no sentido em que entendemos essa tarefa paralela à produção literária como um movimento literário com unidade e coesão de ideias, pressupostos e respectiva prática textual. Foi assim no panorama do romance português pelo menos até ao Neo-Realismo. Depois de 25 de Abril de 1974, a democracia política instaurada criou a noção difusa e implícita (bem ou mal entendida) de que cada criador literário seria responsável por si e pela sua obra. Esta situação portuguesa, a de aquisição recente das estruturas minimamente pluralistas do ponto de vista social – diferente da maioria dos países europeus – e da individualização extrema da autoria literária, não foi contrariada por nenhum movimento ou código literário europeu (ou outro) que poderia influir nas letras nacionais. Desde a década de 70 que o romance como género narrativo típico das sociedades ocidentais – mas generalizado a todo o mundo – não é objecto de uma crítica globalizada que anuncie um novo código literário, o que não significa que tenha vindo a tornar-se um género adormecido e inerte. O que acontece é que as modificações, entretanto surgidas, são assumidas em nome individual por cada autor de uma obra romanesca e não como fazendo parte de um código literário específico.

Mas voltemos um pouco mais atrás. Douwe W. Fokkema considera que o pós-modernismo é o código dominante na literatura ocidental desde os anos cinquenta.[1] Segundo o autor, trata-se do primeiro código literário que se formou na América e que influenciou a literatura europeia. De um modo sintético, poderemos afirmar que o pós-modernismo pensado por Fokkema consiste, na narrativa, numa percepção assimiladora e descontínua no sentido em que o narrador não opera uma selecção, não fazendo uma distinção entre verdade e ficção, entre passado e presente, entre relevante e irrelevante. No centro do universo semântico deste código literário, encontramos òs campos da inclusão e da assimilação.[2]

A noção acima exposta de pós-modernismo inclui o 'nouveau roman' de autores como Robbe-Grillet, Butor, Sarraute, Marguerite Duras, etc., mas inclui também muitos dos romancistas norte-americanos que se afirmaram na década de 60 e de 70 como Barth, Barthelme. A obra romanesca de Italo Calvino, obras de autores de língua alemã como Botho Strauss, Peter Handke, Thomas Bernhard. E ainda obras dos sul-americanos Carlos Fuentes, Jorge Luís Borges.

No panorama do romance português, a década de 50 é ainda dominada pelo Neo-Realismo. Apesar deste movimento significar sobretudo, nos decénios de 50 e de 60, uma frente cultural antifascista para designar, à falta de melhor, o compromisso social imprescindível num regime totalitário, a verdade é que um número importante de romancistas continua afecto ao movimento neo-realista e outros, a começar uma carreira literária e sendo críticos do Neo-Realismo inicial, não renegam a classificação. Referimo-nos, neste último caso, a autores como Augusto Abelaira e José Cardoso Pires. No primeiro caso, o de autores já vindos do Neo-Realismo inicial, podemos mencionar autores como Carlos de Oliveira e Fernando Namora. Mas, dentro do Neo-Realismo, ocorrem modificações significativas. Como é sabido, o discurso ideológico deste movimento literário decorre de uma visão marxiana do mundo, mundividência esta que conheceu uma fortuna importante até à Segunda Guerra Mundial.

O Pós-Guerra foi, no entanto, marcado em Portugal pelo desalento e pela descrença nas possibilidades de transformação social e política tidas como desejáveis e consideradas inevitáveis pela geração anterior, a de 40. Em termos concretos, em Portugal, o regime salazarista não foi deposto por forças internas ou externas. A Europa, saída de uma guerra, e tendo como principal inimigo o comunismo a Leste, não estava disposta a desestabilizar um regime totalitário de direita com medo de que o equilíbrio fosse encontrado à esquerda de uma social-democracia.

Em termos socioculturais, o Pós-Guerra europeu é marcado por uma sensibilidade literária em que predomina uma desconfiança em relação aos valores estabelecidos pela sociedade vigente, que surgem, deste modo, como ilusões ou mistificações.[3] Vários críticos e ensaístas designam este período como 'existencialista' tendo em conta que é um termo muito lato na época. No caso português, as décadas de 50 e de 60 assistem à publicação de um conjunto de textos ficcionais que renovam o discurso romanesco. Se atendermos aos vários modos como os romances foram recebidos na própria época, verificamos que, mesmo os críticos afectos ao Neo-Realismo, têm dificuldade em sustentar a ideia de que existe uma continuidade entre o discurso romanesco português de antes da guerra e o de depois da guerra.[4]

Note-se que, afinal, o desencanto, tão evidente no panorama sociocultural português, é coincidente com a desconfiança em relação à sociedade vigente europeia. David Mourão-Ferreira caracteriza do seguinte modo o período do Pós-Guerra: 'o não-sentido da paz que se encontrou (ampliado, para alguns, pela consciência do não-sentido, sob tantos aspectos, da própria guerra que a antecedera) caracteriza, em quase todo o mundo, as gerações literárias reveladas depois de 45.'[5] De certo modo, poder-se-á afirmar que, em Portugal, a mundividência em que predominam características 'existencialistas' tem duas ordens de razões, a decorrente da sociosfera europeia e a proveniente do contexto sociocultural unicamente português.

Afirmar que se trata do período do 'existencialismo' é efectivamente muito vago tendo em conta a produção romanesca portuguesa desses anos. Parece-nos mais correcto classificar, como Eduardo Lourenço o fez num artigo de 1966, como a 'Nova Literatura' que contempla os romances de Agustina Bessa-Luís, de Almeida Faria, de Fernanda Botelho, de José Cardoso Pires, de Augusto Abelaira, de Ruben A., de Maria Judite de Carvalho.[6]

A renovação do discurso romanesco, consignada nestes textos, aponta para um factor novo da evolução do romance português que é o de cada autor empreender uma carreira literária sem a preocupação de uma filiação num movimento literário específico. Se para autores que surgem sem afirmação de pertença a um sócio-código ou código de grupo, esta questão é insignificante (como por exemplo o caso de Agustina Bessa-Luís), o mesmo não se passa com autores que, por razões várias, surgem filiados no Neo-Realismo. Este é o caso de romancistas como Augusto Abelaira, Cardoso Pires, Urbano Tavares Rodrigues, Fernando Namora.

Efectivamente, textos narrativos como *A Cidade das Flores* (1959), *Os Desertores* (1960) de A. Abelaira, *O Anjo Ancorado* (1958), *O Delfim* (1968) de J. Cardoso Pires, *A Noite Roxa* (1956) de U. T. Rodrigues, *Domingo à Tarde* (1961) de Fernando Namora quase já nada têm em comum com as convenções neo-realistas dos primórdios do movimento em que os universos romanescos propostos têm um objectivo claro, a saber, a representação dialéctica da realidade com vista à indicação de superação de um presente social que é considerado insuficiente e deformado.[7]

A produção romanesca deste período de uma boa parte de autores que se filiam no Neo-Realismo (por questões que nos parecem a nós, hoje, mais de carácter social do que literário) não exclui as problemáticas sociais que eram demasiado evidentes na realidade circundante. O que acontece é que a maior parte dos romances mencionados acima não estrutura a matéria diegética em termos de uma representação dialéctica da realidade com o objectivo de renovar o humanismo. Não se poderá afirmar, no entanto, que sejam romances marcados claramente pelo 'existencialismo', apesar de esta ser uma etiqueta que circula demasiado livremente nestes anos, como atesta a designação de 'romances existenciais' para os mencionados acima por parte de um crítico como João Gaspar Simões.[8]

Em suma, trata-se de textos romanescos que representam, cada um a seu modo, a realidade imediata tal como esta é lida pelo seu autor e sem que nesta leitura entrem factores de convenção de grupo. A tónica 'existencialista' é sobretudo assumida pela produção de um autor, Vergílio Ferreira, que se evade do grupo chamado neo-realista. De facto, a sua obra romanesca, sobretudo a partir de *Mudança* (1950), adere, de um modo explícito, a problemáticas de cariz existencialista que se tornam mais evidentes, no ponto de vista da prática textual, em romances como *Aparição* (1959) e *Cântico Final* (1960).[9]

2. O triunfo da exterioridade

Para além do vector do Neo-Realismo, que está ou não presente em cada produção romanesca de autores situados nas décadas de 50 e de

60, existe uma tendência generalizada, no romance português deste período, para a representação de uma realidade que surge como múltipla, polifacetada e complexa. A omnisciência narrativa, própria de um romance tradicionalmente realista, tende a desaparecer. A instância da narração é visível textualmente na medida em que o acto da enunciação do discurso é inscrito na própria matéria romanesca. Exemplo flagrante deste aspecto é o romance *O Delfim* (1968) de José Cardoso Pires em que o narrador-escritor enuncia repetidamente o modo como procede à representação da sua matéria romanesca sem que tal propósito de enunciação configure, de um modo satisfatório, a personagem do narrador. O que acontece é que a voz narrativa se deseja deliberadamente um acto de escrita, despojado e impessoal, sem que esta enunciação pressuponha a inscrição no texto de uma 'pessoa' no sentido em que se encontra implícita na personagem clássica oitocentista.

A valorização da instância da narração significa, entre outros aspectos, o 'triunfo da exterioridade'. A exterioridade invasora e aniquiladora da caracterização da personagem no sentido tradicional exprime um dos vectores que atravessa o contexto sociocultural deste período que é a desagregação da concepção antropocêntrica. Do Romantismo até ao advento do Simbolismo, o homem tinha-se conservado no centro do universo. A representação da 'ordem das coisas' (na sua rasura) despersonaliza as figuras humanas, as personagens, que são representadas como 'objectos'.[10] A exterioridade triunfante também é revelada pelo desaparecimento da paisagem no romance[11] pois o espaço representado é fragmentário e descontínuo, visto que as componentes diegéticas são submetidas a um processo de indiferenciação. A concepção do tempo, nestes romances, é frequentemente circular, não linear e destituída de dialéctica.

A instância da narração, que é insistentemente inscrita no tecido romanesco, pode manifestar-se de um modo oposto a uma predominância da impessoalidade através da centralidade da subjectividade. O exemplo mais notório é o da obra romanesca de Vergílio Ferreira em que o conhecimento do mundo é sobretudo o apreendido pelo 'eu' de um narrador-protagonista. Nesta ficção, o 'triunfo da exterioridade' dá-se também, visto que o sujeito-enunciador do texto é dominado por forças que o ultrapassam e o centro do conhecimento do mundo não parece apenas relevar de uma autoconsciência plenamente racionalizada. Também aqui, a 'enunciação invade e perturba o enunciado'[12] mas a instância da narração decorre de uma soberania da subjectividade. Em Vergílio Ferreira, a existência precede a essência (famosa interpretação existencialista) no sentido em que o 'eu' do narrador dos seus romances apreende os dados de uma realidade que lhe surgem como uma contingência mas simultaneamente aparecem como o absoluto do mundo, visto que, na mundividência existencialista, não existe o 'ser-de-detrás-da-aparição', sendo que a 'aparência' não esconde a 'essência', – revela-a, e é a própria 'essência'.[13]

Apesar de muitos outros romancistas deste período não se afirmarem como existencialistas – aliás, designação que é negada por muitos –, o certo é que as tendências generalizadas da ficção narrativa portuguesa, se não afirmam, também não negam a erosão da distinção entre a superfície e a profundidade, princípio básico do existencialismo. O realismo clássico oitocentista e o Neo-Realismo partem de um modo de registo dos dados diegéticos a que Fokkema designa por 'inclusão ordenada'. É este tipo de inclusão que permite a omnisciência narrativa, uma configuração panorâmica da intriga e das personagens e a constituição de uma ou várias paisagens. Ora, muita da produção romanesca portuguesa de 50 e de 60 utiliza a 'inclusão ocasional'.[14] Falamos de romances como *O Delfim* (1968), *A Noite e o Riso* (1969) de Nuno Bragança, *Maina Mendes* (1969) de Maria Velho da Costa. Nestes textos, o registo dos acontecimentos confere aos enunciados uma descontinuidade narrativa que irá impossibilitar qualquer estrutura estável.

Esta desarticulação advém de uma recusa de um conhecimento sistematizado do mundo. Trata-se de um procedimento analógico em relação ao conhecimento, procedimento este que inclui a analogia, a metáfora e a correspondência como rejeição de uma conceptualização abrangente e sistemática e de uma pretensão demasiado universalizante. Este procedimento narrativo dá atenção a uma multiplicidade de pontos de vista sobre o real. A notação da visibilidade do mundo é feita segundo um critério de registo da simultaneidade de espaços, de tempos e de focalizações dos dados romanescos.

A atitude destes romancistas é confluente com o que passou a ser referido como a revolução da década de 60. Por sua vez, a mudança sociocultural já vem do Pós-Guerra e tem variadíssimas manifestações. Por isso é que o romance 'existencialista', o 'nouveau roman' e o romance pós-neo-realista português têm inúmeras afinidades a nível da tomada de posição para com o acto narrativo, mesmo que os romancistas pertençam a famílias literárias distintas.

3. A negatividade do mundo percepcionado de um modo directo

Note-se que Roland Barthes, em textos seus escritos na década de 50, se refere à 'expressão de uma negatividade' inscrita no romance francês desses anos que tomou a designação conhecida de 'nouveau roman'. Barthes chama a este tipo de narrativa romanesca, o 'romance em superfície' que, segundo este estudioso, é sustentado pela 'promoção do visual' em que a obsessão pelo visível significa a impossibilidade em restabelecer a soberania do sujeito assente numa interpretação uniforme e estabilizada do homem e do mundo.[15] Já tínhamos referido acima a crise do humanismo no sentido em que o ser humano deixa de ocupar o centro do universo e a sua representação no romance passa a constituir uma 'personagem como objecto'.

Também Umberto Eco, nos textos ensaísticos que formam *Obra Aberta* (1962), refere 'um outro ponto de vista narrativo' instituído em romances da época como o que é decorrente do abandono de todos os valores clássicos no domínio da arte e da preferência por aspectos como o indeterminismo, a descontinuidade e a imprevisibilidade na narração dos eventos. São exactamente estas características que configuram uma obra como 'aberta', não apenas no campo semântico mas também no domínio da forma 'como campo de possibilidades'.[16]

Quer o 'romance em superfície' (R. Barthes) quer a 'obra aberta' (U. Eco) constituem experiências imediatas do mundo instauradas pelo princípio da existência. Esta experiência – que é configurada pela sociosfera cultural deste período – promove a descontinuidade em relação a uma leitura racional e humanista que surge como insuficiente na apreensão do mundo do Pós-Guerra.

A imediatez na apreensão do mundo constitui uma 'suspensão do sentido do mundo' como decorrente da 'expressão de uma negatividade' (ambas as expressões são de R. Barthes). Esta 'negatividade' tem articulação com a negação da homologia entre História e ficção, visto que, ao contrário dos vários realismos das décadas de 30 e de 40, se trata de uma ficção que rompeu com os determinismos psicológicos, sociológicos e metafísicos, presentes nos textos narrativos de índole realista. Deste modo, estamos perante o fim de uma tradição, a da busca de identidade do mundo através de um sujeito romanesco.[17]

Em termos sociais e políticos, a revolução sociocultural europeia dos anos de 60 corresponde à expectativa de mudanças drásticas a nível social mesmo que tal horizonte não tenha sido claramente definido. Pode-se falar também de um conjunto de projecções nebulosas que têm em comum o facto de percepcionarem a chamada 'democracia burguesa' como esgotada. Em termos artísticos, as tendências mencionadas têm em comum o facto de representarem mundos em extinção, mundos condenados pela expectativa de uma revolução. No caso do romance português deste período, que nós consideramos como pós-neo-realista, a representação de um universo que já chegou ao seu fim não é contrabalançada pela configuração de uma outra realidade que significasse a superação de um mundo insuficiente, caduco e sem futuro. Esta característica aproxima o romance português do europeu, ou seja, a ausência de configuração de um futuro melhorado ou aperfeiçoado em relação ao presente (configuração esta implícita no código neo-realista).

O espaço social surge, nestes romances, como uma entidade em aberto, entendendo-se esta abertura como um 'campo de possibilidades' (U. Eco). Assim, não é de estranhar que se verifique o indeterminismo, o ocasional no modo como os dados do mundo são registados no texto romanesco.

A 'negatividade' advém também da crise que atingiu a noção de sujeito na medida em que este já não é entendido como uma entidade que consiga conhecer o mundo em todas as suas facetas. Tal como o mundo é representado na sua caoticidade, este tipo de romance implica um paradoxo. Se lermos as declarações de romancistas da época, no domínio do ensaísmo, como por exemplo, Alain Robbe-Grillet (*Por um Novo Romance*, 1963), Vergílio Ferreira (*Espaço do Invisível – I*, 1965), José Cardoso Pires (*E Agora, José?*, 1977), essas remetem para a valorização da subjectividade no sentido em que a objectividade neutra e unitária, como meta do romance, parece já não ser possível pela própria evolução do género narrativo. Mas, paradoxalmente, a subjectividade surge descentrada, desindividualizada, não lhe sendo atribuída uma interpretação unívoca da realidade. O 'triunfo da exterioridade' significa a disseminação semântica no texto romanesco, pluridiscursividade esta decorrente de um sujeito que deixou a sua posição de centro do mundo.

De facto, o Pós-Guerra e, mais concretamente, as décadas de 50 e de 60 são marcadas pela acumulação de conhecimentos e de informação que circula de um modo mais alargado (atingindo mais pessoas) e de um modo mais rápido. O acesso ao conhecimento leva o romance a procurar um outro modo de representar a realidade. Nos anos 30, ainda é possível escrever romances próximos da reportagem jornalística ou do documentário sociológico. Vejam-se os casos do romance *A Condição Humana* (1933) de André Malraux, *Gaibéus* (1939) de Alves Redol. Mas a televisão altera este estado de coisas, ao difundir conhecimentos diários em casa de cada um. Como afirma J.-Y. Tadié, o 'desejo de realismo' já não se exprime através do romance mas através do jornal e da televisão.[18]

Não é por acaso que Umberto Eco refere o que considera ser a 'estética da televisão' como outra das manifestações de 'abertura' do texto narrativo. Trata-se de um tipo de narração próprio da televisão, a 'transmissão directa', que Eco define como a irrupção de um relato sem a obediência ao princípio da causalidade, na medida em que não existe uma intriga pré-estabelecida. A narração é estritamente contemporânea da história contada e esta imediatez ou experiência directa implica a possibilidade de reproduzir a vida em múltiplas direcções. Assim, a percepção torna-se impessoal, visto que a realidade percepcionada não é passível de uma representação abrangente e sistemática por uma consciência individual.[19]

O afluxo do mundo real, percepcionado por uma entidade que se deseja desindividualizada (o sujeito romanesco em crise) provoca a fragmentação no acto de o representar. A crença que, entretanto, foi perdida, na passagem do Neo-Realismo para o Pós-Neo-Realismo, diz respeito à transformação da sociedade através de uma mudança drástica e assinalada. A sociedade foi-se transformando, de facto, mas sem que passasse por uma única revolução que a alterasse desde os seus fundamentos, acção modelada em que os oprimidos seriam o sujeito histórico.

O modo de percepção do mundo privilegiando a visão, bem notório nos romances deste período, é muito elucidativo desta diferença. Diz Norbert Elias que a incapacidade individual de acção (acção entendida como uma prática de transformação social) se encontra na origem da 'importância da visão'. Segundo este autor, a predominância do mundo conhecido como apenas visto e não agido (em termos concretos, o mundo visto pela tecnologia audiovisual ou o mundo visitado pelos procedimentos do turismo), no tempo de uma 'crescente integração da humanidade' contemporânea, dá-se no contexto de uma 'perda individual de poder'.[20]

O mundo, uma vez que já não se presta à acção individual, não necessita de ser interpretado de um modo correcto. A relação entre a ficção e a História torna-se, deste modo, errática, plural e aleatória. Nietzsche, filósofo contemporâneo do simbolismo, rejeita o carácter absoluto de uma visão unitária do mundo, afirmando a pluralidade dos pontos de vista. As vanguardas artísticas do século XX o modernismo, o surrealismo) decorrem do questionamento do mundo e do indivíduo, criando, através de várias dessacralizações, representações descoincidentes da realidade. Numa linha de similitude, o romance pós-modernista (se tivermos em conta a designação de Fokkema) e, no caso português, o romance pós-neo-realista, suspendem, de vários modos, o sentido unívoco atribuído ao mundo empírico.

No contexto de uma referência mediata, de segundo grau do mundo empírico no texto literário, Jean Bessière afirma que, depois da década de 50, já não existe nenhum romance considerado significativo que instaure uma comunidade de comunicação pela narração e pela representação. O facto de o texto romanesco deixar de inscrever uma visão do mundo – que remeteria para a constituição de uma imagem unitária da sociedade – é significativo de uma perda deliberada da capacidade cognitiva do mundo empírico. Em contrapartida, o romance afirma uma autorepresentação, ao proporcionar uma 'visão vazia do mundo' através de 'construções empíricas do real'.[21]

O panorama do romance português vai abandonando aos poucos as características vanguardísticas aqui apontadas próprias da década de 60. A mudança política instaurada pelo movimento de 25 de Abril de 1974, se eventualmente acentuou a individualização da autoria literária, apelou simultaneamente para uma representação realista liberta da censura de carácter político. Segundo o nosso entender, um novo realismo começa com autores que publicam já depois de 1974 e que, de facto, representam aspectos da realidade inéditos como é o caso de António Lobo Antunes. O seu primeiro romance, vindo a lume em 1979, *Memória de Elefante* apresenta uma realidade focada por um ponto de vista novo. A realidade representada diz respeito à guerra colonial vivida por um militar português que é mandado em missão para África sem que este acto implique convicção patriótica ou outra. O narrador encontra-se um estranho nas chamadas colónias portuguesas mas também, por reflexo, em terras portuguesas, em Lisboa, mais concretamente. É esta estranheza verosímil que torna tão interessante o primeiro ciclo de romances do autor com livros como *Os Cus de Judas* (1980), *Fado Alexandrino* (1983).

O realismo volta à ordem do dia, já sem preceitos de escola literária ou outros. Exemplo desta tendência é o romance *Balada da Praia dos Cães* (1982) de José Cardoso Pires que, devido ao desaparecimento da censura, narra uma história verídica acontecida no ano de 1960 em que confluem os aspectos políticos filtrados por factores de ordem individual.

Notas

[1] Douwe W. Fokkema, *História Literária – Modernismo e Pós-Modernismo* (Lisboa:Vega, s.d.), 63.

[2] Ibid., 66–76.

[3] R.-M. Albérès refere expressões caracterizadoras da literatura do Pós-Guerra tais como 'literatura do absurdo', 'literatura do desespero' e também 'existencialismo'. R.-M. Albérès, *Panorama de las Literaturas Europeas (1900–1970)* (Madrid: Al-Borak, 1972), 272.

[4] Mário Sacramento, por exemplo, considera que a década de 50 assistiu a uma crise no seio do Neo-Realismo e que esta crise abriu as portas ao que designa como o 'segundo neo-realismo' marcado pela problemática existencial. Mário Sacramento, *Fernando Namora* (Lisboa: Arcádia, 1967), 95 e 137.

[5] David Mourão-Ferreira, *Vinte Poetas Contemporâneos* (Lisboa: Ática, 2a ed., 1980), 271.

[6] Eduardo Lourenço, 'Uma Literatura Desenvolta ou Os Filhos de Álvaro de Campos', in *O Tempo e o Modo*, no. 42, Lisboa, Outubro de 1966, 925.

[7] Carlos Reis aponta a representação dialéctica da realidade como o objectivo fundamental da estética neo-realista, dando-se uma conjugação da postulação histórica com o pendor dinâmico da ficção narrativa. Carlos Reis, *O Discurso Ideológico do Neo-Realismo Português* (Coimbra: Livraria Almedina, 1983), 144–45.

[8] João Gaspar Simões, *Crítica III – Romancistas Contemporâneos (1942–1961)* (Lisboa: Delfos, s.d.), 449.

[9] Veja-se o prefácio de Eduardo Lourenço a *Mudança*. Neste texto, o ensaísta aponta a passagem da atmosfera neo-realista para a aventura literária de cunho existencialista. Eduardo Lourenço, Prefácio a *Mudança*, de Vergílio Ferreira (Lisboa: Bertrand, 4a ed., 1978), 10.

[10] Tadié apresenta o romance do século XX como aquele que desestrutura as características do romance oitocentista devido aos 'progressos da descrença ou da indiferença'. Uma dessas desestruturações tem a designação de 'triunfo da exterioridade'. Jean-Yves Tadié, *O Romance no século XX* (Lisboa: Publicações Dom Quixote, 1992), 9 e 59.

[11] Maria Alzira Seixo, *A Palavra do Romance – Ensaios de genologia e análise* (Lisboa: Livros Horizonte, 1986), 115.
[12] Tadié, *O Romance no século XX*, 12.
[13] Jean-Paul Sartre, *O Ser e o Nada – Ensaio de ontologia fenomenológica* (Lisboa: Círculo de Leitores, 1993), 9–10.
[14] Fokkema considera que a distinção entre o pós-modernismo e o realismo se manifesta também pelo tipo de registo dos dados do mundo. O primeiro código implica uma 'inclusão ocasional' e o segundo, a 'inclusão ordenada' (*História Literária*, 90).
[15] Roland Barthes, *Ensaios Críticos* (Lisboa: Edições 70, 1977), 138 e 54–5.
[16] Umberto Eco, *Obra Aberta* (Lisboa: Difel, 1989), 197–8.
[17] Jacques Leenhardt, 'Nouveau roman et société', in *Nouveau Roman: hier, aujourd'hui'*, 10/18 (UGE, 1972), 156–7.
[18] Tadié, *O Romance no século XX*, 40–1.
[19] Eco, *Obra Aberta*, 213–23.
[20] Norbert Elias, *A Sociedade dos Indivíduos* (Lisboa: Publicações Dom Quixote, 1993), 139–41 e 188–91.
[21] Jean Bessière, 'Littérature et représentation', in *Théorie Littéraire* (Paris: PUF, 1989), 309–10 e 320–2.

6

Vai Alto o Romance: *O Meu Anjo Catarina* de Alexandre Pinheiro Torres

CARLOS CEIA

O novo romance de Alexandre Pinheiro Torres, *O Meu Anjo Catarina*, foi-me oferecido com uma dedicatória auto-interpretativa, onde se lê: '... E eis-me na tentativa de escrever uma coisa a que alguns críticos desta ilha apelidaram de *novel of the next future*. Não posso pretender ser, é claro, um Huxley ou um Orwell. Nem quero meter-me em terrenos da *science fiction* (era só o que me faltava!...)'. *O Meu Anjo Catarina* não é, certamente, um romance de ficção científica e quanto à tipologia *novel of the next future* (para distinguir de *novel of the far future*), a ver vamos que tipo de futuro próximo profetiza Pinheiro Torres. Não é difícil adivinhar que alguns leitores circunstanciais deste romance vão recenseá-lo em função dos modelos anteriores. E vão discorrer eruditamente sobre as influências e as ansiedades de Alexandre Pinheiro Torres perante essas influências. O facto de o Autor me ter confessado que não quer ser um Huxley ou um Orwell vai de certeza servir para outros virem dizer ou o contrário ou a confirmação da influência. Não vou por aqui. Não quero aqui fazer o papel de um recensor literário, que não é aquele indivíduo que repete uma censura (já lá vai o tempo!), mas aquele que lê sem saber que censura. Afirmo: não há na ficção de Alexandre Pinheiro Torres mais influências do que a legítima inspiração-aprendizagem em escritores como Thomas Hardy ou Machado de Assis. Mas isso não significa que o Autor se deixasse dominar por essa ansiedade de influência, pelo contrário, a meu ver, desde *A Nau de Quixibá* que Alexandre Pinheiro Torres definiu um estilo próprio que faz uso abundante da ironia, da paródia, da parábola, da sátira social e política, trabalhando sempre o léxico de cada uma das suas obras com o mesmo rigor e estudo de um pintor clássico. Se reconhecemos em Carlos de Oliveira o rigor do trabalho poético, devemos também reconhecer em Alexandre Pinheiro Torres o rigor do trabalho ficcional. Há uma enorme diferença entre aquele escritor português *best-seller* que escreve romances sem ter nenhum processo de escrita ou plano de trabalho, mas que, contudo, é *best-seller*, bastando para isso dizer que *Uma Mulher Não Chora*, e aquele escritor que *estuda* todos os processos de escrita e fabrica romances a partir de complexas experiências laboratoriais e estudo exigente. Alexandre Pinheiro Torres não nos oferece hoje, felizmente, um romance pimba do tipo *Um Anjo Não Chora*. *O Meu Anjo Catarina* é de outro calibre e, se quiserem influências, outros se sintam influenciados por Alexandre Pinheiro Torres.

O novo romance retoma uma situação já explorada em *A Nau de Quixibá*: o conflito permanente entre pai e filho, do qual resultam algumas das páginas mais íntimas de todos os textos de Pinheiro Torres. Retoma ainda o tema da nau à deriva, mas se a nau de Quixibá era um mito politicamente conotado, os dois barcos de *O Meu Anjo Catarina* são meios de sobrevivência num mundo apocalíptico, onde não há política. Digamos que a política ficou no século XX, onde se passaram todos os anteriores romances de Pinheiro Torres. O de hoje passa-se num reino sem mitos, a Confederação Geral da Carcassónia, em meados do século XXI, sem data precisa, porque o tempo deixou de fazer sentido, ou como diz o jovem Tito: 'Eu e o meu pai nunca sabemos que horas são. Não serve para nada' (p.180). A viagem de barco pelo rio (ou pelos rios todos misturados, após inundações consecutivas e sem fim) não é uma viagem iniciática, porque neste mundo apocalíptico não há mais tempo para qualquer tipo de aprendizagem a não ser a da sobrevivência. (Por isso falha a tentativa isolada de Tito compreender a pintura clássica e abstraccionista.) Audaciano e Tito viajam numa barca que se assemelha à de Caronte. E a viagem decorrerá sobre o signo da água, que vem dos céus e não traz nenhuma ameaça de julgamento final, a não ser a constante auto-reflexão das personagens principais.

São protagonistas desta 'folie à cinq extraordinaire', segundo o subtítulo do romance, Audaciano Chevarri – 'descendente de montenegrinos (ou de macedónios?)' –, anti-herói por excelência, cujas ocupações vão desde adeleiro a ladrão de rios; um Deão de nome Benedito Varca, que disputa com Audaciano o protagonismo da primeira parte do romance; Tito, filho de Audaciano, primeiro sacristão de hissope, depois um visionário ladrão de rios à procura do seu Anjo Catarina, que como convém à natureza dos anjos toma várias formas e em nenhuma se perde completamente; um cão perdido que Tito adopta por julgar que se trata do *seu* anjo na Terra; e um cúmplice de nome simbólico (mas irónico) Marco Polo, que acompanhará Audaciano até ao fim da aventura extra-ordinária. Na primeira parte do romance, Audaciano instala-se em Gur e dedica-se à profissão de adeleiro com todas as manhas que aprendeu ao longo da vida. Perante a autoridade perdida do Deão, impõe o filho como sacristão e serve-se dele para roubar um dia o tesouro escondido do representante de Deus naquela terra desmandada, num mundo que já concluiremos não ser muito diferente da cosmogonia grega antiga, ao *tempo* dos mitos homéricos, órficos e olímpicos. (Não será por acaso que este Marco Polo quer acabar a aventura numa das muitas ilhas gregas que certamente terão sobrevivido ao dilúvio.) Uma das entidades com poderes cosmogónicos que atravessa o romance é a Geografia, um nome recuperado por Pinheiro Torres para substituir a *physis* grega e a Astrologia antigas, ciência sobre a qual Audaciano Chevarri vai discorrendo pseudo-filosoficamente ao longo da *folie*. Consumado o roubo da Basílica e quando já o Deão tinha sido proclamado santo por vontade popular dos pobres de pedir e de sofrer, a quem acudiu, Audaciano foge com o filho, a quem o Anjo Catarina aparecera pela primeira vez, assegurando-lhe que lhe roubara a virgindade. Inicia-se a longa segunda parte do romance, toda ela dominada pela força pluviosa da Geografia. Pai e Filho lutam por sobreviver no mundo aquático apocalíptico. Resguardam-se numa casa abandonada de um rico pintor, onde se passa grande parte da história. Tito reencontra-se com o seu Anjo, agora sob a forma de uma mulher que começa por ser velha e se transforma aos seus olhos até atingir a idade que convém ao desejo adolescente do jovem ladrão de rios. Já com Marco Polo em cena e após algumas peripécias, Tito e companhia chegam à conclusão frustrante de que o velho barco dos Chevarris havia sido roubado pelo 'Anjo' de Tito e pela mãe angélica que o acompanhava. Resta o barco potente de Marco Polo, onde embarcam os três ladrões de rio: Audaciano em busca do ouro que lhe roubaram depois de ele o ter roubado a outrem; Marco Polo em busca de uma qualquer ilha grega, que tanto pode ser do próximo século como do tempo de Ulisses, a que pouco fica a dever; Tito sempre em busca do seu Anjo, pouco lhe importando em que forma, desde que tenha o cheiro da mulher. O romance deixa-nos acostados na Ilha das Aves, porque é aí que comparece o Anjo que Tito tanto procurava, abandonando ao destino aqueles que não se contentavam com tão humana decisão.

No conjunto de romances de Alexandre Pinheiro Torres que conhecemos pelo nome de 'Pentateuco Salazarista', há já algumas farpas espetadas no dorso antigo do catolicismo e das crenças vãs. Em *O Meu Anjo Catarina*, Pinheiro Torres ajusta de vez as contas com a divindade. O romance não só nos fala das aparições místicas de anjos mas também nos remete constantemente para uma severa crítica da autoridade de Deus, da dúvida sobre a sua própria existência e impotência sobre um mundo desfeito pela Geografia/Natureza. A Geografia não é só o resultado da imaginação metafórica de Audaciano, para quem o novo poder é o grande responsável pelo modo de vida que foi *obrigado* a escolher ('Fora a Geografia que lhe impusera aquela vida', p.91); a Geografia traz o gérmen secular da corrupção e não podia ser tão poderosa como fora a Astrologia ('A Geografia não era grande. Nunca seria o que fora a Astrologia, dona dos destinos dos homens', p.91). É sempre por acção de um certo modo retórico de expressão (a 'paralogia metafórica' recorrentemente diagnosticada) que Audaciano nos fala da Geografia, o que merece a reprovação primeiro do Deão, que lhe chama a 'Geografia avinagrada, mensageira da destruição, uma Geografia que, a seu ver, substituiu a Metereologia, a Astrologia e a Mecânica Celeste', p.42), e depois de Tito, que 'não acreditava na Geografia. Acreditava no seu anjo' (p.88). Marco Polo toma o partido das ideias de Audaciano: 'Tudo Geografia é a teoria do teu pai. E eu até acredito nele muito mais que nos mestres da Universidade Magna de Pertinax. Muito antes de o homem existir, existia a Geografia. Está na Bíblia' (p.182). A Geografia é, portanto, uma Primeira Causa que explica todos os suplícios que os protagonistas têm que suportar. Como aconteceu nas civilizações mais antigas, tudo começa por uma tentativa de explicação da natureza em forma de mito. Assim é com a Geografia de Audaciano. Todas as manifestações da natureza que suscitavam curiosidade ou temor ou esperança eram interpretadas como manifestações de uma *alma das coisas* ou de um *daimon* (presença ou entidade sobrenatural) que habitava nas coisas. O *daimon* de Audaciano é a Geografia, o de Tito, o seu Anjo, cuja natureza já iremos precisar. O homem primitivo deu às montanhas, aos rios, às rochas, às árvores, às pedras, etc. uma alma e uma vontade. Este princípio vital era imaginado como análogo ao que o homem experimentava em si mesmo, capaz de sentir e de agir intencionalmente. É um *animismo polidemonístico* que afecta toda a natureza: o homem sente-se por toda a parte rodeado de forças sobrenaturais misteriosas, que podem ir de um simples sopro a um som misterioso. *O Meu Anjo Catarina* está povoado deste tipo de forças que tanto são responsáveis pelo desenrolar dos acontecimentos da narrativa como são fundamentais para a explicação do caso do Anjo de Tito. Ora o romance de Pinheiro Torres o que faz é reduzir o polidemonismo a um monodemonismo, consoante o ponto de vista das personagens: para Audaciano, a Geografia rodeia a sua vida e determina-a; para Tito, é a força demonística do Anjo que lhe dá a única razão para continuar a viver.

O Meu Anjo Catarina não é um tratado sobre angeologia ou angelofanias, mas uma paródia a todos os tratados sobre angeologia, porque coloca, em primeiro lugar, como autoridade sobre o assunto, um anti-herói: um adeleiro mentiroso e ladrão de rios, que, na opinião crítica do psiquiatra Christopher Bettinson, não passa de pura 'parologia metafórica': 'Veja o Chevarri. – diz para o Deão – Julga-se capaz de escrever uma Angeologia. Um metafórico típico. Uma Angeologia da Metáfora. Um tique. Tudo dito por metáforas, nada directo, caminhos ínvios do dizer, para evitar a brutalidade da referência directa' (p.35). Tal 'doença' leva o nome douto de *'mania concionabunda*, típica daqueles que procuram as mais variadas plataformas para se pronunciarem sobre tudo' (p.36). Audaciano faz justiça a este diagnóstico, pois para tudo quer ter uma opinião falsamente fundamentada e sobre todos os assuntos assume uma postura de autoridade literária, cuja charlatanice Pinheiro Torres vai deixando gradualmente crescer nas entrelinhas do romance. Estamos perante o Fernão Mentes Pinto do século XXI – foi 'cirurgião de hospital, tripulante de submarino, palhaço de circo, bibliotecário de convento, cantor de ópera' (p.48) –, mas na versão mais corrupta de *Fernão, Mentes? Minto* que não hesita em dizer que 'A lei existe para proteger quem engana, não quem é enganado.' (p.50). Este é um pai falhado até no próprio nome que carrega ('Seria, como sempre, o velho Audaciano sem audácia nenhuma', p.128).

Chega então o Anjo de Tito como resultado de uma educação paternal falhada. O pai foi-lhe alimentando as ilusões com outras ilusões. O Anjo de Tito não tem nada a ver com os anjos bíblicos, a não ser que deles seja uma deformação parodística. O Anjo Catarina é um *Self-Angelos*, isto é, não um anjo místico como o Anjo de Balaam ou o *Angel de la Guarda* de Murillo, que mora na catedral de Sevilha, mas uma entidade que configura a natureza de um *phantasma*,[1] de acordo com o sentido definido por Jung quando discorre sobre a natureza das phantasias. É por aqui que o romance de Pinheiro Torres entra no domínio do fantástico, sem nunca perder de vista o real que temos a nossos pés. De longa tradição na poesia do século XX, a começar em Rilke, o *Self-Angelos* é o mensageiro do *intimior intimo meo* que Santo Agostinho julgava ser a definição de Deus e que Tito julga ser a expressão mais carnal do seu desejo de posse de uma mulher. O Anjo de Tito, chame-se Catarina, Unhas, Martina ou Marília, é sempre o mesmo resultado de uma phantasia criativa e está para o romance de Pinheiro Torres como *O Anjo* de madeira esculpida está para a obra de João Cutileiro. O Anjo Catarina é apenas real enquanto imagem ficcionada. Não é uma distorção da realidade vista segundo a perspectiva de Tito, mas uma criatura autêntica que comanda o seu próprio destino. Mas o narrador de *O Meu Anjo Catarina* não deixa de aproveitar para levantar algumas questões metafísicas sobre a verdadeira natureza dos anjos e respectivo sexo. O *Self-Angelos* de Tito é sempre um phantasma iluminado, sendo portanto de tipo diferente daquele phantasma nocivo que tanto marcou os poetas que se confessaram discípulos de Rilke. O Anjo Catarina é a válvula de segurança de Tito, para usarmos da mesma parologia metafórica de que sofre Audaciano. Não estamos a falar de *pseudologia phantastica*, ou seja, não estamos perante uma paranóia ou alucinação doentia, porque um phantasma iluminado nunca é apreendido pelo visionário como uma ilusão. É assim para o Anjo mágico de Blake, é assim para o Anjo inspirador de Rilke, é assim para o Anjo da Beleza de Mallarmé, por exemplo. Quem vê anjos vê o próprio coração e reconhece a própria alma em qualquer espelho. Tito acredita tanto em anjos como qualquer poeta que precisa de extasiar um sentimento de auto-estima.

A primeira aparição do Anjo Catarina é a mais significativa. Tito, um jovem de vinte anos que nunca conhecera o corpo de uma mulher, era ainda sacristão de hissope do Deão e vivia na basílica. Uma manhã, ao acordar, Tito testemunha um 'milagre': 'Uma rapariga encontrava-se sentada na cama, pernas cobertas por lençóis e cobertores, mas peitos e braços nus, a verdaderia réplica em carne e osso da imagem de santa Catarina quando jovem, ainda no seu posto de anjo' (p.57). O encontro místico lembra-me a experiência do padre Amaro no *Crime* com o mesmo nome:

O MEU ANJO CATARINA DE PINHEIRO TORRES

Na sua cela havia uma imagem da Virgem coroada de estrelas, pousada sobre a esfera, com o olhar errante pela luz imortal, calcando aos pés a serpente. Amaro voltava-se para ela como para um refúgio, rezava-lhe a salve-rainha: mas, ficando a contemplar a litografia, esquecia a santidade da Virgem, via apenas diante de si uma linda moça loura; amava-a; suspirava, despindo-se, olhava-a de revés lubricamente; e mesmo a sua curiosidade ousava erguer as pregas castas da túnica azul da imagem e supor formas, redondezas, uma carne branca ...[2]

Num estudo sobre este romance queirosiano, chamei a este tipo de comportamento, invocando Lacan, uma *(e)jaculação mística*,[3] que fica confirmada nas palavras do Anjo Catarina: 'Não me olhes agora, tenho vergonha do que fizemos, mas não podias ficar virgem toda a vida' (p.57). Se déssemos crédito à autoridade do Vaticano, que declarou em Concílio que os anjos são entidades puramente espirituais, concebidas sem mácula, então nem Eça de Queirós nem Alexandre Pinheiro Torres poderiam ensaiar novas configurações para estes seres magníficos. Como a doutrina do Vaticano sobre angeologia está desajustada da imaginação artística desde que se concebeu a Vitória de Samotrácia, resta-nos aceitar que um anjo pode mesmo satisfazer a líbido mais ardente. Também é verdade que um anjo quando aparece aos olhos de um homem toma a forma humana (assim acontece, por exemplo, com Abraão – Gen. 18:1–2 – ou com Jacob – Gen. 32:22–8), mas o Anjo Catarina nunca se *espiritualiza*, nunca provém de Deus, nunca quer deixar de ser humano.

Segundo a ortodoxia, os anjos estão no mundo por vontade de Deus e dele trazem uma missão. O Anjo de Tito tem apenas uma missão nesta história: a de satisfazer o desejo mais carnal de um adolescente. 'Catarina' não é nem um Anjo destruidor nem um Anjo da Guarda nem um Anjo mensageiro. A espiritualização do desejo aprende-a Tito nos nus dos quadros que encontra na casa do pintor Majide. Mas este *Self-Angelos* é também um pretexto para Pinheiro Torres disparar sobre o Deus bíblico que o enviou, na leitura ortodoxa, revelando um anti-teísmo que até aqui não tínhamos ainda encontrado de forma tão desapiedada. Dos muitos passos, destaco um momento de introspecção de Tito (em discurso indirecto livre): 'O certo é que nunca acreditara em nada, mas sempre precisara de um anjo que acreditasse nele. Desde sempre. Ouvira um dia, no tempo em que o Deão Varca ainda se confessava servo de Deus, perguntar de um púlpito, a um público cada vez mais fugido, E que faríamos nós se não houvesse Deus? Mais tarde, depois do primeiro dilúvio, sim porque aquilo fora um dilúvio, parte da ala direita da catedral desfez-se e o discurso já era outro, A única desculpa de Deus é ele não existir, ou então, Um homem que acredite em Deus encontra-se sempre em minoria, porque Deus só foi e Verbo, nunca foi Substantivo' (p.164).

Um Anjo nunca morre. Isto aprendemos em *O Meu Anjo Catarina*, porque é próprio da natureza phantástica dos anjos o pertencerem ao devir. Um Anjo volta sempre, por isso Tito vai passando de uma *jaculação mística* a outra.[4] A morte é um dos grandes temas do romance, não como facto consumado mas como motivo alegórico e pretexto para considerações que têm tanto de metafísico como de esconjuro pessoal. O facto mais relevante é o de a morte ser sempre enunciada mas nunca concretizada. A procrastinação da morte é um dado importante: 'A morte é por aí o que agora se cultiva' – comenta o Anjo Martina/Catarina – 'A nossa própria morte está sempre retardada no corpo. Isto é, atrasa-se quase sempre. E a vida, Deus meu, é uma criança bem difícil de suportar' (p.151). A delonga da morte é mais importante do que a morte de facto, porque é mais difícil suportar a ideia de termos a morte à nossa frente, perto ou longe, do que a ideia da morte concretizada num indivíduo em particular. Por isso ninguém morre, neste romance. (Mesmo a morte do Deão pode ser uma mera especulação popular.) O episódio onde Pinheiro Torres trabalha com mestria a *différance* da morte (sempre diferente, sempre diferida) é o do encontro de Tito com as duas 'velhas', que lhe imploram constantemente: 'Não nos faças sofrer mais tempo. Mata-nos de uma vez' (p.151). Mas a morte é sempre um pretexto para se afirmar um poder que não se possui verdadeiramente. Tito não pode matar, porque a morte não é o fim que se ajusta àquelas personagens do futuro, porque a morte *já foi*. A par disto, há ainda as ameaças sempre infundadas de patricídio que Tito atira para o ar, caso o pai lhe mate o Unhas.

Uma *novel of the next future*? Um romance de antecipação científica? Um romance da tradição *S & F*? Regressemos à classificação tipológica do romance. Obras como *We* (1922), de Eugene Zamyatin, *Brave New World* (1932), de Aldous Huxley, ou *1984* (1948), de George Orwell, e *Fahrenheit 415* (1953) de Ray Bradbury constituem as obras de referência na ficção científica do século XX que entram na categoria de distopias, porque procuram desmistificar certas tentativas datadas de construção de um mundo ideal. Pelo menos em termos tipológicos, o romance de Pinheiro Torres também é uma distopia, ou seja, uma crítica dissimulada a todas as tentativas de imposição de um poder absoluto, venha ele do céu ou da terra, e a todas as tentativas de pré-determinação de um mundo novo onde apenas a felicidade e a ordem sejam possíveis. Existem fundamentalmente duas espécies de distopias na ficção científica: as que colocam o homem subjugado a uma força política ou sobrenatural e as que ignoram os poderes absolutos individuais, preferindo colocar a autoridade política nas mãos de corporações que são geralmente responsáveis pelo governo de um povo desagregado, que vive à margem de qualquer bem-estar social. *O Meu Anjo Catarina,* enquanto distopia num futuro próximo, pertence à segunda categoria. O Governo da Grande Confederação não tem qualquer influência sobre os habitantes do romance, que vivem a sua aventura dependentes das manhas para conquistar formas privadas de poder. O que distingue o romance do paradigma distópico reconhecido ainda em obras mais recentes como *Neuromancer* (1984), de William Gibson, é o facto de na galeria de personagens de *O Meu Anjo Catarina* não entrarem *cyborgs,* tribos selvagens ou criaturas estranhas, mas apenas figuras humaníssimas ou humanizadas (como o *Self-Angelos*). Pinheiro Torres não precisou de imaginar figuras bizarras para nos mostrar a falência do poder numa sociedade que nem só na ficção está próxima do nosso futuro. Sendo estas personagens absolutamente humanas, no pensamento, no comportamento e nas crenças, a crítica da autoridade fica mais autêntica.

Uma das formas de construção de uma distopia é arquitectar uma crítica da autoridade, porque um mundo onde o poder seja apenas ilusão não pode constituir-se em utopia. Todas as personagens que aparentam possuir alguma autoridade (o Deão, Bettinson, Audaciano e Marco Polo, sobretudo) são postas ao ridículo, porque a *mania concionabunda* de que sofria o Deão, julgando-se filósofo de cátedra para qualquer assunto, também atinge *Audaciano, Enganas? Engano.* O Chevarri 'ia ganhando autoridade. Justificada? Não justificada? Que importa? A autoridade embriaga. Por isso é tão amada. Ah! Ser uma autoridade em numismática, ou fonética, ou na dinastia dos selêucidas, ou na demolição de prédios ou em técnicas para acabar com a obesidade! E exercer essa autoridade com garras afiadas? E dominar os outros do alto de qualquer autoridade?' (p.52). Eis a lição distópica do romance: de nada serve querer acreditar que ao mundo virão anjos em número suficiente para nos salvar de todos os males. O Mal existirá sempre e com ele o homem para o praticar. Até o desejo de Tito acabará por se transformar no Mal: após a descoberta do roubo do barco dos Chevarris, por suposta contra-acção das duas 'velhas', 'No jovem apaixonado o resfolgadouro era o do desejo insatisfeito que para se satisfazer abandona os preconceitos com mais rapidez do que os políticos põem de lado os seus princípios. Desta vez, Tito não ia poupar o seu anjo Catarina. Cheio de renascido ímpeto, reforçado por novas molas de impulsão e repulsão, chegava a ter medo de si próprio. Tanto tempo refreado, o seu desejo tornara-se no Mal' (p.186).

A outra forma essencial de construção de uma distopia é dar lugar de destaque ao simulacro e à mentira que sejam sinónimos de impossibilidade de aceder ao conhecimento. Não sendo um texto apocalíptico ortodoxo, *O Meu Anjo Catarina* propõe-nos uma ideologia céptica que nega a probabilidade de nos salvarmos *no presente* através do conhecimento (como se prescreve sempre nos textos gnósticos). A crise escatológica (não esqueçamos as palavras de Alberta para Tito: 'Não percebo que adiantarás matando-nos quando já estamos mortas', p.153) que vemos no romance mostra-nos um mundo onde prevalecem a lei do pícaro ('A lei existe para proteger quem engana, não quem é enganado', p.50) e a lei do ignorante educado na mentira, personificada em Tito, que nos dá este exemplo atroz: 'Menti. Porque o meu pai sempre me ensinou que mentir era bom. Quem não mente não tem quem lhe bata à porta. Ninguém está interessado em ouvir verdades. O homem que só disser verdades é um homem só' (p.202). Esta tese pós-modernista de Pinheiro Torres já vem dos romances anteriores, sobretudo de *Sou Toda Sua, Meu Guapo Cavaleiro* (1994): 'Não há em Irago ninguém que não tenha perdido o juízo. E toda a gente mente' (p.157), observa a sobrinha de Nhôra, pondo o dedo na ferida que nunca sarará em todo o romance: 'Sempre fez parte de nós, gente das casas falecidamente nobres, fingir que somos quem já não somos, e, sobretudo, contar como tendo feito aquilo que nunca fizemos. Aliás, doença bem portuguesa. A nossa verdade é só as aparências e a nossa lei ...' (p.160). A estes dois mundos correspondem os submundos do ouvir (ou saber) e do ver: todos ouvem (ou sabem) e ninguém vê nada. 'Tudo o que se sabe em Irago é a sabedoria do bate-bocas' (p.234), garante a sábia Gracinda. E assim se vive em Irago. Nada melhor do que compor esta história de simulacros com uma metáfora que servirá para denunciar a teatralidade de Irago ('em Irago tudo é fingido, é tudo teatro', p.260). Esta estratégia do simulacro repete-se agora em *O Meu Anjo Catarina*, até ao ponto de cruz que é a denúncia daqueles que julgam que o futuro redentor passa pela conquista da verdade vinda de Deus. Marco Polo apercebe-se disso quando encontra Tito na casa do pintor Majide e começa a pensar se aquele era o rapaz que conhecera: 'As inundações haviam-no endurecido. Ou seria assim? A forma como vira dar de beber ao Unhas, e os cuidados que tivera com o pai que sempre o tratara como lixo não exigiriam que o visse a nova luz? A luz ofuscante da Mentira? Ou, durante a estadia na Basílica de Gur, não tornara Deus seu cúmplice, que é sempre o que mais fazemos para que Deus legalize as nossas iniquidades? Ah, os Cristãos! Uma subtribo do Continente Universal dos Hipócritas' (p.175).

A história de *O Meu Anjo Catarina* passa-se, como já antecipámos, no século XXI (Audaciano está 'a ler um livro do século passado sobre a extremamente vista Primeira Guerra Mundial', p.52, rara prova concreta que nos dá o romance sobre o tempo da história), mas só tem interesse saber isso porque o século XX é dado como o século do Caos ('O século passado criou o Caos. Encontramo-nos enterrados na sua lama', palavra de Deão, p.69). Não há ficção verdadeiramente científica, não há antecipação de um futuro que temos no presente – *O Meu Anjo Catarina* é uma visão pós-apocalíptica sobre o que sucedeu ao Caos do século XX. Neste futuro próximo que é o tempo da história do romance, não há mais esperança de encontrar qualquer tipo de ordem universal, como se o Apocalipse fosse eterno, com o mundo completamente dominado pelo poder da Geografia, uma nova *physis,* não criadora como a original, mas destruidora e sem possibilidade de qualquer regeneração. Temos, pois, uma dupla visão escatológica no romance: por um lado, o Caos do século XX dado como um fim do Mundo profeticamente cumprido, o momento histórico que o Autor melhor aproveita para afirmar o seu pessimismo social; por outro lado, um futuro próximo que sucede ao Caos e que vem sob a forma de Apocalipse do século XXI, concretizado nas chuvas diluvianas que se abatem sobre a Grande Confederação da Carcasssónia e que produzem aquilo a que o Autor chama no episódio 18 'Anos de deriva'. A meteorologia é, de facto, a nova ordem que regula a acção principal do romance.

O romance (pós)-apocalíptico de Pinheiro Torres não traz nenhum exército de anjos a proclamar o triunfo de Deus sobre o homem pecador; nem contém promessas universalistas de salvação como seria de esperar num texto ortodoxamente apocalíptico. O que nos lega é uma lição anti-essencialista muito importante. *O Meu Anjo Catarina* é um romance anti-essencialista porque recusa as crenças mais gerais (não há uma natureza essencial no homem, não há um ponto de partida na criação metafísica do mundo – não há nenhum Deus criador, portanto). A única verdade sobre a verdade esotérica de Deus que é suposto chegar-nos no Apocalipse é que não há verdade nenhuma. Pinheiro Torres quer com esta crítica atingir as tentativas de simplificação da moral que têm como objectivo promover a emancipação intelectual e espiritual do homem. Por isso a educação religiosa e artística de Tito falha, até no ponto em que, de tanto ouvir falar de angeologia, acaba por dormir com os anjos.

Notas

[1] Para uma justificação da grafia *phantasma* e seus derivados como *phantástico* ver o meu artigo: 'A *scientia sexualis* de Cesário Verde', *Revista da Faculdade de Ciências Sociais e Humanas*, Lisboa, no. 8, vol. II, 77–101.

[2] *O Crime do Padre Amaro*, Obras Completas de Eça de Queiroz, vol. 4 (Lisboa: Círculo de Leitores, 1980), 29.

[3] Recordo o que escrevi sobre o caso Amaro: 'Num plano de leitura meramente simbólica, Eça remete-nos para a interpretação tradicional dos sonhos, em que o homem que sonha ilicitamente com uma virgem denota que falhará numa qualquer missão e que será causa de apreensão por parte de outras pessoas. Não é difícil ler por aqui a sina desta personagem queirosiana, que já está condenada por um sonho impossível. Podemos dizer que a 'linda moça loura' que Amaro faz substituir na imagem simbólica da Virgem experimenta o mesmo êxtase que o maior arquitecto-escultor do séc.XVII, o italino Bernini, esculpiu no famoso grupo *O Êxtase de Santa Teresa*, na Igreja em Roma de Santa Maria della Vittoria. Lacan, no seminário sobre a *jouissance* de Deus e da Mulher, diz:

> ... apenas temos que ir ver a estátua de Bernini a Roma para compreender que ela [Santa Teresa d'Ávila] está a vir-se, não há dúvida. E o que é a sua *jouissance*, o que é esse *estar a vir-se*? É claro que o principal testemunho dos místicos é o facto de estarem a sentir essa experiência sem saberem nada acerca dela.

O MEU ANJO CATARINA DE PINHEIRO TORRES

A esta experiência chama Lacan uma '*jaculação* mística', em que o apagamento do *e* está para a ausência do falo. Ampliemos a leitura de Lacan: no sentido em que Santa Teresa de Ávila experimenta um êxtase que é um *sentir-se para além de*, o estado a que chega é o momento da *jouissance*, mas de um estado perverso que confunde de propósito o olhar de Deus com o olhar/sentir do sujeito humano extasiado. Santa Teresa contara que um anjo lhe trespassara o coração com uma seta de ouro flamejante:

> A dor foi tão intensa que gritei; mas ao mesmo tempo, senti uma tão infinita doçura que desejei que a dor jamais acabasse. Não foi uma dor física, mas mental, embora afectasse também, de alguma maneira, o corpo. Foi a mais doce carícia da alma por Deus.

Será difícil encontrar melhor definição de *jouissance* feminina. A distinção entre exterior e interior, que é necessária a toda a relação heterossexual, perde-se neste tipo de *jaculação* mística, ao traduzir-se por um espasmo de prazer que a linguagem da *jouissance* de Santa Teresa verteu em 'dor intensa', 'infinita doçura', 'dor mental' e 'doce carícia'. Se esta *jaculação* é dada pela ausência do falo não o é menos pelo desejo de ter Deus dentro de si, ou seja, pelo desejo de ver preenchido um vazio superior, que pode perfeitamente denunciar um sentimento de castração que importa erradicar.' ('A dialéctica do desejo n'*O Crime do Padre Amaro*', *Anais do III Encontro Internacional de Queirosianos*, Universidade de São Paulo, 1997, 131–50).

[4] O comentário de Keith May é interessante a este respeito e ajusta-se ao caso do(s) Anjo(s) Catarina: 'However, we should not think of Angels as protean, for that suggests a changing of shape at will, capriciously. An Angel, on the other hand, inevitably (and joyously) changes to accommodate whatever portion of the world he is currently absorbing. He masters the earth not by caprice or wizardry but by taking it as he finds it.' (*Nietzsche and Modern Literature: Themes in Yeats, Rilke, Mann and Lawrence* (Hong Kong: Macmillan Press, 1988), 67).

7
Hermenêutica Humanista de *O Evangelho Segundo Jesus Cristo* de José Saramago[1]

CARLOS CEIA

O *Evangelho* de Saramago continua a aspiração moderna da reconstituição ficcional da vida de Jesus que inspirou inúmeros filósofos e escritores na era pós-kantiana. *A Vida de Jesus* de Hegel pode funcionar como referência moderna do *Evangelho* de Saramago, cujos pressupostos evangélicos estão muito próximos desse primeiro escrito, onde se descreve Jesus como exclusivamente filho de José e Maria e não como filho do Sobrenatural. Os únicos milagres que mencionam são interpretados naturalisticamente. O 'romance' de Hegel termina com a morte e enterro de Jesus. O tema central é o conflito entre um Jesus virtuoso que luta pela imposição das leis morais e os sacerdotes judeus apelando à observância meticulosa de um conjunto de regras irracionais supostamente transmitidas por Deus. Hegel parece ter pretendido reescrever o evangelho em forma de manifesto kantiano, onde Deus é tomado como pura razão. Neste ponto, Saramago ensinar-nos-á que Deus é antes pura identidade. Colocando de lado a intenção de Hegel renovar a doutrina cristã, a melhor lição a extrair dos seus escritos religiosos, porque é esta lição que Saramago vai retomar, é a da crítica do judaísmo como uma religião de pura dominação, estendendo a crítica a todos os artifícios que usou para afirmar o seu autoritarismo.

Toda a crítica a *O Evangelho Segundo Jesus Cristo* vinda de teólogos, comuns cristãos ou simples advogados de um Deus que os não contratou como tal quis ler o romance de Saramago como uma obra de hermenêutica bíblica, deixando-se levar pelo lado mais evidente da ambiguidade do título do romance,[2] esquecendo que a autoridade teológica por mais intocável se julgue não conseguirá nunca travar a imaginação criadora de um escritor, para quem Deus é tão verosímil como o Gigante Adamastor. As incursões d' *Os Lusíadas* no paganismo não fazem do Poema um texto de hermenêutica do paganismo,

O EVANGELHO SEGUNDO JESUS CRISTO DE SARAMAGO

assim como a incursão de Saramago no cristianismo não faz d' *O Evangelho* um texto de referência histórica e exegética para ser lido ao crepúsculo nas catequeses. Trata-se de um romance e se o romancista tivesse escolhido nomes fictícios para as suas personagens o resultado final não se alteraria: continuaria a ser um romance sobre a vida, as paixões e a morte de Fulano. A angústia dos teólogos perante *O Evangelho* de Saramago reside no facto de o livro os aproximar demasiado da sua própria natureza humana, o que o impede de poder ser lido em qualquer púlpito por mais recôndito que ele seja. O romance é uma leitura humanista e criativa do Evangelho. Ler o livro de Saramago esquecendo este facto, é o mesmo que ler um livro que não existe.

Como obra literária, como romance, como narrativa fantástica, como história interminável e sujeita a qualquer especulação criativa, sujeita à autoridade de qualquer leitor, *O Evangelho Segundo Jesus Cristo* será aqui tomado como objecto de uma hermenêutica humanista. Ler este estudo como tese ateísta ou *atese* para dele extrair um qualquer exemplo de exercício diabólico é ler um estudo que não existe.

Sobre o Deus domitor

É o Deus de Saramago um *domitor*?

O Deus de Saramago é um *domitor,* um dominador, um domador, e todo o romance é uma censura irrepreensível da autoridade divina, nos mesmos termos em que Hegel criticou a vontade de dominação-domesticação do judaísmo no sentido de destruir as religiões pagãs dos antigos Gregos e Romanos.

> [...] não havia hoje um único homem em todo Israel que pudesse gabar-se de ter visto Deus e sobrevivido. É certo que, aquilo que se chama ver, ele não vira, mas se uma nuvem se nos apresenta no deserto, com a forma de uma coluna de fumo, e diz, Eu sou o Senhor, mantendo depois uma conversação, não apenas lógica e sensata, mas com uma expressão de autoridade sem réplica que só divina podia ser, qualquer dúvida, pequena que fosse, seria ofensa. (p.268)

É o conceito de um Deus *domitor* que está na origem de todos os fundamentalismos religiosos. O que dá força a esses fundamentalismos é precisamente o facto de saberem que têm à sua disposição argumentativa o exemplo maior de Deus. Um fundamentalista religioso age em função do exemplo que vem *de cima* e, no fundo, o seu autoritarismo é feito à imagem da autocracia teísta. Se obrigo alguém a acreditar na literal inerrância das Escrituras, não é porque antes nelas se inscreveu com a mesma autoridade epistemológica a prerrogativa da infalibilidade do poder de Deus?

O Deus de Saramago é vingativo e monstruoso, porque quem o criou como personagem bíblica reconhecia tal natureza no homem. E porque Deus é uma criação da Humanidade vingativa e monstruosa, porque é uma criação imperfeita de um criador imperfeito, ele deve encerrar a dupla natureza humana do bem e do mal. A ficção de Saramago não pretende reflectir, como a crítica teológica tem querido fazer crer, a doutrina cristã do Deus infinitamente bom, porque tal não pode ser a visão de um humanista, para quem Deus, sendo uma criação (a mais bela criação) do imaginário fantástico do homem, tem que arrastar consigo as mesmas qualidades e defeitos do seu criador. Daí que um outro humanista, Proudhon, já tenha afirmado em desafio que 'Deus é o Mal'. E primeiro do que Proudhon, entre nós, já o cavaleiro medieval Pero Gotérrez denunciara a ideia de que Deus era um *pecador*: 'Todos dizem que Deus nunca pecou / Mais mortalmente o vej'eu pecar'. Porquê? Porque desamparou os seus vassalos e não os socorre nas suas aflições, deixando-os morrer de amor, apesar de poder salvá-los se quisesse. Por isso, Deus 'faz gran pecado mortal'. A ficção evangélica de Saramago retoma esta tradição que considera todo o mal proveniente de Deus ou dele vindo através do *consentimento* que dá a todas as calamidades nascidas da vontade dos que o servem. Saramago propõe agora originalmente, através da figura simbólica que representa o mal no inconsciente colectivo, o Diabo, que de uma vez por todas ele seja erradicado. O diálogo imaginativo entre Deus e o Diabo não esclarece nem confirma a tese de Pero Gotérrez e Proudhon retomada por Saramago, que se esforça ao longo do romance por tentar extrair uma conclusão puramente humanista da dialéctica do bem e do mal: se o mal existe, não podemos retirar a responsabilidade de existir a um Deus que nos criou e depois lavou as mãos por o homem o ter traído. Schelling ensinava isto de outra forma: se considerarmos este mundo como dependente de Deus, estamos a fazer de Deus a causa das imperfeições e do mal que nele existe. Daí a tese de Saramago defendida numa entrevista:

O EVANGELHO SEGUNDO JESUS CRISTO DE SARAMAGO

Deus, Deus de certo modo é de facto o mau da fita: em primeiro lugar, quase dá vontade de dizer, é a encarnação do Poder, tornando o Poder neste caso ainda mais abstracto que o próprio Deus que o encarnaria. E quando o Poder (além de ser naturalmente antipático), se exerce de uma forma tão autoritária, tão opressiva, como na relação de Deus com Jesus, quando sabemos tudo que se vai passar em sofrimento, em horror, em renúncias, em sacrifícios, em torturas, em tudo aquilo, além do que de positivo teve – que foi a história do Cristianismo –, dá vontade de tratar – a mim deu-me – Deus como o grande responsável. Ao querer mais poder, mais influência, mais domínio, Deus de certo modo é o político que não olha a meios para atingir os seus fins.[3]

O diálogo entre Deus e o Diabo, a que me referia atrás, não confirma inteiramente estas palavras do romancista, concluindo sem originalidade que a dialéctica do bem e do mal é irreversível:

Quero hoje fazer bom uso do coração que tenho, aceito e quero que o teu poder se alargue a todos os extremos da terra, sem que tenha de morrer tanta gente, e pois que de tudo aquilo que te desobedece e nega, dizes tu que é fruto do Mal que eu sou e ando a governar no mundo, a minha proposta é que tornes a receber-me no teu céu, perdoado dos males passados pelos que no futuro não terei de cometer, que aceites e guardes a minha obediência, como nos tempos felizes em que fui um dos teus anjos predilectos, Lúcifer me chamavas, o que a luz levava, antes que uma ambição de ser igual a ti me devorasse a alma e me fizesse rebelar contra a tua autoridade. E por que haveria eu de receber-te e perdoar-te, não me dirás, Porque se o fizeres, se usares comigo, agora, daquele mesmo perdão que no futuro prometerás tão facilmente à esquerda e à direita, então acaba-se aqui hoje o Mal, [. . .] Não te aceito, não te perdoo, quero-te como és, e, se possível, ainda pior do que és agora, Porquê, Porque este Bem que eu sou não existiria sem esse Mal que tu és, um Bem que tivesse de existir sem ti seria inconcebível, a um tal ponto que nem eu posso imaginá-lo, enfim, se tu acabas, eu acabo, para que eu seja o Bem, é necessário que tu continues a ser o Mal, se o Diabo não vive como Diabo, Deus não vive como Deus, a morte de um seria a morte do outro. (pp.392-3)

Para triunfar a tese proudhoniana de Saramago, o resultado final deste diálogo devia ser outro e apontar para uma possível reescrita, mesmo que meramente ficcional, de um Deus aceitando de uma vez por todas a sua responsabilidade como prefiguração e encarnação do mal que há no mundo. A redução o bem e do mal a uma só possibilidade daria qualquer coisa (fantástica) como a morte da ideia de Deus e da ideia do Diabo e a redução de ambos talvez à única realidade: o homem. Em nenhum caso, esta especulação pode ser legitimada. O que fica, invariavelmente, é a continuação do bem e do mal. Embora a motivação geral do romance se preocupe de facto por responsabilizar Deus pelas calamidades do mundo, a verdade é que no momento nuclear em que tal responsabilização devia tomar forma definitiva, acaba por retomar o dogma gasto da necessária coexistência do bem e do mal. Melhor seria deixar que o romance confirmasse um outro princípio mais nobre e antigo, inscrito no *Yi-King*, o livro sagrado chinês da predição do futuro e da sabedoria do conhecimento interior: 'O Sol ilumina o Bem e o Mal. O homem nobre favorece o Bem e reprova o Mal.' A lição de Saramago faz sentido se acrescentarmos que qualquer ética divina não pode furtar-se a participar deste mesmo princípio.

Tal Deus exige para o seu culto uma monolatria, que está, aliás, desde logo ressalvada no Pentateuco, com um pacto (*berit*) entre Deus e Moisés ('Porque não te inclinarás diante doutro deus', Êxodo 34:14). Este pacto obrigou o povo de Israel ao exclusivo serviço de Deus pelo respeito da Lei. O pacto não explica apenas a instituição de uma monolatria, não exclui a existência de outros deuses, mas indica tão só que Israel deve inclinar-se apenas a um só Deus. O versículo transcrito, supostamente ocorrendo como *discurso* de Deus, obriga inclusive a ler nele não o dogma de um só Deus, mas a angústia de um sujeito-deus perante a possibilidade de outros deuses interferirem no domínio da sua subjectividade e diminuírem em igual proporção a autoridade que quer ver respeitada. Alem do mais, este é o tom de muitos passos do Antigo Testamento, onde se refere a existência de outros deuses. O Jesus de Saramago procurou debalde corrigir a sugestão politeísta do Pastor:

> O sorriso do Pastor apagou-se, a boca ganhou de súbito um vinco amargo. Sim, se existe Deus terá de ser um único Senhor, mas era melhor que fossem dois, assim haveria um deus para o lobo e um deus para a ovelha, um para o que morre e outro para o que mata, um deus para o condenado, um deus para o carrasco, Deus é uno, completo e indivisível, clamou Jesus, e quase chorava de piedosa indignação, ao que o outro respondeu. Não sei como pode Deus viver, a frase não passou daqui porque Jesus, com a autoridade de um mestre de sinagoga, cortou, Deus não vive, é. (p.233)

'Deus não vive, é', que é aliás a repetição da fórmula que a Vulgata reescreveu para traduzir YHVH como *EU SOU quem sou* – eis um princípio de ouro do Pentateuco constantemente corrompido pelos teístas, que insistem em sustentar que Deus não é para ser compreendido mas *vivido* e que *vivem* Deus. Qualquer manual de teologia contém este discurso da vivência de Deus em Deus e por Deus e, não raro, se cita Josué: 'o Deus vivo *está* no meio de vós' (3,10), não para afirmar o ser de Deus mas a vivência de cada crente em Deus. Ora, Deus 'não vive, é', o que fazer então? Devemos ler o testemunho do Jesus de Saramago como uma advertência contra a corrupção da essência de Deus: não se pode viver dele, nele ou por ele, porque ele simplesmente é a totalidade dos seres. Só podemos viver a nossa própria subjectividade enquanto parte dessa totalidade, o que acaba por ser a maior de todas as evidências, completamente inofensiva à tese pseudo-ontológica de tal Deus.

Por outro lado, o monoteísmo de Jesus esquece o processo de usurpação funcional dos atributos dos outros deuses que presidiu durante os largos séculos que durou a formação da crença israelita. YHVH assume o nome de El, por causa da reputação da sageza deste deus, e adquiriu de Baal a voz de trovão (1 Samuel 2:10) e o título de cavaleiro dos céus (Salmos 68:4). E esquece igualmente que a monolatria bíblica exclui a presença feminina em todas as direcções, presença à qual o Jesus de Saramago não resiste.

Sobre a percepção de Deus

É o Deus de Saramago apenas uma divindade 'exteriorizada' e 'exterior', desvirtuando a natureza do Deus autêntico de Jesus?

É dogma para os teólogos a percepção da divindade como 'esse que me é mais íntimo a mim do que eu me sou a mim próprio', na concepção de Santo Agostinho.[4] A crítica teológica feita ao romance de Saramago tem insistido que o Deus ali invocado é uma divindade 'exteriorizada' e 'exterior', alegadamente desvirtuando a natureza do Deus autêntico de Jesus, que é esse *intimior intimo meo*, de que já falou Santo Agostinho. Ora, o Deus de Saramago é o mais intimamente humano de todos os deuses até hoje concebidos: em primeiro lugar, funciona como *autoconsciência reflexiva da narrador*; em segundo lugar, como *autoconsciência reflexiva do Autor*; em terceiro lugar, como *autoconsciência reflexiva de Jesus*. A lógica do romance não deixa distinguir as duas primeiras autoconsciências, que podemos dizer que se manifestam simultaneamente. Há contudo momentos em que a autoconsciência reflexiva, crítica e irónica do

Autor se sobrepõe à do narrador (em itálico, coloco o que poderá constituir o exercício da autoconsciência do Autor):

> Deus, que está em toda a parte, estava ali, mas, *sendo aquilo que é, um puro espírito*, não podia ver como a pele de um tocava a pele do outro, como a carne dele penetrou a carne dela, criadas uma e outra para isso mesmo, e, provavelmente, já nem lá se encontraria quando a semente sagrada de José se derramou no sagrado interior de Maria, sagrados ambos por serem a fonte e a taça da vida, *em verdade há coisas que o próprio Deus não entende, embora as tivesse criado.* (p.27)

Pode-se argumentar que se regista nesta ficção de Saramago o mesmo erro que domina toda a exegese bíblica e, consequentemente, todos os catecismos e discursos de púlpito ou altar: em nenhum momento se pode atribuir a Deus qualquer discurso, qualquer palavra pronunciada, qualquer registo verbal, nem sequer ousar saber que coisas entende ou não entende. Se Deus é originariamente o *Logos*, o Verbo, a Palavra, isto é, a Palavra *imaginada*; se Deus é essencialmente um deus autocomunicativo, então qualquer atribuição discursiva que se lhe faça é arbitrária e não passa de pura especulação imaginativa. Qualquer enunciado do tipo: 'Deus disse ...', 'Deus quer ...', 'Deus prometeu ...', etc. é falacioso, porque estamos a criar uma situação de subjectividade particular para a mais universal das ideias ou estamos a colocarmo-nos no lugar da pura subjectividade de Deus. Um ser que é auto-comunicativo, que é o *Logos* mais universal, não pode dizer, querer ou prometer o que quer que seja, porque o seu discurso é insondável e indizível – é um discurso feito de zeros. Ora, o que Saramago faz ao construir para Deus um discurso romanesco e ao criar, por exemplo, a ilusão de um narrador cuja omnisciência é tal que consegue penetrar no próprio entendimento de Deus, tem a legitimidade da ficção romanesca, o que não é a mesma coisa que sentir-se ofendido por o Escritor corromper a palavra de Deus, desde sempre falada e escrita pelo homem e cuja inspiração é tão válida como a das famosas Tágides.

A ideia de Deus, com todos os seus atributos superlativos, funciona não só para justificar (e quase sempre justificar de forma irónica) acções das personagens, mas, de forma mais subtil e cortante, serve para o Autor reflectir subjectivamente sobre a natureza de Deus. No exemplo transcrito, Saramago não resistiu a comentar o acto profundamente humano da concepção de Jesus, no qual Deus não intervém, precisamente porque acredita que tal Deus conhece um poder limitado. A indigência inevitável neste mundo serve para desculpar ironicamente o poder de Deus: 'A vida da pobre gente já naquele tempo era difícil e Deus não podia prover a tudo' (p.90). Num outro passo, o Autor insurge-se contra a cegueira de Deus perante o mal: 'como poderá Deus sentir-se feliz em meio de tal carnificina, sendo, como diz que é, pai comum dos homens e das bestas' (p.100). O velho argumento ateísta da impotência de Deus perante o mal é, de facto, um dos objectos de crítica da autoconsciência reflexiva do Autor-narrador:

> Mas o que deve também entrar na conta, para acerto dos juízos que sempre haveremos de produzir sobre as acções humanas e divinas, é que Deus, que com prontidão expedita e mão pesada se pagara do erro de David, parece agora que assiste alheado à vexação exercida por Roma sobre os seus filhos mais dilectos e, suprema perplexidade, mostra-se indiferente ao desacato cometido contra o seu nome e poder. Ora, quando tal sucede, isto é, quando se tornou patente que Deus não vem nem dá sinal de chegar tão cedo, o homem não tem mais remédio que fazer-lhe as vezes e sair de sua casa para ir pôr ordem no mundo ofendido, a casa que é dele e o mundo que a Deus pertence. (p.139)

Aquilo que são 'os juízos que sempre haveremos [narrador e Autor] de produzir sobre as acções humanas e divinas' constituem o trabalho da autoconsciência reflexiva e Deus não passará então de uma voz dessa autoconsciência. Nos casos em que o Autor deixa ser o narrador a descrever a natureza de Deus, sem lhe interseccionar comentários directos, é ao poder imaginativo do discurso ficcional que devemos pedir responsabilidades, como no retrato físico que é feito de Deus:

> É um homem grande e velho, de barbas fluviais espalhadas sobre o peito, a cabeça descoberta, cabelo solto, a cara larga e forte, a boca espessa, que falará sem que os lábios pareçam mover-se. Está vestido como um judeu rico, de túnica comprida, cor de magenta, um manto com mangas, azul, debruado de tecido de ouro, mas nos pés tem umas sandálias grossas, rústicas, dessas de que se diz que são para andar, o que mostra que não deve ser pessoa de hábitos secundários. (p.364)

A autoconsciência reflexiva de Jesus é não é menos radical na sua crítica à divindade. Como está relacionada com a procura incessante da identidade pessoal do homem Jesus, a conclusão imediata a tirar daqui é que está entranhado na natureza humana de Jesus o que transparece da face de Deus. Após a revelação do retrato de Deus, vemos Jesus interpelar a divindade sobre a sua própria cédula de identidade e sobre o seu destino: 'Vim aqui saber quem sou e o que terei de fazer daqui em diante para cumprir, perante ti, a minha parte do contrato' (p.365). No que respeita à primeira questão, Jesus questiona a sua alegada filiação divina:

> Andas com o Diabo, Não ando com o Diabo, foi ele quem veio ao meu encontro, E que foi que ouviste da boca do Diabo, Que sou teu filho. Deus fez, compassado, um gesto afirmativo com a cabeça e disse, Sim, és meu filho, Como pode um homem ser filho de Deus, Se és filho de Deus, não és um homem, Sou um homem, vivo, como, durmo, amo como um homem, portanto, sou um homem e como um homem morrerei. (p.365)

O reforço da humanidade de Jesus e a dúvida desfeita sobre a sua paternidade contribui para diminuir o poder do Deus sobrenatural sobre as criaturas deste mundo. No que respeita à segunda questão, Jesus interpela a autoridade epistemológica de Deus a propósito do futuro:

> Tu és Deus, e Deus não pode senão responder com verdade a qualquer pergunta que se lhe faça, e, sendo Deus, conhece todo o tempo passado, a vida de hoje, que está no meio, e todo o tempo passado, a vida de hoje, que está no meio, e todo o tempo futuro. Assim é, eu sou o tempo, a verdade e a vida, Então, diz-me, em nome de tudo o que dizes ser, como será o meu futuro depois da minha morte, que haverá nele que não haveria se eu tivesse aceitado sacrificar-me à tua insatisfação, a esse desejo de reinares sobre mais gente e mais países. Deus fez um movimento de enfado, como quem acaba de ver-se preso na rede armada pelas suas palavras, e procurou, sem convicção, uma evasiva, Ora, meu filho, o futuro é enorme, o futuro leva muito tempo a contar. (p.377)

Os diálogos de Jesus com Deus traduzem as discussões do homem com a sua própria consciência. No caso do Autor-narrador, a posição judicativa que assume perante a divindade faz parte de um processo comum de investigação de si mesmo, pretendendo ilustrar o eterno embate entre forças opostas que fazem parte da natureza humana. E, quando é preciso, esse Autor-narrador não se inibe de interpelar ele próprio a sua consciência reflexiva, pedindo-lhe uma resposta que sabe impossível sobre a *sophia* de Deus:

O EVANGELHO SEGUNDO JESUS CRISTO DE SARAMAGO

... nada pode acontecer sem que antes o tivesse querido Deus, se foi Deus, expliquem-me então os que dele conhecem mais do que eu por que quer ele que os seus próprios desígnios sejam assim rebaixados na terra, e, por favor, não argumenteis que Deus sabe e nós não podemos saber, porque eu vos responderia que o que quero saber é precisamente o que Deus sabe. (p.433)

A única diferença entre a autoconsciência de Jesus e a do Autornarrador reside no facto de que a consciência do suposto filho de Deus é um sofrimento existencial, pelo que lhe convém a designação de *autoconsciência infeliz*. Em *A Fenomenologia do Espírito*, no capítulo dedicado à 'Razão', Hegel fala-nos da *consciência infeliz* (*Unglückseligs Bewusstsein*) como esse sofrimento do homem dividido em si mesmo, consciente da sua solidão e isolamento, tendendo a atribuir todo o bem que há no mundo a um Deus sobrenatural, perante o qual o homem nada é. Ora, o processo de autoconsciência reflexiva de Jesus segundo Saramago funda-se no mesmo princípio de desorientação do indivíduo perante as interrogações existenciais. Se ele, homem que quer morrer como um homem, desconhece para que hãode exigir-lhe mais do que a descoberta da sua humanidade, não deverá voltar-se para si mesmo, que é o mesmo que virar-se para Deus, à procura da sua própria identidade e do caminho do futuro? Não por estar perante o vazio da existência que Jesus se vira para o sobrenatural à procura de um sentido para esse nada? Não é o cristianismo uma tentativa do homem angustiado encontrar a paz interior perdida, atribuindo, pela via mais cómoda, tal harmonia a um Deus infinito e eterno, porque é desejo natural de todos os homens perpetuar a paz interior, sobretudo quando não a possuem ou são *infelizes*?

Resta discutir se o Deus de Saramago, uma vez nascido da autoconsciência reflexiva, pode ser considerado um Deus 'exterior', 'metafísico', 'para além da física'. É absurdo tomar tal Deus, que vive realmente no *intimior intimo meo*, como sendo simples objecto impossível de ser interiorizado. Se o Deus de Saramago estivesse para além da física, se fosse algo exterior à consciência, isso implicaria que o conhecimento que tínhamos desse Deus metafísico fosse independente do conhecimento que temos de nós mesmos. Acreditar em Deus seria equivalente a descrer totalmente em si próprio. Por outro lado, acreditar em Deus seria admitir somente o mundopara-além-de-nós como único existente, o que é absurdo não só porque estaríamos a conceber um limite para a existência de Deus como estaríamos a colocar a nossa própria existência fora do entendimento. Deus, e sobretudo um Deus tão humanista como o que reclama justamente Saramago, tem de ser tão acessível como a consciência de si. O que interessa o que nunca podemos discernir? Que prazer nos pode advir do inacessível se nunca chega a nós? Existe um postulado aporético no romance de Saramago que parece, à primeira leitura, destruir este raciocínio: 'Deus é tanto mais Deus quanto mais inacessível' (p.100). Quer dizer: Deus é tanto mais metafísico quanto mais inacessível, Deus é tanto mais impotente quanto maior for o espaço que colocarmos entre a nossa existência particular e o mundo da transcendência onde julgamos ser a sua *morada*. Neste postulado, podemos ler mais profundamente a crítica de um Deus metafísico cuja dignidade suprema só pode ser contemplada e nunca experimentada. Um Deus que não signifique cognoscibilidade não pode mover um humanista verdadeiro.

Sobre o nome

Será o nome divino uma força anónima?

No romance de Saramago, subentende-se uma crítica construtiva do nome sagrado, seja o de Maria, José, Jesus ou mesmo Deus:

> Até este dia em que estamos, a mãe de Jesus, para ela, fora só isso, mãe de Jesus, agora sabe, porque depois o perguntou, que o seu nome também é Maria, coincidência, em si mesma, de mínima importância, uma vez que são muitas as Marias na terra, e mais hão-de vir a ser se a moda pega, mas nós aventurar-nos-íamos a supor que exista um sentimento de mais próxima fraternidade entre os que levam nomes iguais, é como imaginamos que se sentirá José quando se lembra do outro José que foi seu pai, não filho, mas irmão, o problema de Deus é esse, ninguém tem o nome que ele tem. (p.330)

Saramago podia ir mais longe nesta interessante discussão da génese do nome próprio, que está intimamente ligada à construção da diferença entre os indivíduos da mesma espécie, sendo que Deus, não pertencendo a nenhuma espécie qualificável e assumindo a identidade de todas as espécies, vive algo que facilmente se podia designar como a angústia da diferença. Indo mais longe, o facto é que o nome próprio de Deus não lhe pertence, pois, como todos os nomes, é uma criação livre e arbitrária do homem para exprimir a sua própria subjectividade. Mesmo segundo os relatos bíblicos, Deus nunca comunicou ao homem o seu próprio nome, mas apresentou-se desde

O EVANGELHO SEGUNDO JESUS CRISTO DE SARAMAGO

o início como *EU SOU*, como veremos, que é a expressão mais elevada da subjectividade. O problema de Deus é, assim, muito mais complexo do que o simples facto de não haver outro nome igual: primeiro, é um problema de autoria; segundo, é um problema de efeito desse significante sobre não só aqueles que o pronunciam como aqueles que o ouvem pronunciado; terceiro, é um problema de reprodução da própria subjectividade do homem criador. O que conta, naturalmente, não é a identificação objectiva de um indivíduo ou entidade, mas a sua função como substituto simbólico do ser que representa; o que conta não é o significado da pessoa física ou espiritual que enuncia, mas o poder do significante representado no nome sobre aqueles que dele dependem para justificar a sua devoção.

Nos textos bíblicos, várias são as referências ao poder incrível do significante *Deus*, cuja pronunciação é suficiente para gerar obediência cega. Por outro lado, tomando o poder sugestivo do nome divino até à sua mais elevada potência, é sabido que o famoso tetragrama YHVH, ou Iahweh, nunca era pronunciado pelos judeus desde os tempos mais remotos, por se tratar do próprio nome de Deus, tão sagrado e significante que nenhum mortal o podia pronunciar sequer, contando, no entanto, com um substituto – *Adonai* ('meu Senhor'); a combinação das consoantes de YHVH e as vogais de *Adonai* vieram a dar o híbrido Jeová – para compensar a inacessibilidade do nome de Deus. Tornar o nome divino voz de comando espiritual ou, pelo contrário, tomá-lo como o impronunciável à custa da sua pureza, serve um só objectivo: abrir uma página na História. E em nada difere a interpelação de Deus a Moisés (Êxodo 6:3), onde procura desocultar o seu próprio nome para que o homem possa apreendê-lo em obediência e com ele reescrever a História, da intenção dos homens que fizeram a Torre de Babel, que também julgaram estar assim a conquistar na História um nome para si próprios. É este poder significante do nome que visa demarcar sem escrúpulos (ou inquietações da consciência) o espaço divino e libertá-lo da curiosidade existencial do homem que o romance de Saramago insinua. É como se procurasse negar a Deus qualquer possibilidade de se assumir (ou de o homem o assumir) como um sábio legislador, um *nomothetes* como acreditava Sócrates, responsável pela atribuição dos nomes às coisas a partir de uma espécie de nome ideal. No universo humano de Saramago, o nome é sempre uma criação superior não por via transcendente mas por via tão terrena e imediata como a mão de um escritor.

A irracionalidade do nome de Jesus está naturalmente associada à irracionalidade do nome que ele pretende representar entre os homens: YHVH. Fosse a Bíblia um tratado teológico sistemático e todas as suas contradições contingentes desapareceriam. Mas é porque nunca desapareceram que o nome de Deus é o maior mistério etimológico deste a descoberta do fogo. Os editores da Bíblia, que são os criadores artísticos da ideia de Deus nunca foram capazes de resolver as enormes contradições da fé israelita, onde se inclui o mosaico de ideias sobre Deus. O facto é que a terminologia bíblica do divino revela mais inconsistências do que a *Teogonia* de Hesíodo, esta muito mais coerente com a imaginação material que a produziu. Cansam até os atributos de Deus, quando nem o próprio nome é revelador. *YHVH* é um epíteto humano, e os editores das Escrituras hebraicas mais não fizeram do que fundamentalizar o nome, pela adoração compulsiva de uma ideia e mesmo por uma obsessão de afirmação da própria subjectividade. *YHVH*, o nome próprio de Deus, é o nome próprio do espírito primitivo à procura de uma resposta para o universo. Não tem nada de científico, e todo o significado nele é sublime poesia. Há-de ser sempre por erros sucessivos que se revelará, começando na depuração da forma original que dará *Jeová*. De que Ser Supremo falamos que depende da falibilidade da etimologia? A forma genérica para 'deus', nos textos hebraicos, já então uma imitação sem interesse da cosmogonia grega, é *elohim*, Deus de Israel, sinónimo de *YHVH*. *Elohim* é plural (Deu*s* traz consigo, na língua portuguesa, a marca da mesma pluralidade), isto é, está de acordo com a pluralidade das ideias possíveis de Deus. Já então, se uma flor da Galileia pudesse formular uma ideia, faria de Deus a flor mais colorida, perfumada e livre. Mesmo que os editores bíblicos quisessem anular a pluralidade de *elohim* para que, com autoridade terrena, determinar o que era *elohim aherim* ('outros deuses') ou *elohim hadashim* ('novos deuses'), mais não faziam do que admitir que esses outros deuses eram possíveis, e, portanto, Deus, o nome ele próprio, falhava a sua singularidade absoluta. *Elohim* não é antitético de *anashim* ('povo'), mas uma particular pluralidade do todo o plural. O divino pertence à imaginação criadora, ao génio de *elohim*, que se restringe nessa particular pluralidade. Porque se incluem no espectro dos significados de *elohim* os fantasmas e as divindades menores senão porque ele é sinónimo de todas as ideias acima das realidades sensíveis? E mesmo de uma realidade tão sensível como o vento: *ruah elohim* ('poderoso vento'). Por isso a única verdade que há nos Evangelhos é o vento. *El* é outro dos suplementos de Deus. *El ro'i* ('o deus que me vê') é a primeira explicação do significado existencial das imagens especulares – resulta de uma contemplação *conxistente* do sujeito. O nome original *YHVH* é desprovido de significado para o académico moderno, mas é evidente que faz pouca diferença que não seja outra coisa que a ideia que atrás introduzi de *conxistência*,[5] encontro da consciência reflexiva com a verdade do seu ser, que aliás o autor do Êxodo já havia percebido quando relacionou o nome original com o verbo *hayah* ('ser'): 'EU SOU O QUE SOU', eis o mais completo significado de Deus. EU SOU torna possível o homem, porque é a sua *conxistência*. Por isto, nem faz sequer sentido demorarmo-nos na ideia de Saramago para o problema de Deus não ter outro nome igual ao seu, porque, a rigor, Deus é a expressão de todas as formas subjectivas de ser, portanto, o nome mais repetível de todos quanto o homem criou até hoje. Sendo uma soma perfeita de todos os eus, Deus *forma-se* como o eu universal do qual todos participamos. Mas sejamos claros: trata-se apenas de uma categorial gramatical, um universal cujos atributos convêm a todos os indivíduos com os quais se encontra relacionado. Além disso, notemos que um nome próprio, uma vez instituído, fica à mercê da arbitrariedade do locutor e a sua autoria original pode perder-se por completo.[6]

O mesmo autor bíblico do Êxodo garante que Abraão, Isaac e Jacob não reconheciam Deus como *YHVH*, mas como El Shaddai. Antes, o editor do Génesis, que naturalmente não podia ter testemunhado a Criação, havia no entanto garantido que Eva conhecia Deus como *YHVH*. Não obstante, também se desconhece como pode tal editor ter tido acesso a informações tão precisas sobre a criação do mundo como esse singular facto de se saber o que *disse* Deus ou quem quer que seja. Em qualquer dos casos é uma vez mais o livre arbítrio do afirmar, exclusivo do homem, que conduz à contradição. Babel foi inventada muito antes da própria Babel, a começar no próprio nome que o homem escolheu para dizer 'EU SOU'. Houve um Deus Todo-Poderoso ou um Criador Supremo e a própria criação do nome a atribuir a tal ser não dependeria das limitações contingentes a todo o verbo. *Afirmar* é de certa forma o resultado empírico da *conxistência* e desde a origem que o homem precisa dessa actividade para resolver o silêncio das divindades que cria. Deus, qualquer que seja a sua forma ou nome, é a angústia do inominado, uma vez não reconhecida a sua existência como expressão total da subjectivdade, que é a condição em que se encontram todos os cristãos.

Infelizmente, *O Evangelho Segundo Jesus Cristo* não explora com maior sagacidade esta complexa história do nome divino, sobretudo os nomes de Deus e Jesus, com a qual é possível denunciar a irracionalidade de alguns dogmas cristãos. Existem apenas sinais, contudo suficientemente ricos para continuarmos a discutir o assunto. O primeiro sinal é dado logo na inscrição histórica do nome de Jesus: 'este homem, nu, cravado de pés e mãos numa cruz, filho de José e Maria, Jesus de seu nome, é o único a quem o futuro concederá a honra da maiúscula inicial, os mais nunca passarão de crucificados menores' (p.18). O 'futuro' é uma sinédoque da História do Futuro, a qual sempre foi e sempre será escrita por homens, o que significa de imediato que a arbitrariedade do nome depende em exclusivo da imaginação de cada época. A missão de Jesus no Novo Testamento é a de divulgar o nome de Deus (S. João 17:6, 26), com o pressuposto de que ele, Jesus, está em Deus e Deus está nele. Ora, é tal coexistência que é posta em causa constantemente no romance, pois se se atribui a Jesus um carácter exclusivamente humano é lógico esperar que aquele que ele quer glorificar também seja afectado por essa qualidade, o que sabemos tratar-se de um absurdo do ponto de vista teológico. A fixação da personagem José no nome Jesus ('o carpinteiro (. . .) há muito assentou na sua cabeça que esse será o nome do seu primogénito', p.76) mesmo antes do seu nascimento e a posterior convicção de Maria, após dar à luz o primogénito, sobre a insignificância do nome:

> Como está Jesus, perguntou o pai, consciente da expressão um tanto ridícula duma pergunta formulada assim, mas incapaz de resistir ao orgulho de ter um filho e poder-lhe dar-lhe um nome. O menino está bem, respondeu Maria, para quem o menos importante de tudo ainda era o nome, poderia mesmo chamar-lhe menino toda a sua vida se não tivesse por certo que fatalmente outros filhos hão-de nascer, chamar meninos a todos seria uma confusão como a de Babel. (p.91)

são exemplos de uma crítica possível ao propósito cristológico de fazer do nome de Jesus um nome acima de qualquer nome: 'Acima de todo o principado, e poder, e potestade, e domínio, e de todo o nome que se nomeia, não só neste século, mas também no vindouro;' (Efésios 1:21). A indiferença de Maria pelo nome do filho traduz no fundo a desmistificação de um dogma até hoje e sempre inabalável: a total transcendência de Jesus sobre toda a criatura. O romance de Saramago é um ensaio sobre a anulação desta relação: o nome de Jesus não mais está acima de qualquer nome; não mais a unção em tal nome servirá para socorrer enfermos e levar o perdão dos pecados; não mais a fé se centrará num nome arbitrariamente maiusculizado; não mais se reconhecerá em quem pronuncia tal nome o poder daquele que se acredita que o enviou – o nome de Jesus é tão só uma escolha arbitrária do homem José: 'Disse José que seu filho se chamaria Jesus, e assim ficou recenseado nos cadastros de Deus depois de já o ter sido nos registos de César' (p.89). E se é verdade que a *philia* ou amizade aristotélica, tal como é discutida nos Livros VIII e IX da *Ética a Nicómaco*, é a um tempo benevolência e bem-fazer, filantropia e humanismo, interesse utilitário e prazer na companhia de outra pessoa, amor e desejo de moralizar outrem, o retrato de Jesus elaborado por Saramago exige ir a esta fonte extrair da polissemia do conceito aristotélico todos os seus verdadeiros significados. Se a essência da *philia* for a *humanitas* e a *philantropia*, nessa essência se inscreverá o nome de Jesus. Não está também excluída a hipótese de Jesus ter seguido a doutrina ego-altruísta de Aristóteles, que toma, na verdade, a *philia* como o amor de si-mesmo (IX 4, 1166a1).

O aspecto mais obscuro do poder significante do nome de Jesus é precisamente o da sua relação com Deus. O Evangelho segundo S. João assegura-nos a total identidade entre Jesus e Deus como *Abba* ('Pai'), quando o Messias diz a um discípulo: 'Não crês tu que eu *estou* no Pai, e que o Pai está em mim? As palavras que eu vos digo, não *as* digo de mim mesmo, mas, o Pai, que está em mim, é quem faz as obras' (14:10). Ora, Saramago subverte esta certeza de Jesus atribuindo a Deus uma anfibolia de criação romanesca: 'sendo tu meu filho, estarás comigo, ou em mim, ainda não o tenho decidido em definitivo' (p.370), que não é mais do que uma graça irónica sobre a pretensão cristã de constantemente atribuir à figura de um Deus tido por transcendente um *discurso* e um nome mágico. A mensagem implícita de Saramago vai neste sentido: qualquer escolha será sempre humana; nenhuma divindade pode escolher o seu próprio nome, porque nenhum influxo divino pode estabelecer uma relação racional entre as palavras e os objectos descritos.

Notas

1 Ensaio publicado em *De Punho Cerrado — Ensaios de Hermenêutica Dialéctica da Literatura Portuguesa Contemporânea* (Lisboa: Cosmos, 1997).
2 O título *O Evangelho Segundo Jesus Cristo* não é de facto muito feliz, sobretudo quando o próprio texto contém sugestões mais criativas como 'Jesus de seu Nome' (p.18, cito pela primeira edição: Lisboa: Caminho, 1991; doravante, indica-se apenas a página), 'O Sacrifício das Rolas' (101), 'O Oráculo do Nazareno' (207) ou 'O Cordeiro de Deus' (374), por exemplo – exemplos que de nada servem uma vez que ninguém pode substituir o Autor e roubar-lhe o direito de escolher, assim como de nada serve ao teólogo qualificar o título escolhido como uma 'extorsão', porque só se pode sentir constrangido quem não tem nada para dizer em troca de um acto legitimamente arbitrário e subjectivo. Para desfazer todas as ambiguidades, interpretar-se-á aqui o título do romance de Saramago no seguintes termos: *O Evangelho segundo o que o homem Jesus Cristo gostaria que ele tivesse sido e não o que os homens fizeram em nome dele.*
3 *Jornal de Letras*, Lisboa, 5 de Novembro de 1991.
4 Tal é a posição de uma das primeiras vozes que se levantaram contra *O Evangelho* de Saramago: Manuel Reis, na pseudo-crítica do romance: *A Falsa Questão Ateísmo – Teísmo: Crítica Necessária a José Saramago* (Aveiro: Estante Ed., 1992), que invoca precisamente as palavras de Santo Agostinho para contrapor à 'Divindade *exteriorizada* e *exterior*, objectivizada, *objectal*, à força de tão *objectiva* (um vero '*Gegenstand*' que os sujeitos humanos nunca poderão interiorizar e incorporar completamente ...)' (29). Infelizmente, Manuel Reis invoca as palavras de Santo Agostinho e esquece-se das palavras do romance de Saramago. Toda a 'crítica' que desenvolve é baseada no dogma da citação autoral – muitas páginas não passam de colecções de citações alheias – tentando justificar com pseudo-erudição exegética e teológica aquilo que não foi escrito para servir de justificação a nenhuma teoria.
5 Veja o meu ensaio sobre José Régio in *De Punho Cerrado* (1997).
6 É, aliás, a tese defendida por Jacques Derrida em *Otobiographies* (1984), sobre o destino dos nomes próprios.

PORTUGUESE-SPEAKING AFRICA

8
Narration and Nation-Building: The Angolan Novels of Pepetela

DAVID BROOKSHAW

> I had learnt that in a situation in which history is distorted, the literature of a people often becomes its history, its writers the keepers of the past, present, and future.
>
> Caryl Phillips, *The European Tribe*

The development of Luso-African literature since it began to re-emerge in the late 1940s bears some resemblance to the literary process in Latin America during the nineteenth century in so far as literature and politics were close to the point of contiguity. This is borne out by the fact that writers were invariably considered, and regarded themselves, as political commentators, if they were not actually in government themselves. Equally important was the notion of literature as being inextricably linked to the expression of a wished-for national cohesion and therefore spirit of identity. Literature, in short, was an integral part of the nation-building process. For some, such as the nineteenth-century Venezuelan intellectual, Andrés Bello, this was so because literature performed a function that history could not fulfil, given the gaps caused by incomplete or scattered documents.[1] Others, such as the Argentinian president, Bartolomé Mitre, or the Emperor D. Pedro II of Brazil, promoted the production of nation-building literature.[2] In the case of Portuguese-speaking Africa, Angola's foremost poet and first president, Agostinho Neto, addressing the Angolan Writers' Union in 1977 on the function of literature, asserted the following: 'Será necessário recontar a História de Angola, de modo a fazer conhecer o longo caminho percorrido entre o passado e o presente.'[3] All these concerns are symptomatic of the way in which independence was gained in Latin America and in Africa, for it is undeniable that political states were born before a sense of common national identity had been achieved. This meant that the nation had to be invented in order to fill out the borders of what was an artificially created geopolitical space. This is why literature has played, and arguably continues to play, an important support role to the political debate in Latin America and in Africa.

Nation-building, however, also involved the forging of a new society, divested of past imperfections. In Latin America, this was to be achieved through the adoption of liberal values, which were to replace the repressive, Catholic and absolutist dogma of colonial times. In Lusophone Africa, the revolution against similar dictatorial dogma was driven by broadly Marxist principles, and heralded the birth of the New Man.

In revolutionary Angola, Pepetela was the archetypal nationalist writer with a guerrilla pedigree, having participated in the anti-colonial war, and with political experience, having briefly served in the post-independence government. Unlike his nineteenth-century Latin American predecessors, most of whom would have been law graduates, Pepetela took a degree in that most late twentieth-century of subjects, sociology, which he continues to teach at the Universidade Agostinho Neto in Luanda. It is as a writer, however, that Pepetela has reached international recognition, becoming his country's most prolific novelist since Angola became independent in 1975.

To say that Pepetela's interpretation of Angolan reality derives from a Marxist point of view would, however, be only partially true. Certainly, the most consistent philosophical presence in his writing is the concept of the dialectical struggle. Yet this masks, if it does not indeed heighten, Pepetela's attraction to much more universal and timeless forms of utopian belief. Utopia is, of course, by its very nature beyond the possibilities of human society, which is not to say that it should not be striven for. For Pepetela, and those of his generation, society, and therefore a nation, derives its creative energy from the struggle. At the same time, within Pepetela's dialectic, the dream of utopia inevitably contains its contradiction, the seeds of its own destruction, or, as Bloch put it, the hindering element.[4] Inherent in this is a cyclical notion of history which is reflected in the never-ending spiral of illusion and disillusion, regeneration and degeneration.

It is fitting that the beginning and end of illusion for Pepetela should be marked by two novels which have as their central characters guerrilla leaders, and that they cover – in the case of the first, *Mayombe* (1980), a period within the anti-colonial war, and in the second, *A Geração da Utopia* (1992), the whole sweep of history between 1961, the outbreak of revolt, and 1992, the acknowledged end of the revolution, the phoney peace between the Bicesse Accord and the controversial elections. In between these two watershed fictions, and among other works written during the 1980s, the novel *Lueji, O Nascimento dum Império* (1990) stands out as an attempt to delve down into the legends of pre-colonial Angolan history in order to produce an expression of 'angolanidade'. *Lueji*, with its twin plots, one set in the remote past, the other in modern Luanda, contains warnings, particularly in its final prophecy, which echo those suggested in *Mayombe*, later rendered more explicit still in *A Geração da Utopia,* and given a final symbolic edge in Pepetela's most recent novel, *O Desejo de Kianda* (1995). The mythical account of the birth and growth of the Lunda empire evokes a heroic age which parallels the later struggle for independence and establishment of the modern state of Angola. Once that heroic age has delivered its prize, the new social and political hierarchy becomes entrenched, its capacity or willingness for change limited. Warfare and tyranny are the inevitable result. Indeed, the description of the lust for power of Lueji's successors, could well describe modern-day Angola, and the jostling for advantages suggests life in contemporary Luanda as evoked in Pepetela's other novels: 'E lá em cima, a vaidade dos muata Yanvu que nunca morrem se tornará enorme. Esquecerão os ensinamentos de Lueji, não há ensinamentos que sempre durem. Vão querer conquistar povos pela força, vão exigir tributos pesados, vão fazer guerras. Na sua vaidade e ambição, só vão se preocupar com as lutas e intrigas da corte, todos querendo cada vez mais vantagens.'[5]

By the time Pepetela published *Mayombe*, his first novel to have a major international impact, he had already given an indication of some of the utopian themes he would later explore in his highly symbolic fiction, *Muana Puó* (1978), which is perhaps why it was recently reissued in the light of the author's subsequent work.[6] *Mayombe*, for its part, was first published by the Angolan Writers' Union, at the insistence of Agostinho Neto himself, and became an immediate best-seller, being studied beyond Angola's borders in other African countries because of its honest treatment of the problems of internal conflict besetting many newly independent countries. Yet it had been written between 1969 and 1971, while Pepetela was participating in the guerrilla campaign against the Portuguese in the enclave of Cabinda.

In its setting, and in the way its characters interact with nature, *Mayombe* has the epic quality of a myth of origin in which the protagonists emerge in the final battle at the end of the novel with a united sense of solidarity, if not common Angolan cultural identity. This at least temporarily overcomes the ethnic rivalries and suspicions which have been at the root of much of the novel's action. Germane to this story, as in Pepetela's other work, is the dialectical struggle between love and politics. The central focus for this struggle are the guerrilla commander, Sem Medo, the political commissar, João, and Ondina, a female teacher at the guerrillas' rear base across the border in the Congo. Ondina is João's fiancée, but their relationship has stagnated, causing Ondina to seek new satisfaction with other partners. Her attraction to Sem Medo, her fiancé's commander and mentor, results in a sexual encounter which somehow symbolizes the struggle between man and nature, between emotion and logic, while also revealing Ondina's contradictions: she is a libertine by stated desire, but seeks a man capable of dominating her. João, for his part, achieves the necessary synthesis as a result of his experiences in love, his conversations with his more worldly commander through whom he crosses the threshold not only between adolescence and adulthood, but also between the raw world of theoretical beliefs and the rounded world of relativism. João, we are led to believe at the end of the novel, will become Angola's New Man, born out of his mentor, Sem Medo, but without the prejudices that confine the older man's mentality to a past, less progressive era: a revolutionary, but unlike Mundo Novo, the dogmatic Marxist of the story, one tempered by experience and capable of recognizing the importance of the individual within the collectivity.

If *Mayombe* was fundamentally an idealistic novel that debated the challenges facing a newly independent Angola before it could reach its socialist goal, *A Geração da Utopia* is its negative mirror image. In what is possibly Pepetela's most well-conceived work, Sem Medo survives the guerrilla war in the shape of the main character: Aníbal (whose *nom de guerre*, Sábio, marks him off as the novel's soothsayer) cannot adapt to the realities of post-independence Angola and becomes a drop-out. Returning to the beach where he had spent part of his childhood, he lives off his meagre war hero's pension and the fish he can catch from the sea. He becomes the largely unheard moral conscience of the ideals fought for during the 1950s and 1960s. His ultimate insignificance is illustrated by his determination to return to his refuge after a brief visit to corrupt, war-torn Luanda, and metaphorically to 'keep going south' in individual pursuit of a utopian ideal. The defeat of all that Aníbal stood for is rendered more acute by the overwhelming success of the Dominus Church, a sect led by a former nationalist associate from the 1960s, and of the new entrepreneurial bourgeoisie which backs the church and reaps profit from it.[7] The fluidity and dynamism of revolutionary belief has been replaced by the static worship of an imported icon.

João, the political commissar from *Mayombe*, likewise survives in the shape of the aptly named Vítor ('Mundial' in his guerrilla days), who becomes the representative of the links between the Party and the new, unbridled capitalistic opportunities that individuals can now grasp under the protection of the state. Yet the ideal which sparked revolt against colonial rule is lost before that independence is accomplished. It is lost when Vítor/Mundial abandons Aníbal/Sábio to his fate in the depths of the Eastern Front in 1972, on the excuse that he has to deliver reports to the exiled Angolan leadership in Zambia. Aníbal's symbolic death as Vítor crosses the border represents the victory of the worldly and the pragmatic over an ideal. The Party hierarchy is already in formation, even at this stage.

Like *Mayombe*, the later novel also involves a tale of romantic love which comes to embody all that is positive in the nation-building process. The protagonists of this romantic engagement are the black Aníbal and the white Angolan doctor, Sara. Such a blatant interracial association would not have been possible in *Mayombe*, which was written during the anti-colonial struggle, but in this later novel, it seems to constitute a last-ditch attempt by Pepetela to re-emphasize the non-exclusivist ideals fought for by his generation of nationalists. Here, it represents the reconciliation of all that was good in the liberation movement: the white who made sacrifices for her country and remained loyal to it, and the black who turned his back on personal gain, and remained uncompromisingly faithful to the concept of an Angola without social or racial inequalities.

Sara's conventional sexual relationship with the one-time footballer and post-independence entrepreneur, Malongo, contains in it the exploitation and irresponsibility which contrast with the 'no-strings' attachment she eventually forms with Aníbal, for whom her feelings have never been purely sexual, veering from the sisterly to the maternal and ultimately to the quasi-religious. Essentially, Sara and Aníbal are soulmates, separated by circumstances but joined in their ideals and, of course, their disappointments. Their love, like that of the romantic heroes of nineteenth-century fiction in Latin America, has a moral function and therefore belongs to the mythical underbelly of the story, that which contains the timeless message of an ideal which must somehow survive the cycle of history.

A Geração da Utopia also differs from *Mayombe* in the depth of significance of one of its main natural symbols. In *Mayombe*, the mulberry tree, with its thick trunk, its network of branches and foliage, represents the harmonious relationship between the individual and the collective which the final action of the novel fully expressed. In Pepetela's later novel, the octopus is Aníbal's personal and secret embodiment of evil, something he grew up with and which he ultimately exorcizes. Unlike the mulberry tree whose individual branches blended with the surrounding green, the octopus's tentacles reach everywhere and seize the unsuspecting marine creatures upon which it feeds. The octopus symbolizes the all-embracing pervasiveness of greed. It is the new bourgeoisie in the making.[8] On a more personal level, however, it represents the challenge of the opposite from across Aníbal's manichaean divide, that which is morally unacceptable to him. Once the challenge has been overcome, and the creature speared and brought back to the beach, it is seen as small and insignificant in relation to what it had been. For this reason the octopus seems to underpin Pepetela's recurring theme: life is a struggle which can somehow never truly match its ideal. During the struggle, the octopus is a formidable opponent, the equal of the myth created out of it. After its defeat, it appears for what it is, a small, limp piece of flesh among the waves as they die on the beach.

Pepetela's latest fiction, *O Desejo de Kianda* (1995), continues some of the themes contained in the previous novel, within an urban setting which is truly apocalyptic. The tall apartment and office blocks in the heart of modern Luanda, around the square of Kinaxixi, are collapsing. No one knows the reason for this except for a young girl who is privy to the story of the square and to the existence of a long-forgotten lake that was filled in during colonial times to make way for urban expansion. The collapse of the buildings is induced by the revolt of the spirit of this submerged lake, the Kianda, as she reasserts the force of nature against the corruption and decadence of urban life. The embodiment of this corruption is Carmina, pillar of the governing party, revolutionary zealot in her youth, who has now turned her hand to an illegal arms-importing venture. Carmina is the clearest symbol yet of the greed and opportunism of the new Angolan bourgeoisie, her husband, the ineffectual João Evangelista, a voice of moral consciousness who retires in resignation to his computer games.

With the unexplained collapse of central Luanda, a new movement is spawned by those made homeless, which corresponds in some measure to the type of spontaneous, mass protest Angola needs. The human uprising of Kinaxixi's 'desnudos', those who have abandoned their clothes, is matched by the final re-emergence of the lake and the escape of the Kianda from her imprisonment, as the waters gush down the hill into the bay of Luanda, causing the spit of land known as the Ilha de Luanda to revert to its original utopian island status. Once again, Pepetela's utopianism is not linked to the construction of a socialist society, but to the rebirth of the ideal that aspired to such a society, when the governing party was a broad egalitarian movement, devoid of the hierarchies that alienated it from its support base.

During the years between *Mayombe* and *O Desejo de Kianda*, Pepetela's major attempt to pay homage to youthful idealism while also dredging the ancestral myths of Angola bore fruit in the saga of Lueji. This novel is set in two historical periods: the first narrates the birth of the Lunda empire and the rise of Lueji, the queen who set Lunda on the road to regional power. The second has as its setting Luanda at the end of the twentieth century, and centres on the attempts of a young woman, Lu, to stage a ballet in celebration of Lueji. Lu is somehow Lueji's reincarnation, the link between them being Lu's instinctive awareness of an oral tradition surrounding the queen, which the young dancer reinvents into a myth of origin relevant to the modern state of Angola.

Both plots have as their central themes the struggle for unity through compromise, and as in Pepetela's other novels, romantic involvement at the level of the individual serves to illustrate metaphorically the sacrifices required for such compromise.

Lunda is like Angola: it is in a process of change from a traditional way of doing things to a new approach, and this is heralded by the election of Lueji to be the new ruler rather than one of her brothers. Lueji has to confront the power and prejudices of her own élite as well as the aspirations of neighbouring states to conquer her. She has to win respect through persuasion, a tactical sense and occasional firm action. She also has to neutralize the power of the brother who had once deflowered her, and to whom she feels a natural attraction. This she does by taking as her husband Ilunga, a lone warrior who knows the secret of smelting metal for making weapons. Ilunga is travelling westwards (by implication towards the coast) in search of utopia. The alliance of Lueji, the master tactician, and Ilunga, the blacksmith, ensures Lunda's survival and expansion.[9]

Lu's choice of partner is also significant, and echoes that made by her illustrious ancestor. Her attraction to Uli, the male lead in the ballet which the group is rehearsing, is based on a love which is both sexual and sisterly, like that felt by Lueji for her wayward brother Tchinguri as well as for her husband Ilunga. The similarities between the ancient and the modern myth do not end here: Uli is linked by social class to the fisherfolk of Luanda, in the same way that Lueji had taken as her point of origin the fishermen of Lunda with whom she identified in spirit. The biblical association between fishing and the concept of a primeval community is clear in the novel, in the same way that it is implicit in *A Geração da Utopia* in Aníbal's 'hippy' retreat to the beach. At the same time there is a suggestion that the fishing folk of Luanda have joined the affluent bourgeoisie by exchanging their fish for crates of beer, the most prized currency in the barter economy of Angola's capital city. It may be that Uli's innocence has been lost because of his family's *nouveau riche* status. Lu then chooses Candido for her leading partner. Candido, fittingly and as his name suggests, has the freshness of a new arrival. Equally significantly, he is from the rural, cattle-herding south. In this way, the urban mestizo woman, Lu, brought up in Benguela and Luanda, pairs with the black Candido, from traditional, rural Angola, to create the synthesis which Pepetela seeks to deliver as the desired message of his novels, and which none other than Aníbal, in *A Geração da Utopia*, sees as the necessary remedy for the division between the two Angolas: 'Temos de tapar esse fosso, voltar a criar as pontes. Ora, não é com partidos que se consegue encher o fosso. Os partidos são feitos para dividir, não para unir. Só uma ideia suprapartidária de Nação.'[10]

To revert to my original comparison between the romanticism of Luso-African literature in the twentieth century and that of nineteenth-century Latin America, it is finally worth noting that both tendencies took shape after the initial promises of independence were seen to have been betrayed: in the New World, the much-heralded liberal patriotism was being countered in many countries by the growing chasm between countryside and city or by the narrow nationalistic rhetoric of the new élites, reductive in its definition of national identity. Bolivar's early dream of continental solidarity was by the middle of the century but a distant memory, just as the high ideals of Pan-Africanism have been largely jettisoned in the latter part of the twentieth century. In Lusophone Africa, twenty years after independence, the revolutionary idealism of the early heroic years has similarly been abandoned in favour of rampant capitalism.

It is a characteristic of both Pepetela's writing and that of his nineteenth-century predecessors that hope is expressed through the symbol of nature as well as through that of youth. It is perhaps significant in this respect that in both *Lueji* and *A Geração da Utopia*, it is the young who adopt a critical approach to the present: Lu is concerned with creating a truly national aesthetic through her dancing, and to escape the straitjacket of a technique imposed by an imported ballet instructor. She is also instinctively linked to the myth of origin, which she reinvents and to some extent relives. She has therefore not lost the questing spirit of the true revolutionary. Sara's daughter, Judite, and her fiancé, Orlando, have inherited the concern for the future from their parents' utopian generation. The need to allow the youth of the country to participate in the fruits and responsibilities of independence is voiced by none other than Aníbal: 'O mais importante para uma geração é dar qualquer coisa de bom à seguinte, um projecto, uma bandeira. No fundo, é o pai a deixar uma herança para o filho. E é triste sentir que a nossa geração, que vos deu apesar de tudo a independência, logo a seguir vos tirou a capacidade de a gozar. Como o pai que, ao oferecer um brinquedo ao filho, o monopoliza, só ele brinca com ele, com o pretexto de que o filho o vai estragar.'[11] As for Aníbal, he, like the Kianda, will keep heading south in search of a dream of equality and integration, in which the term 'nation' can once again be connoted with the word 'people'.

Notes

[1] Doris Sommer, 'Irresistible romance: the foundational fictions of Latin America', in Homi K. Bhabha (ed.), *Nation and Narration* (London: Routledge, 1990), 77.

2 For Mitre, see Ibid., 77. In Brazil, D. Pedro gave open support to the Indianist movement in literature and the arts, and patronized the publication of Domingos Gonçalves de Magalhães's epic poem, *A Confederação dos Tamoios* (1856).
3 Agostinho Neto, *Sobre a Literatura* (Luanda: INALD, 3rd edn, s.d.), 14.
4 Ernst Bloch, *The Utopian Function of Art and Literature: Selected Essays*, trans. Jack Zipes and Frank Mecklenburg (Cambridge, Mass. and London: MIT Press, 1988), 17.
5 Pepetela, *Lueji. O Nascimento dum Império* (Lisbon: Dom Quixote, 1990), 482.
6 Although first published in 1978, *Muana Puó*, like *Mayombe*, was written in the late 1960s. Through the symbols of the victory of the bats over the ravens, and a love affair between an unnamed man and woman, Pepetela allegorizes the struggle for independence and for a new utopia. The novel was reissued in 1995.
7 It is no coincidence that the 'Igreja Universal do Reino de Deus', a Brazilian evangelical sect, established itself in Angola in 1991.
8 The symbolism of the octopus is reminiscent of that of the bougainvillea in another of Pepetela's novels, *O Cão e Os Caluandas* (1985), not discussed here.
9 The figure of the blacksmith as a divine pioneer in the mythology of West Africa has been discussed by Wole Soyinka in *Ogun Abibimañ* (London: Rex Collings, 1976), 23. The symbolism is exploited by Pepetela not only here, but in *Mayombe* through the references to Ogun, as well as in his play, *A Revolta da Casa dos Ídolos* (1980).
10 Pepetela, *A Geração da Utopia* (Lisbon: Dom Quixote, 1992), 306.
11 Ibid., 304.

9
History and Fiction in José Eduardo Agualusa's Novels

MARIA GUTERRES

José Eduardo Agualusa's fiction has its roots in the history of Angola, particularly the colonial Angola of the late nineteenth and early twentieth centuries, as well as post-independence Angola. Agualusa (born in Huambo in 1960 but living in Lisbon since 1975) uses historical events and people, mingled with invented stories and characters. History becomes literature. By fictionalizing history, the author breathes life into history and the creation, fiction, becomes more powerful than history. It is not just an interpretation, it is a recreation of history, a way of trying to understand, reclaim and rehabilitate the past.

A Conjura

In *A Conjura* (1989) the author concentrates on a particular period: 1880 to 1911. His novel is above all a protest against colonization, fictionalizing the first manifestation of nationalism and the beginnings of an Angolan identity. Like the Mozambican writer Ungulani Ba Ka Khosa in *Ualalapi* (1991), which questions the colonial historical version of the story of Ngungunhana (as a person and as a chief of the Gaza lands, who fought against the Portuguese and was imprisoned in 1895 and sent into exile to the Azores), Agualusa re-evaluates colonial history and brings a new awareness of historic continuity. Colonial literature attempted to bring cultural difference under the sway of western identity, without abolishing exoticism, which made the Africans interesting to write about. African literature is going to react against this. In *A Conjura*, African characters, whether historical or fictional, become the subjects of their own actions, instead of being seen as merely objects. They are repossessing their reality. Through the weaving of the real and the imaginary, the imperialist text is corrected, in order to become a truly Angolan novel:

> Nós, angolenses, vivemos mergulhados num universo mágico. Muitos, como Cordeiro da Matta, acham nisto uma grande desgraça. Outros, desdenham das crenças e das superstições do povo. Mas todos mesmo quando afirmam o contrário, temem o poder dos calundus. Eu penso que a força e a originalidade de um genuíno romance angolense só se poderá conseguir através da sábia mistura entre o imaginário e a realidade. Porque é assim que nós somos.[1]

In *A Conjura* Agualusa takes for granted our acceptance of the supernatural, witchcraft and magic (all elements of the fantastic). These are used as a representation of the fetishism and animism of Angola's past, and its continuation in the present is part of the Angolan's identity.

A Conjura focuses on a group of characters who share nationalistic ideas and who come from different classes. It tells the story of a conspiracy of a group of people of Portuguese and African origin (white, black and mestizos) against the colonial administration in 1911. This conspiracy did not take place, given the political weakness of the Angolan people. But in the particular circumstances in the book, it certainly could have happened, but could not have succeeded. The author brings together the main literary and political figures of the time who had an impact on Luanda's society then, who meet at a barber's shop (fictional).

The novel opens with the arrival in Luanda in 1880 of a young black barber from Benguela, who opens a barber's shop which he calls Fraternidade. His name is Caninguili: 'designação umbunda de uma das mais pequenas aves angolanas famosa pela sua grande coragem e espírito solidário (nas estórias populares ela tem invariavelmente o papel de defensor dos outros animais)' (p.185).

Caninguili, a fictional character, certainly embodies the qualities of his namesake and he is the catalyst around whom all action revolves. Caninguili's appearance and role are similar to that played by the tailor Mussunda in Luandino Vieira's *A Vida Verdadeira de Domingos Xavier* (1970). Both Mussunda's house and Caninguili's shop are used as safe places for political, social and literary discussions and for the spreading of anti-colonial ideas. The Fraternity shop provides these men with the freedom to exchange ideas and gossip:

Aconteceu assim que a loja de Caninguili se foi em poucos meses transformando num pequeno club de ideias que, principalmente pelo entardecer – à hora em que Arcénio de Carpo voltava do seu passeio pela praia e se encerravam as repartições públicas e os escritórios comerciais –, se animava com calorosos debates, vivíssimas discussões. Os temas iam desde as costumeiras questões políticas e comerciais até às artes e literaturas, passando ainda pelo desfiar dos últimos mujimbus mundanos sempre bem agindungados e saborosos. (p.26)

Physically Mussunda and Caninguili are also similar. Mussanda is 'magrinho e feio, marreco de pequeninho'[2] and Caninguili is described by Ezequiel as 'o nosso sapinho capenga; e assim resumia a feiura do designado, o seu escasso metro e sessenta e o facto de mancar da perna esquerda' (p.19). Both Mussunda and Caninguili are shapers of men through their professions as tailor and barber, shaping men's appearances. Both are politically informed and involved. Caninguili had become politically aware of Angola's situation through his master and friend, the Portuguese Acácio Pestana (surely an ironic homage to Pepetela), who educated him:

Acácio Pestana só falava de política ... O que sabia do seu mister de barbeiro fora também Acácio quem lhe ensinara. E mesmo quando, na ânsia de conhecer outras terras e outras gentes, se decidira a partir para a capital, ainda dessa vez lhe valera a generosidade do velho anarquista. Acácio logo adiantara o dinheiro necessário para abrir a loja. (p.24)

Thus through Mussunda and Caninguili's influence their clients became transformed, they grew in strength and instead of just talking began to act. At first, Caninguili is criticized for calling his shop Fraternidade, obviously a reference to the French Revolution and its subversive ideas. However, Fraternidade soon becomes the meeting-point for the most important intellectuals of Luanda. They either meet there or are referred to by other characters. Luanda's society comes to life: people of different races, classes, politics, backgrounds, talk or are talked about at the shop.

Among the historical characters are Dr Alfredo Trony, Pedro Paixão Franco (Filho), J. Mattoso da Câmara, José Fontes Pereira, Cordélio da Matta, Arcénio de Carpo and Mamede de Sant'Ana e Palma. Alfredo Trony (1845–1904), a Portuguese lawyer, writer and journalist who went to live in Luanda in 1873, published the novel *Nga Muturi* (*Senhora Viúva*) in serial form in 1882. The heroine is the black widow of a white colonizer who inherits his money.

Cordeiro da Matta (1857-94), an African philosopher, poet and journalist, published *Philosofia Popular em Provérbios Angolenses* in 1891. He wrote also a history of Angola and a dictionary of Kimbundu and Portuguese. He wrote for several newspapers: *O Arauto Africano (1889)*, *O Pharol do Povo (1883)* and *O Serão*.

Pedro Paixão Franco (Filho) (1869-1911), an African journalist, founded and edited the journal *Luz e Crença* (1902-3); only two numbers appeared, which included poetry, short stories and essays. Paixão Franco, to whose memory *A Conjura* is dedicated, in an article entitled *Os Espíritos Parasitas* in the second number of *Luz e Crença*, wrote about the ideal of political independence for Angola:

> Nas últimas eleições gerais, quem escreve estas linhas fazia parte da mesa da assembleia, como secretário na ocasião do apuramento; entre as listas da oposição apareceram algumas que apenas diziam – autonomia. A leitura da primeira e das seguintes causou alegria na sala; todos os rostos se iluminaram e de contentes algumas bocas sorriram:
> – Autonomia! – Autonomia! – repetiram, simples, mas eloquente. Um cavalheiro altamente cotado, um trunfo na batota provincial que também fazia parte da mesa, exclamou:
> – Quem nos dera cá a autonomia. Autonomia é a aspiração de todos; é boa e todos a desejam. Até, mesmo aqueles que lucram com a actual situação; contudo os que podem trabalhar, dentro dos limites da lei, para que ela se realise não se mexem.
> Nada fazem o que é mau, e nada deixam fazer, o que é péssimo.[3]

As can be seen from this text, some Angolans wanted independence from Portugal, knowing, however, how difficult, if not impossible, that might be to achieve then.

Important political events like J. Mattoso da Câmara's candidature for president of Luanda's municipality or his foundation of the newspaper *O Echo de Angola* (1881), the first newspaper to be edited by blacks and mestizos only 'os filhos do País',[4] are mentioned at the Fraternidade. Thus Fraternidade is used as the pivot around which to produce, evolve and spread ideas.

The author uses names, dates and facts in order to record and authenticate events. These events are repeated and defined, from an Angolan viewpoint. The characters are here in the process of forming and finding their stolen identities.

Caninguili is always present when something important happens. Mostly he works while the discussions go on – we are told he likes to keep his opinions to himself. However, when the discussion on the pros and cons of an independent Angola takes place he at last speaks out, answering the criticism of the others about his fellow Africans:

> Como entendeis vós a independência? Como eu talvez, isto é, a desunião de Portugal, da nossa mãe-pátria. Para quê, para nos acolhermos em seguida a qualquer bandeira estrangeira? Não ficaremos pois independentes. A cerimónia que se fizer não será mais do que a mudança de papéis porque continuaremos a estar dependentes, se não de Portugal, da nação a cuja bandeira nos formos acolher. E não será melhor que continuemos a ser portugueses, e com bastante orgulho porque os nossos avós o foram, os nossos pais o são?
> Severino interrompeu-o:
> – Orgulho? Pois você tem orgulho em ter por tutor um país como Portugal? Que nada nos trouxe de bom, que nada fez para o desenvolvimento de Angola! Que apenas nos assegura a miséria, o embrutecimento, a fome, a morte enfim? É o orgulho do boi pela canga que o traz cativo!
> O jovem perturbou-se, concordou que nunca Angola se vira tão exausta de recursos:
> – É certo – prosseguiu voltado para Severino que são muitas e muito justas as queixas que temos contra o berço dos nossos pais. Todos nós as conhecemos e escusado será repeti-las. Porém, não tarda muito que a liberdade, a igualdade e a fraternidade sejam o dístico empunhado por nossos irmãos de além-mar. E a *Marselhesa* far-se-á ouvir entoada por centenas de vozes portuguesas na pátria de chorados heróis, e ecoará na nossa terra trazendo-nos um auspício feliz.
> Dizia isto emocionado, quase em lágrimas, o que levou Caninguili a levantar-se para lhe servir um copo de água. Severino não estava tão certo das certezas do outro:
> – Ainda que venha a república, Portugal não tem capacidade para desenvolver Angola. Melhor seria que nos vendessem à França, à Alemanha ou à Inglaterra como de resto o pretendem alguns senhores deputados.
> Vieira Dias interrompeu para se fazer eco de mujimbus segundo os quais estaria para breve a visita de uma delegação judaica a Angola:
> – Parece que estão interessados em comprar o planalto central para aí instalarem um Estado semita, o Estado de Israel! Caninguili riu-se. Afinal seria Angola a terra prometida?
> E dos judeus passaram para os bóeres, dos bóeres para as guerras no Bié e daí para essa estranha figura de mercenário negro que dava pelo nome de Tom, e cuja intervenção ao lado das tropas portuguesas fora já determinante no controlo das revoltas do Humbe e do Cubango.

... Vieira Dias citava uma a uma as célebres razias do guerreiro tswana, num entusiasmo que chocava Severino:
— Adolfo, esse homem é mercenário, um criminoso a soldo de alemães e portugueses. Ele é a arma que opera o massacre dos povos do interior.
   Carlos da Silva aproveitava a deixa para retomar a sua tese:
— Massacres, eu diria tragédias necessárias. E esse é outro dos motivos por que se torna vã a ideia de independência. Com que força nos oporíamos nós aos pretos do mato? Em pouco tempo eles desceriam sobre as nossas cidades. Bárbaros ferozes destruiriam um a um os triunfos da civilização que tão duramente temos vindo também a erguer aqui. Para contrariar a sua força — para os civilizar! — é necessário o apoio de alguém mais poderoso do que nós.
   Caninguili, que até então havia permanecido calado, tossiu a abrir caminho na conversa:
— O Carlos parece esquecer que a generalidade dos levantamentos tribais se devem sobretudo ao pernicioso comércio de álcool, a à brutal ganância dos colonos. Os povos do interior são, salvo raras excepções, gente de paz. A sua luta é no fundo também a nossa luta. Combatem para se libertarem da injustiça, da opressão, dos estrangeiros que lhes invadem as terras, lhes roubam os bens, lhes desrespeitam os costumes e lhes escravizam os irmãos. O falecido Arantes Braga muitas vezes me repetiu isto mesmo. Digo, como ele dizia, que vai sendo tempo de Angola despertar. (pp.63–6)

This is the first of a few long quotations which I think are essential for the understanding of the novels.
   Caninguili is speaking for his people, for all the Angolans who wanted independence. He is the author's mouthpiece for 'angolanidade'. It is important to define the concept of nationality and to assert the identity of the Angolans. They must repossess their land, their stolen identity, they must learn to value their culture and heritage.
   What happens in Portugal and Europe has a profound effect in Angola. The treaty of Berlin (1884), the ultimatum (1890), the beginnings of republicanism in Portugal and later the foundation of the first Republic (1910) are all felt by Luanda's society and are echoed in *A Conjura*. Royalists and republicans, Portuguese and Africans have heated arguments at the Fraternidade and try to find a solution to their plight.
   From the beginning of the novel Caninguili is paired with Alice (surely after Alice in Wonderland), a free spirit who has an empathy

with animals: 'Alice cresceu assim conversando mais com os bichos e com as coisas do que propriamente com as pessoas' (p.22).

He who is named after a bird (real and mythic), who is a freedom-giver and a protector of animals, marries Alice who does achieve freedom for them when she releases her father's birds after his death. Alice encourages and supports him through her love.

After the conspiracy fails, the colonial administration moves fast to punish the main participants who were caught. Paixão Franco, Severino de Souza and Cesar Augusto Ferreira and others are killed in different ways. The government does not even admit that there had been a conspiracy.

Although Caninguili did not take part in the plot, he felt responsible for its failure, for it was organized at his shop and he was one of the organizers:

> – Até a dignidade da morte lhes roubaram – murmurou para Alice –, e tudo por culpa minha . . .
> Repetiria isto mesmo uma semana depois quando Adolfo e Carmo Ferreira o foram visitar para que lhes dissesse o que haviam de fazer.
> – Foi Caninguili – confidenciara-lhes Severino poucas horas antes que se cumprisse o presságio de Maria da Anunciação – quem desde o primeiro dia planejou e construiu tudo. Foi ele que verdadeiramente edificou a Sociedade e só ele poderá ainda salvar o que nos resta. Depois da minha morte, que há-de acontecer ainda hoje, aconselhem-se com ele sobre os caminhos a seguir.
> Mas Caninguili não lhes quis apontar caminhos:
> – Outro dia – disse –, outro dia haveremos de falar.
> Naquela semana havia envelhecido anos. E só então Adolfo reparou que tinha os cabelos todos brancos e lhe tremiam as mãos e que a sua voz era insegura e quebradiça. Alice, por seu lado, parecia cada vez mais alheada das coisas deste mundo. Mas quando ambos se levantaram para os acompanharem à porta, a frágil senhora passou o braço pela cintura do marido e havia nesse gesto tanta ternura e tanta autoridade que Adolfo compreendeu que tudo podia ainda ser recomeçado. Porque o barbeiro tinha a sustentá-lo a maior força do mundo. (pp.181-2)

Caninguili has learnt a painful lesson. His is a journey from innocence and hope to suffering and despair. Nevertheless, despite the failure of the conspiracy, the novel ends on a hopeful note. With the help of his dear wife he can start again and perhaps one day the Angolans will be successful in their bid for independence. They have to try to do so for 'O homem deve ser útil à pátria que o viu nascer' (p.133). As we know, independence was only achieved, after a long fight, in 1975.

The word *conjurar* means not only to plot, but also to exorcize. This novel is both the story of a plot and an attempt to exorcize the evil spirit of colonialism in order to re-evaluate and repossess a few decades of colonial history and make it into Angolan history.

Nação Crioula

Agualusa returns to the nineteenth century with *Nação Crioula* (1997). This is a novel in letter form, in which the author uses the literary character Fradique Mendes, taken from Eça de Queiroz's *A Correspondência de Fradique Mendes* (1900). Fradique Mendes is a creation of Eça and his friends Antero de Quental and Ramalho Ortigão. Eça says that he met Fradique for the first time in Lisbon in 1867. He meets him again in Cairo in 1871 and in Paris in 1880, when they became friends and Fradique begins to write his famous letters, in particular to Madame de Jouarre.

In his introduction to the letters, Eça describes his friendship with Fradique and tells us why he admired him so much. His many qualities make him respected and loved by all that know him. Eça says of Fradique that 'a suprema qualidade intelectual de Fradique pareceu-me sempre ser – uma percepção extraordinária da realidade'.[5] It seems that Fradique 'transformava-se em cidadão das cidades que visitava' (p.67). His appeal to women was well known:

> Creio pois, que Fradique foi loucamente amado, e que o mereceu. As mulheres encontravam nele esse ser raro entre os homens – um homem. E para elas Fradique possuia esta superioridade inestimável quase única na nossa geração – uma alma extremamente sensível servida por um corpo extremamente forte. (p.90)

He was also very generous and used his wealth wisely, helping anybody who needed help: 'Nos últimos tempos preocupava-o sobretudo a miséria das classes – por sentir que nestas democracias industriais e materialistas furiosamente empenhadas na luta pelo pão egoísta, as almas cada dia se tornam mais secas e menos capazes de piedade' (p.93).

Eça makes him as wealthy, intelligent and talented as Carlos da

Maia, but morally a much superior being. Eça suggests to Fradique that he should write a book about Africa which he knew well. However, Fradique refuses to do so, explaining that

> Para quê? Não vi nada na África, que os outros não tivessem visto.
> E como eu lhe observasse que vira talvêz de um modo diferente e superior; que nem todos os dias um homem educado pela filosofia e saturado de erudição faz a travessia da África e que em ciência uma só verdade necessita mil experimentadores – Fradique quase se impacientou:
> – Não! Não tenho sobre a África nem sobre coisa alguma neste mundo, conclusões que por alterarem o curso do pensar contemporâneo valesse a pena registrar ... Só podia apresentar uma série de impressões, de paisagens. E então pior! Porque o verbo humano tal como o falamos, é ainda impotente para encarnar a menor impressão intelectual ou reproduzir a simples forma de um arbusto ... Eu não sei escrever! Ninguém sabe escrever! (p.105)

Nação Crioula, in a series of letters, tells the story of the supposed journey and sojourn in Angola by Fradique Mendes, accompanied by his Scottish valet, Smith. This is the journey to Africa that Eça did not write and that Agualusa is now using for literary purposes. The letters are written from Luanda, Paris, Lisbon and Brazil from 1868 to 1888, the year of Fradique's death in Paris. The last letter is written to Eça in 1900 (the year of Eça's death) by Ana Olímpia, Fradique's mistress, from Luanda. These letters are sent mainly to Madame de Jouarre (his godmother) as in the *Correspondência de Fradique Mendes* and to Eça de Queiroz. Fradique observes the society of Luanda and Benguela and comments on its paradoxes: at once, very similar and very different from Europe. The letters tell the story of Fradique's falling in love with Ana Olímpia and his subsequent love affair with her after her husband's death. Ana Olímpia married an old man, Nicolau Vaz de Caminha, a Brazilian born in Bahia, who decided to stay in Angola after the independence of Brazil (1822):

> Espírito excessivo e contraditório ouvi-o defender ao mesmo tempo e com igual fervor o escravismo e a revolução libertária. Proprietário de três navios negreiros não teve dúvidas quando se tratou de os baptizar: Liberdade, Igualdade, Fraternidade.
> Enquanto escravocrata fez grande fortuna, tornou-se muito respeitado no país.[6]

He gave Ana Olímpia, his former slave, a good education:

Victorino Vaz de Caminho preocupou-se em particular com a educação política, filosófica e literária da jovem esposa. Discutiu com ela Proudhon e Mikhail Aleksandrovich Bakunin e depois deu-lhe a ler em francês, o inevitável Hugo, o terrível Baudelaire, o genial Flaubert, o nosso velho e querido Gautier, o vasto e desordenado Balzac, e mesmo o intolerável Lamartine, os Taine, Goncourt e Michelet.
Acrescente-se que Ana Olímpia não discute apenas a evolução das espécies ou os últimos acontecimentos na Europa como se sempre tivesse vivido no centro do mundo – estuda com idêntico interesse o passado do seu próprio povo, recolhe lendas e provérbios de variadas nações de Angola e prepara mesmo um dicionário de português-quimbundu. (p.39)

After her husband's death she becomes a rich and powerful woman, owning many lands and slaves (like Alfredo Trony's widow Nga Muturi). She holds cultural evenings at her home:

Fui a algumas destas reuniões e admirei-me ao encontrar ali brancos, negros e baços, todos unidos no mesmo amor por Angola. Ana Olímpia recebe os seus convidados sentada numa alta cadeira de vime e rodeada pelas suas molecas, que a aliviam do calor sacudindo leves leques de sândalo, e em tudo a servem rápidas e graciosas.
A questão da escravatura é sempre motivo de exaltado debate nestes saraus, em que poucos defendem a continuidade do velho sistema e a larga maioria se bate pela abolição; entre estes contam-se muitos em cujas casas existe ainda numerosa escravaria, e quase todos são filhos de comerciantes implicados no tráfico negreiro. Ana Olímpia, por exemplo, vendeu após a morte do marido os três navios com que Victorino Vaz de Caminha fez fortuna, mas apenas alforriou os trabalhadores do campo. É justo reconhecer, porém, que os Luandenses são normalmente menos cruéis que os Portugueses. Assim, quando os seus escravos cometem algum erro grave Ana Olímpia prefere vendê-los a castigá-los, sendo esse, na verdade, o pior castigo que lhes podia reservar (pp.39, 40).

Slavery and its abolition is the central theme of *Nação Crioula*. Fradique has to take Ana Olímpia away after she was sold to the brutal slave-owner Gabriela Santamarinha by Jesuino, Vaz Caminha's brother, who with the collusion of the Portuguese authorities claimed that she was still a slave and therefore reclaimed his brother's inheritance. Fradique, Ana and Arcénio de Carpo (Filho) run away to Brazil in the slave ship, 'Nação Crioula', 'possivelmente o último navio negreiro da História' (p.65).

In Brazil, Fradique meets and becomes friends with two of

Brazil's greatest abolitionists: José do Patrocínio and Luís Gama. José do Patrocínio (1854–1903) was an academic, journalist and novelist. He wrote several novels, including *Os Retirantes* and *Pedro Espanhol*.

Luís Gama (1830–82) was a poet, who wrote satirical poems: *Primeiras Trovas Burlescas Getulino*. He was born a slave, but freed himself, becoming a famous lawyer and writer. Both José do Patrocínio and Luís Gama were eloquent and prestigious champions of abolition and with their help Fradique becomes involved in the fight against slavery.

Joaquim Nabuco (1849–1910), a politician, diplomat and writer who played an important role in the campaign against slavery, is also mentioned in Fradique's (fictitious) letters to Eça from Paris in 1887: 'E este princípio de legítima defesa, defendido por Nabuco, fez história, passando a ser evocado em julgamentos semelhantes. É porque acredito nele (ainda que não acredite em muito mais) que me juntei àqueles que combatem contra a escravatura' (p.123).

Fradique remains in Brazil for a while, where he buys a large estate, the 'Engenho Cajaíba'. In a letter to Eça he says:

> Decidi conceder carta de alforria a todos os trabalhadores do engenho, o que serviu de pretexto a uma alegre manifestação emancipadora, que trouxe a São Francisco do Conde algumas das maiores figuras do crescente movimento social contra a escravatura. Os trabalhadores optaram, na sua maioria, por permanecer ao meu serviço, pagando-lhes eu o mesmo que nas províncias do Sul se paga aos colonos europeus, e responsabilizando-me pela saúde de todos e a educação dos filhos. (p.95)

It is here that his daughter Sophia (named after Madame de Jouarre) is born in 1878:

> O nascimento de Sophia serviu de pretexto para uma grande festa que reuniu nesta casa algumas dezenas de pessoas. Vieram do Rio de Janeiro o jornalista José do Patrocínio, o advogado Luís Gama, o engenheiro André Rebouças, todos eles nomes importantes do movimento contra a escravatura; de uma cidadezinha aqui ao lado veio também um sábio bahiano, Manuel Querino, que julgo ser o primeiro historiador brasileiro a interessar-se pelo destino dos escravos neste país. Querino estuda há vários anos os rituais, as festas, as artes e a culinária dos negros. Ele acha que a originaldade do Brasil, ou seja, a sua nacionalidade, é resultado essencialmente da influência africana e da mestiçagem. (pp.127–8)

In all Agualusa's novels there is a lot of contact with Brazil. Some of the characters have to go to Brazil because they run into trouble in Luanda, and they think Angola should follow the example of Brazil, not only by becoming independent, but by having a mixed society.

Ana Olímpia follows Fradique in his fight for the abolition of slavery: 'Veja o caso da senhora Ana Olímpia, minha amiga, que sendo princesa por direito, foi escrava, e depois escravocrata, e é hoje uma das vozes mais autorizadas no combate à escravidão' (p.122).

Slavery should have been abolished by Portugal after 1842, following an agreement with Britain, but only in 1885 was abolition proclaimed officially, and the slave market, so profitable, continued for many years after this date.

In his final letter to Eça, who had asked him to write an article for his magazine *Revista de Portugal* on 'A Situação Actual de Portugal em África', Fradique explains his reasons for declining to do so:

> Receio, meu bom amigo, não ser do interesse de Portugal que o mundo conheça a presente situação das nossas colónias. Nós, Portugueses, estamos em África por esquecimento: esquecimento do nosso governo e esquecimento dos governos das grandes potências.
>
> O meu silêncio, portanto, é patriótico. Se permanecermos quietos e calados pode ser que o mundo, ignorando que não estamos no Congo, na Zambézia ou na Guiné, nos deixe continuar a não estar lá. (p.131)

The rest of his letter is a very strong condemnation of Portugal's colonial policy:

> O que é que nós colonizámos? O Brazil, dir-me-ás tu. Nem isso. Colonizámos o Brazil com os escravos que fomos buscar a África, fizemos filhos com eles, e depois o Brazil colonizou-se a si próprio. Ao longo de quatro demorados séculos construímos um império, vastíssimo, é certo, mas infelizmente imaginário. Para o tornar real será necessário muito mais do que a nossa consoladora fantasia de meridionais. A Inglaterra e a França nações cerebrais, materialistas, não compreendem, nunca hão-de compreender, a pura e sentimental abstracção que leva um povo inteiro a assegurar, percorrendo com a mão orgulhosa o mapa do mundo: é nosso! E é com a Inglaterra, com a França e com a Alemanha, e já não com a maternal Espanha, que hoje nos teremos de bater se quisermos colonizar a África.
>
> Para construir uma África portuguesa seria necessário que Portugal se fizesse africano.

Os nossos políticos gostam de dizer que estamos em África para civilizar os selvagens e propagar a mensagem de Cristo – tretas! ... Desgraçadamente Portugal espalha-se, não coloniza. (pp.133–4)

This is a question also discussed at length in *A Conjura*. In the last letter of the novel written by Ana Olímpia to Eça, she tells him about her life before and after Fradique Mendes's death and what he represented for her, sending him his letters to her. In Luanda nobody remembers Fradique Mendes any more. As she says, in Africa even 'A própria memória rapidamente se dissolve' (p.159).

As in *A Conjura* a piece of history is brought to life, and by fictionalizing it the author makes us understand how much harm slavery did to Africa and how bad the colonial policy of Portugal (or lack of it) was. Agualusa chose Fradique Mendes, an enlightened man, but still a man of his time. Nevertheless, through his careful observation of the situation in Angola he becomes aware of a burgeoning nationalism: 'e admirei-me ao encontrar ali brancos, negros e baços, todos unidos no mesmo amor por Angola' (p.39).

Estação das Chuvas

Estação das Chuvas (1996) follows the same pattern as *A Conjura*; it combines real people (writers and politicians) with fictional characters, historical events with invented situations. The novel focuses on the life of the Angolan poetess, Lídia do Carmo Ferreira, born in Chela in 1926, who disappeared in Luanda in 1992. Her life encapsulates almost all the twentieth-century history of Angola, pre- and post-independence. Particularly, it accompanies the progress of the MPLA movement, its foundation, development, war against Portugal and finally after independence, its government of Angola.

The first-person narrator, a journalist like the author, and an admirer of Lídia's poetry, tries to reconstruct her past and the reason for her disappearance. Their paths first meet in 1977 when he is around seventeen years old.

In an article on African literature in *Ser* (1996), Agualusa criticizes Pepetela and other Angolan writers, for either avoiding or not telling the entire truth about the years after independence:

Esta sensação de fuga à furiosa realidade de um passado próximo (o período de extrema repressão entre 1975 e 1982, em que Pepetela foi também poder – viceministro da educação) é mais evidente ainda em *A Geração da Utopia* (1992), livro de justificação e de branqueamento de toda uma classe dirigente. Pepetela parece ter-se esquecido de que 'a geração da utopia' de que fala colaborou activamente com a polícia política no esmagamento da oposição da esquerda, festejou em repetidos artigos na imprensa local os massacres que se seguiram aos acontecimentos de 27 de Maio de 1977 ... silenciou durante quase duas décadas os inúmeros crimes do regime.[7]

The novel concentrates on these events from 1977 onwards in which the narrator was directly involved. These events will be described from a different perspective (not that of the MPLA). Lídia do Carmo Ferreira is a very interesting creation of Agualusa. She seems so vivid and real that even though she is a fictitious character, some critics just assumed that she really existed and some people have even told Agualusa that they have met her. There is a good reason for this. The narrator says that he is trying to write Lídia's biography. The most important events of her life are all dated, and he even gives us extracts of her poetry. It must not be forgotten that Agualusa has published a book of poetry, *Coração dos Bosques* (1991). In order to reconstruct her life the narrator talks to her family and friends, consults her letters and work, and even interviews her.

In this novel, Agualusa uses several characters who appeared in *A Conjura*. These recurrent characters seem even more real because of this. Her family, the Carmo Ferreiras, play an important role in *A Conjura*.

Lídia is illegitimate, the daughter of Francisca (Dejanira and César Augusto Ferreira's daughter from *A Conjura*) and a priest. When she is two, now an orphan, she is taken by her grandfather Jacinto Carmo Ferreira to Luanda, where she is brought up by her grandparents and where she goes to school and makes friends with Viriato da Cruz, a poet and later a leader of the MPLA. Later she is sent to Lisbon to attend the university. It is there that she meets the future leaders of the MPLA and others who will become active in the movement. Most of them are writers. She also starts a lasting friendship with the poet Mário Pinto de Andrade, a founder of the MPLA. In an argument about *negritude* with him Lídia confesses that: 'Aquilo que eu escrevo não tem especialmente a ver com o mundo negro. Tem a ver com o meu mundo que é tanto negro quanto branco. E sobretudo é o meu mundo.'[8]

Mário de Andrade accuses her of lack of solidarity with her fellow African writers but Lídia is sure of her beliefs:

> No fundo, – disse – a verdade é que eu não me identifico com a negritude. Compreendo a negritude, estou solidária com os negros do mundo inteiro e gosto muito dos poemas de Senghor e dos contos de Diop, mas sinto que o nosso universo é outro. Tu, como eu ou Viriato da Cruz, todos nós pertencemos a uma outra África; àquela mesma África que habita também nas Antilhas, no Brazil, em Cabo Verde ou em São Tomé, uma mistura da África profunda e da velha Europa colonial. Pretender o contrário é uma fraude. (p.83)

These ideas will cause her much trouble later on with the leaders of the MPLA, and for a while her relationship with Mário de Andrade cools down. Partly because of this and partly because of her grandfather's death, she decides to go to Berlin. Here she continues her work on a thesis on 'A vida e a Obra de António Guilherme Amo, Filósofo Negro Africano' and meets a Brazilian painter with whom she begins a love affair. She will accompany him to Brazil and live in Olinda for a while. She returns to Europe in 1961, when Mário de Andrade asks her to come back and help them, since the war against Portugal has begun. She will work for the MPLA in Guinea and she remembers it as

> Naquele tempo éramos ainda uma meia dúzia de intelectuais sem malícia, gente de uma moral revolucionária a toda a prova. Isso era o MPLA. Lembro-me que uma vez Viriato foi à China em busca de apoios e regressou com os bolsos carregados de notas de vinte dólares. O dinheiro era distribuído com rigor pelas diversas comissões e nunca houve a esse respeito o mímimo problema. Os problemas começaram mais tarde quando o movimento se expandiu. Então alguns dos que eram anjos transformaram-se em demónios. E outros em galinhas. (pp.109–10)

Disagreements appeared between the MPLA leaders and members during the war for independence and Lídia later on abandons politics and concentrates mainly on her work till 1975, when she returns to Luanda. The narrator's personal experience of the next few years (1977–80) is mingled with Lídia's life. These are the years for which the author wishes to set the record straight.

The action moves to Luanda and the Civil War is raging. A group of the narrator's friends (all young) become disillusioned with the MPLA and decide to start a new left-wing party:

> Foi ela [Lay, the narrator's girlfriend] quem me aliciou para o que viria a ser a OCA: 'O MPLA traiu o povo', discursava, 'e está de tal forma vendido, à burguesia e ao imperialismo internacional que nem adianta tentar modificá-lo por dentro. A única solução é criar um movimento popular alternativo, um movimento que não tenha vergonha de se chamar comunista. (pp.189-90)

They are all imprisoned by the government and it is while in prison that the narrator sees Lídia also being imprisoned:

> Tínhamos visto Lídia entrar arrastada por Santiago. Para mim aquele foi o momento da verdade, o instante irreparável em que pela primeira vez me ocorreu o veneno da dúvida. Eu sabia quem era Lídia (historiadora e poetisa, fundadora do MPLA, intelectual respeitada na Europa, etc. etc.). Também sabia que ela estava próxima da Revolta Activa. Mas presa? 'Não pode ser!', murmurei, 'afinal é para isto que serve a independência?!' (p.189)

The narrator and his friends Paulete, Lay, Samy Joãoquinzinho and Zorro are interrogated while in prison, some are tortured, all are abused and degraded. One of the policeman, a Portuguese, Monte says: 'Lá em cima deram-nos carta branca. Vamos acabar com vocês, com todos. Seja fraccionistas, esquerdistas, racistas, tribalistas. Todos!' (p.226).

The narrator talks, but not so Zorro, who is very badly beaten up and is maimed for life.

Lídia was never tortured, but she was also interrogated by Monte and she tells the narrator in an interview in 1990, that they talked a lot about literature:

> O Monte dizia que o futuro da literatura angolana passava pela recriação da língua portuguesa, como fazia o Luandimo Vieira. Eu achava que sim, que era um dos caminhos. Mas também achava (continuo a achar) que o Luandino criou aquele estilo para escapar ao estigma da raça. Ele nasceu branco e português e queria ser angolano. Mudar de raça não podia, mas podia mudar a raça à língua. Foi o que fez. (p.238)

Nevertheless they survive. The narrator stresses that: 'Apesar de tudo tivemos sorte. Nós, os do Processo OCA. Com a gente de Nito Alves [another left-wing group] não houve piedade. Morreram aos milhares' (p.231).

They put to good use their time in prison. The narrator begins to teach some of the other prisoners Angolan literature, helped by Lídia, who sends him essays and books on *negritude*, German and

Brazilian literature as well as African literature. They invent their own news and since they do not know what is going on around the world, anything can be true.

In *A Conjura* and *Nação Crioula*, some of the characters are able to exchange ideas in Fraternidade and in Ana Olímpia's salon, but in *Estação das Chuvas*, it seems that it is only in prison that the narrator and his friends can do so.

In 1979 Lídia is sent away from Angola: 'Oficialmente ia em tratamento, pois sofria de uma úlcera no estômago' (p.246), but the real reason is that the government wants to get rid of her. She goes back to Lisbon where she begins to teach African history at Lisbon University.

After the OCA group is released, some members stay in Angola, Lay commits suicide and the narrator decides to go to Portugal. In 1980 his grandmother tells him to go away to Lisbon and join his parents. She says to him: 'Vai-te embora menino. Este país não tem destino' (p.254).

He returns briefly to Angola in 1988, and then in 1992 he is sent by a Portuguese national newspaper as a journalist to cover the first elections in Angola since independence. It seems that the MPLA and Unita have come to an agreement to end the civil war and have free elections. At last the civil war may have come to an end. This hope is short-lived.

Lídia is back in Luanda and the narrator meets her again. Luanda is in chaos, there is a lot of fighting in the streets, many die:

> Lídia não queria ver televisão. Durante aqueles três dias fechou-se no quarto a escrever. Mais tarde li o que escreveu. Coisas terríveis. Quando os tiros pararam saí com ela. Fomos a pé até à ponta da ilha, fingindo que não víamos a cidade arruinada pelos últimos confrontos. A loucura rondava em torno, estendia para nós as suas compridas patas de aranha. O cheiro fez-me lembrar o 28 de Maio. A mesma fúria, a mesma vertigem. Concentrava-se nas esquinas, rastejava pelo chão, subia-nos pelas pernas, pelo corpo.
>
> Na praia não estava ninguém. Sentámo-nos na areia e ficámos a olhar os destroços que a maré tinha trazido. Lídia disse: 'O caos é prodigioso!'. Disse: 'Há anos que não chove!'. Era verdade. Há vários anos que não chovia na cidade. Ao cacimbo sucedia-se uma luz mais branca. Às vezes o céu ficava escuro e o mar crescia ansioso na baía, mas as nuvens passavam e não chovia nunca. A praia estava cheia de pequenos monstros mortos. Os caranguejos tinham morrido todos dentro das suas armaduras transparentes. Peixes brancos olhavam para nós com

grandes olhos de água. Lídia agarrou-me a mão: 'Que país é este?'. Ao longe ainda se ouviam tiros.
Eu queria tirá-la daquele estado:
– A esperança é como um fogo que dorme – disse-lhe, citando um poema dela. – Sufocam-no e julgam que está morto, mas apenas dorme.
Lídia nem sequer sorriu:
Agora sei mais do que nessa altura, – disse – agora sei que acontece exactamente o mesmo com o desespero.
Levou a mão aos cabelos e prendeu-os com uma fita:
– Não me leves muito a sério. O coração dos velhos é um mineral amargo.
O lançamento do seu último livro, *Um Vasto Silêncio*, estava marcado para dali a uma semana. Perguntei-lhe se a data se mantinha. Lídia fez um gesto vago. Ficámos um longo tempo a ouvir o mar. Depois eu levantei-me e fui-me embora. (pp.265-6)

After this meeting she disappears, never to be seen again. The narrator also meets his old friends Zorro and Joãoquinzinho. The first is still hopeful and believes that all people are going to vote against the war. Not so Joãoquinzinho:

Joãoquinzinho fez um gesto largo, mostrando a casa, com as paredes comidas pelas balas. A cidade apodrecendo sem remédio. Os prédios com as entranhas devastadas. Os cães a comer os mortos. Os homens a comer os cães e os excrementos dos cães. Os loucos com o corpo coberto de alcatrão. Os mutilados de olhar perdido. Os soldados em pânico no meio dos escombros. E mais além as aldeias desertas, as lavras calcinadas, as turvas multidões de foragidos. E ainda mais além a natureza transtornada, o fogo devorando os horizontes.
Disse:
– Este país morreu! (p.279)

This is a very pessimistic ending to the novel, but given the circumstances it could hardly be otherwise. It is true that, in a civil war, all factions commit atrocities and make terrible mistakes. This is also true of Angola. However, where the novel is controversial is in its depiction of the brutal repression of the smaller left-wing parties by the MPLA. The narrator shows also the alienation of some of the real founders of the MPLA (such as Viriato da Cruz who died alone in China and, even at one time, Mário de Andrade). This is also Lídia's fate and probably the main factor in her disappearance. This is a terrible indictment of what the MPLA became once in power.

Agualusa uses the history of the distant and more recent past for creative purposes. In his novels he combines a historical and mythical vision of Angola and his people. Both are used in order to reclaim history and a national identity.

Notes

[1] José Eduardo Agualusa, *A Conjura* (Lisbon: Editorial Caminho, 1989), 116.
[2] Luandino Vieira, *A Vida Verdadeira de Domingos Xavier* (Lisbon: Edições 70, 1970), 37.
[3] Carlos Ervedosa, *Roteiro da Literatura Angolana* (Luanda: União dos Escritores Angolanos, s.d.), 41.
[4] Manuel Ferreira, *Literaturas Africanas de Expressão Portuguesa* (Lisbon: Biblioteca Breve, 1997), I, 21.
[5] Eça de Queiroz, *A Correspondência de Fradique Mendes* (Lisbon: Livros do Brasil, 1900), 69.
[6] José Eduardo Agualusa, *Nação Crioula* (Lisbon: TB Guia Editora, 1997), 37.
[7] *Ler-literaturas de África* (Lisbon: Círculo de leitores, verão, 1996, no. 35), 43.
[8] José Eduardo Agualusa, *Estação das Chuvas* (Lisbon: Publicações Dom Quixote, 1996), 82.

BRAZIL

10
The Reception of Graciliano Ramos's *Vidas Secas* outside Brazil
CLIVE WILLIS

The analysis that follows was originally inspired by the Jaussian study made by Henry Sullivan on the reception of the theatre of Calderón in Germany and the Netherlands.[1] This chapter seeks to offer a comprehensive, if not exhaustive, overview of the reception of the novel *Vidas Secas* outside Brazil – that is to say, of the reaction of a foreign readership, represented, as one might expect, by critics and commentators, the majority of whom are academics.

In Graciliano's remarkable novel we have a firmly canonical text. In the view of Hans Robert Jauss canonicity must derive from reader reaction and not be based on blinkered, unreflecting dogmatism. If a generation of readers rejects a given text then its canonicity must lapse as well.[2] But at least until now there appears to have been no such rejection of *Vidas Secas*. Indeed, in first degree programmes there appear to be three supremely canonical Brazilian texts: *Dom Casmurro* of Machado de Assis, *O Pagador de Promessas* of Dias Gomes, and *Vidas Secas*. This applies in universities in Europe, in the United States and in Africa.

The first foreign commentator to devote himself closely to *Vidas Secas* was the American Fred Ellison; apart from his study in *Brazil's New Novel*, which appeared in 1954, a graduate student of his, Benjamin Woodbridge, completed a doctoral thesis on Graciliano in that same year.[3] Graciliano Ramos was at last launched on a foreign readership, sixteen years after the publication of *Vidas Secas* in 1938. But perhaps the most significant literary breakthrough was to come in 1963, when Ralph Dimmick's English translation, two years ahead of the public edition, won the much-sought-after prize of the William Faulkner Foundation in Philadelphia.[4] There followed further translations into some fifteen other languages. But the identification of Graciliano with a novelist of Faulkner's calibre was only the first mighty surge forward in the projection of *Vidas Secas* outside Brazil. The film version, directed by Nelson Pereira dos Santos, which was in large measure faithful to the text, and which had first been screened in Rio de Janeiro in August 1963, went to the seventeenth Cannes Film Festival in May of the following year. A strong but unsuccessful candidate for the Golden Palm award, the Brazilian film nevertheless beat all previous records in the awarding of unofficial prizes, receiving: the Art Cinema Prize (awarded by the International Jury of Owners of Art Cinemas); the prize for the Best Film for Young People (given by the jury of secondary and university students, composed of representatives of the International Federation of Films for Young People); and the OCIC Prize (awarded by the Office Catholique de Cinéma, France). Moving on to the Edinburgh Film Festival the film also collected the Diploma of Merit at that gathering. Indeed, it was undoubtedly a consequence of seeing the film that led Giovanni Ricciardi to stress the novel's cinematographic aspects, whilst Ashley Brown declared that the 'camera angles' used by Nelson Pereira dos Santos had already been clearly established by Graciliano.[5] This viewpoint was corroborated when the film director admitted that his job 'foi fácil . . . o narrador passa a ser a própria câmera.'[6]

But, in the main, foreign commentators have concentrated, as is only appropriate, on the text of the novel itself. For several of them *Vidas Secas* is Graciliano's masterpiece; Ellison and Russell Hamilton coincide in praising the chapter on the dog Baleia as one of the most moving scenes of the whole of Brazilian literature.[7] Richard Mazzara views this novel as an 'allegory of life in the sertão, with Fabiano and his family as Everyman'.[8] Ashley Brown, returning to the link with Faulkner, considers *Vidas Secas* to be comparable to the latter's masterly *As I Lay Dying*, especially in its presentation of an inarticulate family similar to the Bundrens and therefore superior to John Steinbeck's 'patronizing' attempts in *The Grapes of Wrath*.[9] One can only share John Parker's unhesitating verdict that *Vidas Secas* is a 'rare masterpiece'.[10] Virtually all foreign commentators seem to agree in stressing the economy and aridity of the style of *Vidas Secas*, an economy which corresponds, in Anatol Rosenfeld's view, to the parched landscape of the *caatinga*.[11] One might add, furthermore, that it also corresponds to the arid desert that is Fabiano's mind, though through no fault on his part.

Dimmick was the first to record the remarkable dearth of descriptive adjectives and adverbs in this novel, a characteristic that Luciana Stegagno Picchio qualifies as 'machadiano'.[12] Indeed, those critics who have highlighted the influence on Graciliano's technique of Flaubert or Eça de Queiroz would have to admit that in this respect at least that impact is absolutely nil. The British commentator Dorothy Atkinson, in her analysis of the adjectives employed in the text, confirms the 'impression of aridity ... of life reduced to its barest essentials'.[13] She particularly notes that only four colours occur with any frequency, namely yellow, blue (the sky and Fabiano's eyes), red and white; apart from these the most prominent adjectives are *velho*, *morto*, *seco*, *duro*, *coitado* and *medonho*, statistics that require no further comment. Ricciardi, in his examination of the use in the novel of the laconic noun phrase, concludes that the fatalism of the narrative is enhanced by such 'adjetivos, categóricos, necessitantes, impiedosos'.

Both Ricciardi and Hamilton emphasize the economy and mimimalism of the physical portraits of the characters, and when the Italian critic informs us that Graciliano 'encara as personagens de maneira visível, cinematográfica', it is clear that he is referring to their movements and not to their physical attributes, for Graciliano deliberately left these vague and anonymous. 'O estilo seco, árido, essencial' was chosen in order to 'denunciar uma situação desesperadora'.[14]

With regard to the description of Fabiano's milieu, of nature and of the *sertão*, Aaron Lawton is keen to urge that the economy of style denotes this natural world as 'une force agissante et maligne', a world that is not simply an object but a participating subject.[15]

Nevertheless, Fernando Cristóvão reminds us that in *Vidas Secas* there is 'uma fuga persistente ao documental' and utterly rejects the view of the Brazilian critic Olívio Montenegro, according to whom Graciliano's *paisagismo* is 'incomparável'.[16] The Portuguese scholar plays his trump card when he quotes Graciliano's own words, delivered in an interview in *A Gazeta* of São Paulo (15 March 1938): 'não me preocupo em pintar o meio', as well as in *Memórias do Cárcere*: 'não gosto de andar, nunca vejo a paisagem'.[17]

Not only Cristóvão but also Mazzara indicate that there are moments in which kaleidoscopic and impressionistic details produce a highlighted account of Fabiano's mental processes. Both scholars coincide in referring to the famous passage in the chapter entitled

'Cadeia' as night draws in on the local, unnamed township (calqued on Palmeira dos Índios) and on the lonely figure of Fabiano. (The passage begins with the words 'A feira se desmanchava' and concludes with 'Sinhá Rita louceira retirou-se'.)[18] According to the Portuguese critic the impressionism recalls the work of a Monet or a Cézanne, leaving the rest 'aos olhos e à imaginação do leitor'.[19] It is pertinent here to add that the equally choreographic descriptions of the Goncourt brothers need to be borne in mind; as novelists contemporaneous with the Impressionists in the 1870s they too had probably been studied by Graciliano; certainly Flaubert was not the only French novelist whose work was influential in Brazil at the time of Graciliano's formation. However, whether our referents are characters or landscape or the sky, it is Jean Roche who effectively summarizes everything when he demonstrates that it is via the dominant features of parataxis and asyndeton that the reader perforce is confronted with a 'réfraction d'une réalité dans le prisme du style'.[20]

It appears undeniable that much of the attraction exerted by *Vidas Secas* derives from four essential features: psychological portrayal, the resort to the free indirect style, the role of the author and, beyond that, the role of the narrator (in sharp contrast with that of the author). All commentators seem to agree that the human and psychological aspect is central, for all that the analysis is not particularly profound, in the sense that none of the characters, Baleia included, are anything other than elementary figures. There is no complex psychological probing, for the plain reason that the thought processes are primitive and instinctive. Dimmick even goes so far as to reject the term 'analysis' in such cases and circumstances.[21] To a certain extent, however, Erilde Melillo Reali and David Goldin place strong emphasis on the great debate that takes place inside Fabiano's head throughout the novel and particularly in the ennobling inner struggle experienced by the *vaqueiro* in the chapter entitled 'O soldado amarelo', for all that that struggle is not profound in the conventional sense of the term.[22]

There is nevertheless a difference of opinion in respect of Graciliano's attitude towards his own creatures. In the view of Dimmick and Cristóvão, Graciliano is cold, indifferent, lacking in compassion: 'não tem pena delas', though there is 'uma certa compaixão pela cachorra'. By way of contrast, Feldmann, Hamilton, Mazzara and Ricciardi all stress the 'profundo sentimento humano' of *Vidas Secas*, the 'unprecedented sympathy' of Graciliano; according to these analysts this sympathy succeeds in transcending the somewhat superficial objectivity of the narrative.[23]

Graciliano's own point of departure in terms of his intentions is clear from his own statements: 'o que me interessa é o homem daquela região aspérrima ... Procurei auscultar a alma do ser rude que mora na zona mais recuada do sertão ... Foi essa pesquisa psicológica que procurei fazer' (*A Gazeta*, 15 March 1938). Moreover, 'Fabiano ... e outras personagens são no fundo frações psicológicas de mim mesmo.'[24] Cristóvão is dexterous in solving the problem, arguing that Graciliano has no compassion for Fabiano and family precisely because 'nelas se projeta a si próprio, e mantém suficiente energia para não se apiedar de si mesmo. Contudo, consegue despertar nos leitores piedade para com os seus personagens.'[25] In this regard the readers have 'progressive' work of their own to do, as Jauss would argue; and the consequent Jaussian social and moral benefits are transparent.[26]

It is supremely obvious that it is through his use of the free indirect style that Graciliano succeeds in arousing the reader's sympathy and it is undoubtedly this tactic that has, more than any other, produced the 'labyrinth of critical opinions' about the text.[27] It has been estimated that the free indirect style constitutes some 25 per cent of *Vidas Secas*, although this percentage appears to be based on random sampling.[28] The first problem that has to be confronted, however, is whether the reader can accept a level of language, however simple that might be, that could be argued to be beyond the capacity of Fabiano and family to understand, let alone to utter. For Feldmann, the free indirect style 'aproxima-se no vocabulário e na sintaxe do mundo primitivo' of Fabiano and his family; Atkinson adds that the readership is prepared to accept the manœuvre of approximation, on the grounds that 'thought is less definitive than speech' and that we are left 'without any feeling of incongruity'.[29] Nevertheless, she takes the view that Fabiano would be incapable of comparing himself to a 'judeu errante' and considers that in 'O soldado amarelo' some of the references in that chapter to its eponymous subject lie completely beyond Fabiano's range: epithets such as *uma fraqueza fardada*, *aquela tremura* and *aquela amarelidão* are more typical of Eça de Queiroz than of the mental capacity of a *sertanejo*.[30] One might add that the triple usage of the verb *inutilizar-se* in the same sequence as that of *uma fraqueza fardada* could produce parallel reactions.

But, quite apart from the linguistic register of the free indirect style of *Vidas Secas*, there have arisen queries about the level of the thought processes, the capacity of Fabiano to reason from cause to effect. Quoting from the work on Graciliano of the Brazilian scholar Morel Pinto, Frederick Williams echoes his queries concerning Fabiano's reasoning capability – for example when he spares the life of the 'yellow' soldier on the grounds that the real culprits were those who gave the soldier his orders and shaped his wretched existence.[31] Once again Cristóvão comes to the rescue, declaring that 'o poder demiúrgico do narrador' raises the characters above and beyond their 'mecanismos pré-lógicos'; once again he attacks the distinguished Brazilian critic Montenegro, maintaining that the narrator may take this approach on the grounds of the very 'convencionalismos da ficção'; for the Portuguese scholar, Montenegro 'padece de demasiado verismo'.[32] Nevertheless, we might add that there exists in all things a golden mean, Horace's 'aurea mediocritas', and that it is still valid to enquire whether at times there is an elegance of thought and expression in the text that exceeds the bounds of the 'convencionalismos da ficção'.

The gradual development of narratology over the last four decades has forced critics to scrutinize more closely the sundry layers of discourse. In particular the American scholar Wayne C. Booth has taught us to distinguish between the 'real author' (the individual who forwards his text to the publisher), the 'implied (or implicit) author' (the one whose voice is 'heard' in a narrative written in the third person) and the 'dramatized narrator' (the one whose voice is 'heard' in a text written in the first person); in the case of the free indirect style there exists a 'hidden (or disguised) narrator', whose role is somewhat different from that of the 'implied author' of narrative and descriptive sequences; what we have in the free indirect style is quite plainly 'uma espécie de compromisso entre a terceira e a primeira pessoa gramaticais'.[33] Not all the foreign scholars, it should be said, observe (or trouble to heed) Booth's categories and employ the term 'narrator' in a vaguer way, either to designate the 'implied author' or to refer to the 'hidden narrator'.

With regard to the 'implied author', Melillo Reali indicates that the objectivity of that 'author' in *Vidas Secas* is partly attenuated by the choice, in the course of the narrative, of certain epithets and adjectives of an emotive nature, as for instance *os infelizes*, *miudinhos*, *pernas finas* and so forth, and in some respects recalls the remarks of Morel Pinto on the affective use of diminutive suffixes in the narrative.[34]

In respect of the 'hidden narrator' of the free indirect style, four of the foreign commentators call our attention to the self-identification of this narrator with the characters: I refer to Ellison, Melillo Reali, Williams and Alvès.[35] In certain measure this factor constitutes a further attenuation of the objectivity of the text. To Alvès, the narrator of the free indirect style functions more or less as a theatrical prompter, giving the 'impression de complicité, de communion entre le narrateur et le personnage, complicité qui entraîne celle du lecteur', a form of reader involvement no doubt pleasing to Jauss.[36] At times, for Cristóvão, the observations seem more to indicate the opinions of the narrator than those of the character;[37] he quotes, for example, the following sentence from the chapter 'Cadeia': 'Havia engano, provavelmente o amarelo o confundira com outro.' On the other hand, one could add that in the free indirect style there exist certain questions that do not appear to belong to any kind of narrator whatsoever but which are shared between the character and the reader, as for instance, again from 'Cadeia', the utterance 'Estava preso por isso?' In this way the reader becomes not just an accomplice, a confidant, but also a kind of colleague in the formation of the discourse, a procedure which would certainly appeal to Jauss, and probably even more to Wolfgang Iser.[38]

My concluding observation concerning the free indirect style focuses on the last two sentences of the text of *Vidas Secas*: 'E o sertão continuaria a mandar gente para lá. O sertão mandaria para a cidade homens fortes, brutos, como Fabiano, Sinhá Vitória e os dois meninos.' According to Dimmick, here speaks the voice of Graciliano, whereas, for Melillo Reali and Cristóvâo, we have an ambiguous situation in which the reader has to choose between Graciliano Ramos and the hypothetical 'hidden narrator'; but, if we opt for Graciliano, do we mean the real Graciliano, the 'real author', or his alter ego the 'implied author'? Here again is more work and reflection for the reader, in the best Jaussian manner.

When, in 1938, the Brazilian critic Rubem Braga reviewed the first edition of *Vidas Secas*, he noted the episodic nature of the chapters and their apparently loose sequencing, and concluded that here was a case of a 'romance desmontável'.[39] For certain commentators, both Brazilian and foreign, this opinion meant that it is possible to shuffle the chapters into any order.

It is, of course, a recognized fact that Graciliano began by writing the chapter 'Baleia' as a short story. Living in a boarding house in Catete, in the Flamengo district of Rio de Janeiro, after his release from prison, Graciliano needed ready money to keep body and soul together. The result was that in the first instance all the chapters were published in 1937 in various magazines, in both Brazil and Argentina, as if they were mere short stories and in an apparently fortuitous order; later, after a few very minor, indeed insignificant, retouches, these stories or episodes were published as a single book or novel.[40]

For Ellison the chapters succeed one another without any clear linkage: they are 'disconnected scenes', each chapter having 'its own unity, its own near-independence'.[41] We note, however, the caution in the prefix 'near'. Feldmann, on the other hand, is far bolder: 'sem prejuízo de sentido poder-se-ia alterar a ordem de vários capítulos'; indeed, Rui Mourão, the Brazilian scholar, goes even further in declaring that it is possible to shuffle 'a maioria dos capítulos sem prejuízo para a narrativa'.[42]

Nowadays, however, the dominant and prevailing view is that expressed by Melillo Reali and Cristóvão, according to both of whom it is possible to alter the order of only three or four of the thirteen chapters at the very most. My own analysis of the situation is as follows and takes a simpler line than the at times complex reasoning of these Italian and Portuguese scholars. First of all, it is clear that chapter 1 ('Mudança') describes the arrival of the family, including the female dog Baleia, at the shack that will be their latest home. In the last chapter ('Fuga') the family, minus the now dead Baleia, abandons the shack to move on again. In these two chapters we have an a priori beginning and end, for all that the process may be construed as cyclical. It is obvious that, chronologically speaking, chapter 2 ('Fabiano'), which is devoted to a close-up presentation of the central human character once he is installed in his shack, must irremediably follow chapter 1. The death of the dog has to occupy chapter 9 ('Baleia') on the clear grounds that she is alive in the previous eight and mentioned as dead in chapters 10, 12 and 13. Sinhá Vitória and the two boys are individually presented in chapters 4, 5 and 6 respectively and clearly it would be possible to rejig the order of these three chapters. It is even possible to argue that chapter 3 ('Cadeia') could follow this trio. Without any shadow of doubt chapters 8 ('Festa') and 10 ('Contas') are bound to occupy slots later than the second and third chapters, simply because of their retrospective references to earlier events. It would be feasible to invert the order of chapters 7 and 8 ('Inverno' and 'Festa') and perhaps the sequence of chapters 10 and 11 ('Contas' and 'O soldado amarelo'). Chapter 11 is by definition posterior to the chapters entitled 'Cadeia' and 'Festa', for the very reason that at last Fabiano gets his opportunity to avenge himself for the earlier humiliations at the soldier's hands. Last of all, the arrival of the drought in the twelfth chapter ('O mundo coberto de penas') precipitates the flight of the final chapter. That really is all that needs to be said against the arguments for a 'romance desmontável'. On the other hand, the Canadian scholar David Jordan has recently gone to the other extreme, somewhat over-egging the pudding, by taking the line that Graciliano (deliberately?) produced a novel in which the thirteen chapters 'can be seen as a concentric series of six frames, at the centre of which is chapter 7, which describes the family gathered around their fire as the river swells under the downpour'.[43] Certainly any revision of the limitations on order that I have outlined would only be feasible after careful recasting of the text and a number of excisions, especially from the passages of free indirect style, a procedure that would risk damage to one of the great novels of Brazilian literature. Shuffling the episodes of *Vidas Secas* would rest on a totally unacceptable theory.

One of the most keenly debated topics is the supposed objectivity of Graciliano in writing *Vidas Secas*, in particular when related to the alleged sociopolitical aspects of the work. We begin with the words of Ellison, for whom *Vidas Secas* 'reveals more about life in the *sertão* than several thousand pages of sociological treatises could reveal'.[44] However hyperbolic that statement may be, it appears to be obvious that for several commentators, namely Goldin, Hamilton, Parker, Ricciardi and Williams, there is indeed an element of social protest, but that that is a more or less hidden or suppressed aspect of the work. They stress that the sociological reality is subordinated to the psychological probings and to the literary aspects of the text. For Parker the novel is 'almost a socio-political tract, but in which literary values are always uppermost'.[45] Nearly all those who have examined the question seem to agree that *Vidas Secas* does not constitute political propaganda, that it is in no way pamphleteering, seeing that the text offers no alternatives, proposes no reforms and no programme for the future, and above all gives no voice to any kind of ideological utterance. Fabiano himself is no revolutionary. The only figure to harbour the occasional 'sentimentos revolucionários' is the dog.

Despite all this, Feldmann considers that Fabiano functions as a 'portador de íntimos desígnios' on behalf of Graciliano, that '*Vidas Secas* é uma denúncia violenta' against injustices committed by those in authority over the *sertão* and that there is a strong 'cunho socialista' in this novel, particularly in the chapter entitled 'Contas', when Fabiano knows that he is being swindled; nevertheless, for Feldmann the socialism resides in Graciliano's head, not in Fabiano's.[46]

Hamilton appears to go further than Feldmann: for him the idea of righting the wrongs committed by authorities who allowed such as the 'yellow' soldier to ill-treat 'criaturas inofensivas' ('Cadeia') exists not solely in Graciliano's mind but also in that of Fabiano. But in the end it is a social rather than a political protest.[47]

In Williams's view, in *Vidas Secas* Graciliano 'satiriza, critica, ataca las actitudes predominantes, las condiciones prácticas que afectan al campesino mestizo del interior', but Williams stresses that the objective is solely literary, 'no la propaganda'.[48] For Giovanni Ricciardi, Graciliano views Fabiano and family 'com simpatia', but the author had only recently left prison, 'com o corpo e o espírito ainda chocados' and would be in no mood to risk writing political propaganda in 1937 and 1938, even if deep down he wanted to.[49] In fact, Graciliano would be walking a tightrope to avoid giving direct vent to any sense of moral and emotional outrage.

Lawton and Alvès both draw attention to the veiled Marxism of other of Graciliano's works, though one feels bound to urge that Graciliano's Marxism was *sui generis*. They stress the distant optimism of that political philosophy; yet Lawton finds no such optimism in *Vidas Secas* and for Alvès the family's hopes and dreams have little political force.

To sum up the question of Graciliano's concern for his creatures, it would seem appropriate for us to affirm that the commentators agree in finding a more or less disguised current of social protest running through *Vidas Secas*; yet that current contains little or no element of propaganda. But in the final analysis the alleged objectivity of Graciliano would appear to be somewhat relative.

In *Vidas Secas* there is a spectrum or continuum along which the characters occupy divers positions according to the perception of the author (real or implied), of the narrator, of the characters themselves and, naturally, of the reader. I refer to the dichotomies beast/man and man/hero. In respect of the first of these, Graciliano, as real author, emphasized the analogy when referring, in various interviews and letters, to the 'animais bípedes' of the work and in acknowledging that in *Vidas Secas* 'os meus personagens são quase selvagens'. Hamilton and Alvès both draw attention to the well-known similes of the text in which Fabiano compares himself to a rat, to an armadillo and to a monkey. Lawton reminds us of Fabiano's poor ability at quantifying the passage of time and of the fact that he does not even know how old he is, adding that in this novel 'homme et bête se caractérisent par la même incapacité de se représenter le futur'.[50] Yet one could urge that both Fabiano and Baleia on occasion show themselves capable of dreaming of the future. At times they both elevate themselves by a process, mentioned by Cristóvão, in which the metaphor beast/man can shift in either direction. For Fabiano, Baleia 'é sabida como gente'. Cristóvão even argues that 'Fabiano, Sinhá Vitória e os meninos pensam mais por associações que por deduções',[51] a viewpoint that, as we shall see, is contested by Melillo Reali.

The analogy or metaphor or simile (as appropriate) is of course supported, as several foreign commentators have indicated, by the ambiguity of the words *cabra* and *bicho*. The latter word gave Dimmick great difficulty in his translation into English, simply because *bicho* not only means 'beast' or 'animal', but also 'shrewd individual'. Though in the second chapter Fabiano rejects, for the time being, the idea that he is a man ('Você é um bicho, Fabiano'), to be a *bicho* 'para ele era motivo de orgulho. Sim senhor, um bicho capaz de vencer dificuldades.' It may well be that here, as Lawton says, Fabiano 'prend conscience de sa situation d'homme animalisé' but at the same time, as Parker urges, Fabiano 'in his own world ... is in control'; his *patrão* is absent and the 'yellow' soldier, when astray in that world, becomes a pathetic figure.[52]

Lawton stresses Graciliano's words from *Memórias do Cárcere* to indicate what for him was 'a degradação irremediável', namely being beaten up in jail: 'aquilo é estigma indelével, tatuagem na alma' and Fabiano suffers it. It is the treatment that a dog might receive and it is for that reason that Fabiano behaves submissively on meeting the 'yellow' soldier, lost in the *sertão*. But in the view of Alvès, Dimmick, Feldmann, Goldin, Hamilton, Melillo Reali and

Parker, *Vidas Secas* presents to us the struggle of an individual to establish his dignity and self-respect and in some measure Fabiano triumphs in that struggle. He justifies himself as a man, though, as Alvès adds, he is still doomed to fight against the metaphysical ill that is the human predicament.

Fabiano's encounter with the soldier in the *sertão* is for several commentators the high point of Fabiano's self-definition as a man. 'Era um homem evidentemente.' His triumph sits four-square on his realization that he is in a position to kill the soldier, and with impunity, and on his decision to spare his life. In the view of these critics, Fabiano battles with vengeful urges but comes to acknowledge the futility of violence. As readers, and herein lies the Jaussian moral benefit, we do well to recall the old adage according to which the greatest revenge of all is the reprisal that we can take with ease but which we triumph by rejecting.

But it is important to acknowledge that certain readers, namely Cristóvão, Feldmann, Lawton and Williams, see the *vaqueiro*'s apparent magnanimity as the act of a coward, of a weakling, of an individual as submissive as the dog Baleia, who does not dare bite Fabiano, even at the moment when she is shot. 'Não era homem, não era nada. Agüentava zinco no lombo e não se vingava.' But for others it is important that this reaction is actually deferred till the desperate moment in which Fabiano gazes up at the migratory birds, the harbingers of the next drought.

Melillo Reali's line of argument is very persuasive in these matters. According to the Italian critic the text gradually unfolds a series of strenuous efforts on the part of Fabiano to establish links between causes and effects. In the opening scene of 'Mudança' when the elder boy refuses to trudge another step, the *sertanejo* reasons that 'certamente esse obstáculo miúdo não era culpado'. As for the climate, 'a seca aparecia-lhe como um fato necessário', a further deduction seemingly overlooked by Cristóvão. There is an enormous leap between the drunken thoughts of the chapter 'Cadeia' (in which the urge to become a bandit is rejected for reasons of solidarity with his family) to the painful reasoning of the chapter 'O soldado amarelo' (wherein Fabiano discards violence on the grounds that it is useless and contrary to any sane view of an ordered society). This argument is vigorously reiterated by David Goldin.[53] We do well to note also the growing stature of Sinhá Vitória in the closing pages. As for Fabiano, he no longer needs to look up to and recall such figures as Seu Tomás and Sinhá Terta. He is now a conscious human being. He brings to mind Vasco da Gama, who at the end of *Os Lusíadas* no longer needs Venus' help to be more perspicacious than Bacchus and other oriental adversaries.

In spite and even because of defining himself as a human being, Fabiano will never be able to escape the human predicament. It is on this point that Alvès, Lawton and Melillo Reali appear to speak with one voice: the alienation will persist. Fabiano and family confront not simply a climatic drought but also a metaphysical drought, the malign force that will pursue and oppress them wherever they run. It was not just fortuitous that in 1950 Graciliano translated Albert Camus's *La Peste*. For Lawton *Vidas Secas* constitutes 'l'allégorie de la condition humaine'.[54]

The sufferings of Fabiano are such that at least one-third of foreign critics speak of Fabiano in epic and heroic terms, that is to say, in the classic sense of the word 'hero'. For Dimmick, Fabiano 'takes on a stature and a dignity approaching that of figures of classical tragedy'.[55] For Feldmann and Hamilton 'toda a grandeza de Fabiano se nos revela no momento em que ele amansa um cavalo selvagem', 'quando demonstra poderes quase sobre-humanos', even if, at first glance, only in the eyes of his younger son.[56] Hamilton firmly opines that Graciliano 'creates a heroic figure in Fabiano, even to the point of attributing epic words to the illiterate cowboy', namely when Fabiano, on the last page of the second chapter, prophesies a future in which he 'seria homem'.[57] Marie Sovereign considers that Sinhá Vitória likewise has 'almost prophetic insight', whilst Mazzara avails himself of expressions like 'tragic flaw' and 'tragic defeat' in respect of Fabiano and Vitória.[58] The American critic goes even further and stresses the 'rare note of triumph [that] is sounded' at the ennobling moment when Fabiano spares the life of the 'yellow' soldier; for Mazzara in *Vidas Secas* we confront an objective view of human grandeur in adversity that approximates it to Euclides da Cunha's *Os Sertões*, a viewpoint shared to some degree by both Fred Ellison and by the Brazilian scholar Antônio Cândido.[59] Finally, Goldin finds 'enduring human values ... in Fabiano's transcendence of his own limitations: mercy, loyalty to family, self-mastery'.[60] For the attentive reader, I would say that these factors confirm not solely the *vaqueiro*'s humanity but, beyond that, they affirm his status as hero. In line with the categories of Jauss, Fabiano occupies modalities three and four: he is the imperfect hero who awakens our compassion, and he is the suffering hero whose tragedy awakens within us cathartic emotions and ushers in the appropriate moral and social benefits.[61]

Let us now return to the question of the supposed relative optimism of *Vidas Secas*. The entire debate on this question would appear to revolve around the interpretations given to the final chapter 'Fuga'. Is it or is it not the case that Fabiano and his family are permanently and irremediably locked inside the *sertão*'s cycle of drought/rainy season/drought? Even if they manage to migrate to the more fertile *mata* or to some city on the coast, is there available any escape from their life of penury? Will they become the hapless victims of a Paulo Honório (as in *São Bernardo*) or will they be exploited and abandoned in a city in which even Luís da Silva's relative education cannot protect him (as in *Angústia*); and whatever the outcome, will they ever be able to escape from the human predicament, the *condition humaine*?

Ellison pinpoints the problem without really solving it; he adopts the word 'significant' to describe any flight to the *mata* or the coast, as well as the hypothesis of the family bettering its luck, with the boys at school, but there he stops short.[62] But for Roger Bastide it is a straightforward cyclical sequence in which Fabiano 'est obligé de fuir vers le littoral en attendant que la prochaine pluie fasse reverdir le désert'.[63] Then for sundry critics the viewpoint emerges that Graciliano's pessimism, fatalism and defeatism are total: so argue Cristóvão, Lawton, Mazzara, Sovereign, Williams and Jon Vincent.[64]

Initially, in his article of 1968, Mazzara took the view that there exists the possibility, however feeble, of some sort of salvation for Fabiano and family in a different environment, but in his book of 1974 he recognizes the 'bitter irony' of Graciliano's stance, in which escaping the drought, fleeing from the *sertão*, just made no difference, as is clarified in *Memórias do Cárcere*.[65]

For Cristóvão and the others, 'não há saída para a miséria', Fabiano's world is cyclical and unalterable and he cannot escape from it.[66] All the hopes and all the dreams of Fabiano and Vitória are merely ways of coping with the drought, of keeping their spirits up, 'sem verdadeiras perspectivas de melhoria'; they are victims of a 'fatalidade geográfica, quase mítica'.[67] Their aspirations are mirages, just like the fantasy of the waterhole that Fabiano invents in the closing pages, a waterhole that should linger in the reader's memory as a powerful symbol. According to Sovereign, the note of apparent optimism is arguably the 'final irony' as the book closes.[68]

Nevertheless, not all foreign commentators are quite so totally convinced of Graciliano's pessimism in *Vidas Secas*: Alvès, Dimmick, Feldmann, Goldin and Stegagno Picchio opt for what I shall call an 'ambivalent' position, whereas yet others, namely Brown, Hamilton, Melillo Reali, Parker and Ricciardi, insist on Graciliano's guarded optimism.

Among the 'ambivalent' group, Dimmick, though stressing Graciliano's fatalism, concedes that *Vidas Secas* is 'relatively speaking the most optimistic – or perhaps one should say – least pessimistic of his creations', a declaration that to a certain extent brings Dimmick close to the third group.[69] Feldmann views the novel, among Graciliano's four, as 'o único que dá margem a otimismo, não obstante a história dolorosa de Fabiano' and indeed notwithstanding his sometimes exaggerated hopes.[70] In the case of Alvès, however illusory these hopes and dreams might be, however inescapable the metaphysical problem of the human predicament, the authorial position thereon lacks clarity, simply because of the hints of a better future.[71] Stegagno Picchio views the story as a 'racconto incompiuto, e incompiuto unicamente perché non è detto che l'ultima scena debba essere davvero l'ultima'; the story is necessarily cyclical.[72] Finally, among such viewpoints is that of David Goldin, who urges that Graciliano leaves the reader with 'an ambiguous and problematical state of affairs that avoids explicit resolution'.[73] The reader is left with a task to complete on his or her own and, in terms of the Jaussian view of reception, would doubtless emerge the better from the experience.

Among those critics who maintain a 'guarded optimism', so to speak, both Hamilton and Parker draw our attention to the family's vigorous determination to abandon the *sertão* for ever, as underscored in the free indirect style of 'Fuga': 'Não voltariam nunca mais, resistiriam à saudade que ataca os sertanejos na mata.' For Melillo Reali this final chapter is not 'trionfalistico e neppure colorato di eccessivo ottimismo', but she rejects the generally pessimistic conclusions of most critics, especially 'dopo il lento progresso razionale operato con pazienza nei personaggi'.[74] As for Ricciardi, he seems to wish to set aside Graciliano's pessimism and fatalism, proclaiming that 'a esperança está à espreita'; insisting on the 'capacidade renovadora do nordestino', he declares that 'o nordeste quer viver, não sobreviver'.[75] These are fine words but I suspect that Graciliano would have a certain difficulty in recognizing *Vidas Secas* as the basis for such a judgement. Finally we have Ashley Brown's interpretation, which is arguably the most interesting: for Brown, the cyclical vision is valid enough for the myth that Fabiano represents, but the actual exodus, the shift out of the *sertão*, is the reality.[76] It is that reality that an almost new narrative voice succeeds in isolating in the final sentence of the work: 'O sertão mandaria para a cidade homens fortes, brutos, como Fabiano, Sinhá Vitória e os dois meninos.'

Whatever the readers' verdicts on the various issues raised, the canonicity of this superb novel can surely never be overturned. It will surely stand alongside Camus's *La Peste* and Malraux's *La Condition humaine* as one of those jewels of twentieth-century literature concerning the human predicament. The final word is best left with Gerald Martin, for whom *Vidas Secas* is 'clear, stark, arid, brutal and compelling, an early Third World masterpiece'.[77]

Notes

[1] Henry Sullivan, *Calderón in the German Lands and the Low Countries* (Cambridge: Cambridge University Press, 1983).

[2] Hans Robert Jauss, *Towards an Aesthetic of Reception*, trans. Timothy Bahti (Brighton: Harvester Press, 1982), 15-20.

[3] Fred P. Ellison, *Brazil's New Novel* (Berkeley and Los Angeles: University of California Press, 1954).

[4] Graciliano Ramos, *Barren Lives*, trans. and intro. Ralph Edward Dimmick (Austin: University of Texas Press, 1965).

[5] Giovanni Ricciardi, 'O Nordeste na obra de Graciliano Ramos', *Ocidente*, 77 (1969), 273-86 (281); Graciliano Ramos, *Childhood*, trans. Celso de Oliveira, intro. Ashley Brown (London: Peter Owen, 1979), 7-17 (13-14).

[6] Helena Salem and Nelson Pereira dos Santos, *O Sonho Possível do Cinema Brasileiro* (Rio de Janeiro: Nova Fronteira, 1987), 172.

[7] Russell G. Hamilton, 'Character and idea in Ramos's *Vidas Secas*', *Luso-Brazilian Review*, 5, 1 (1968), 86-92 (91). This article is a translation of ch. 6 of Hamilton's doctoral thesis, 'A Arte de Ficção de Graciliano Ramos' (New Haven: University of Yale Microfilm, 1965).

[8] Richard A. Mazzara, *Graciliano Ramos* (New York: Twayne, 1974), 92.

Note also Mazzara's earlier study, 'New perspectives on Graciliano Ramos', *Luso-Brazilian Review*, 5,1 (1968), 93-100.
9 Brown, in Graciliano Ramos, *Childhood*, 13.
10 John M. Parker, 'An aspect of metaphor in the novels of Graciliano Ramos', in *Publications du Centre de Recherches Latino-Américaines de l'Université de Poitiers* (Poitiers: CRLA, 1975), 195-209 (206).
11 Anatol Rosenfeld, 'Graciliano Ramos als Dichter der Dürre', *Staden-Jahrbuch*, 9-10 (1961-2), 53-60 (53); this article is quoted extensively also in Helmut Feldmann, *Graciliano Ramos, eine Untersuchung zur Selbstdarstellung in seinem epischen Werk* (Cologne: Universität, 1965), 112-13, and in the Portuguese translation thereof, *Graciliano Ramos, reflexos de sua personalidade na obra* (Fortaleza: Imprensa Universitária do Ceará, 1967), 192-3, both of which are more accessible than the *Staden-Jahrbuch*; all references to Feldmann are taken from the 1967 edition.
12 Luciana Stegagno Picchio, *La Letteratura Brasiliana* (Milan: Sansoni, 1972), 532-44 (532).
13 Dorothy M. Atkinson, 'The language of *Vidas Secas*', *Hispanic Studies in Honour of Joseph Manson* (Oxford: Dolphin, 1972), 9-20 (16).
14 Ricciardi, 'O Nordeste', 281-3.
15 R. Aaron Lawton, '*Vidas Secas*: Entre l'être et les choses', *Séminaire Graciliano Ramos 'Vidas Secas'* (Poitiers: CRLA, 1972), 55-84 (65).
16 Fernando Cristóvão, *Graciliano Ramos*, 3rd edn (Rio de Janeiro: José Olympio,1986), 38-9; Olívio Montenegro, *O Romance Brasileiro* (Rio de Janeiro: José Olympio, 1953), 219-20. Note also Cristóvão's earlier study, 'O clamor da justiça no romance do Nordeste brasileiro', *Ocidente* 75 (1968), 107-23.
17 Cristóvão, *Graciliano Ramos*, 70, 73.
18 As there are so many editions of *Vidas Secas* and as passages are easily located within given chapters, no attempt is made to supply specific page numbers from specific editions.
19 Cristóvão, *Graciliano Ramos*, 213.
20 Jean Roche, 'Étude qualitative du style de Graciliano Ramos dans *Vidas Secas*', *Séminaire Graciliano Ramos 'Vidas Secas'* (Poitiers: CRLA, 1972), 1-53 (52).
21 Ralph Dimmick, in Graciliano Ramos, *Barren Lives*, xxv.
22 Erilde Melillo Reali, *Itinerario nordestino di Graciliano Ramos* (Naples: Sezione Romanza dell'Istituto Universitario Orientale, 1973), 93-100, 105; David A. Goldin, 'O Homem Cortês: The role of Seu Tomás da Bolandeira in *Vidas Secas*', *Luso-Brazilian Review*, 20, 2 (1983), 213-22 (218-22).
23 Cristóvão, 'O clamor', 110; Feldmann, *Graciliano Ramos*, 188; Hamilton, 'Character and Idea', 87.

24 H. Pereira da Silva, *Graciliano Ramos* (Rio de Janeiro: Edições GTL, 1954), 65.
25 Cristóvão, 'O clamor', 110.
26 Hans Robert Jauss, *Petite apologie de l'expérience esthétique*, trans. Claude Maillard, preface by Jean Starobinski (Paris: Gallimard, 1978), 147-53.
27 Goldin, 'O Homem Cortês', 213.
28 Roche, 'Étude qualitative', 29.
29 Feldmann, *Graciliano Ramos*, 196; Atkinson, 'The language of *Vidas Secas*', 9.
30 Atkinson, 'The language of *Vidas Secas*', 18.
31 Frederick G. Williams, '*Vidas Secas* de Graciliano Ramos: Aspectos de una obra maestra del realismo', *Revista de cultura brasileña*, 36 (1973), 72-99 (92); Rolando Morel Pinto, *Graciliano Ramos: Autor e ator* (Assis: Faculdade de Filosofia, 1962), 158.
32 Cristóvão, *Graciliano Ramos*, 39-40.
33 Wayne C. Booth, *The Rhetoric of Fiction* (Chicago: University of Chicago Press, 1961), 71-6, 151-3; Cristóvão, *Graciliano Ramos*, 39-40.
34 Melillo Reali, *Itinerario*, 89-90; Morel Pinto, *Graciliano Ramos*, 170-1.
35 José Alvès, 'Lecture plurielle d'un passage de *Vidas Secas*', *Publications du Centre de Recherches Latino-Américaines de l'Université de Poitiers* (Poitiers: CRLA, 1974), 117-29. Note also Alvès's earlier study, '*Vidas Secas*, roman de l'absurde', *Séminaire Graciliano Ramos 'Vidas Secas'* (Poitiers: CRLA, 1972), 85-97.
36 Alvès, 'Lecture plurielle', 125-6.
37 Cristóvão, *Graciliano Ramos*, 199.
38 See Robert C. Holub, *Reception Theory: A Critical Introduction* (London: Methuen, 1984), for a detailed analysis of the views of Jauss and Iser on the contribution of the reader.
39 Rubem Braga, '*Vidas Secas*', *Diário de Notícias* (Rio de Janeiro), 14 August 1938.
40 For the details of the original magazine publications see Cristóvão, *Graciliano Ramos*, 163-4, 215.
41 Ellison, *Brazil's New Novel*, 131.
42 Feldmann, *Graciliano Ramos*, 190-1; Rui Mourão, *Estruturas: Ensaio sobre o Romance de Graciliano Ramos* (Belo Horizonte: Edições Tendência, 1969), 150.
43 David M. Jordan, *New World Regionalism: Literature in the Americas* (Toronto, Buffalo and London: University of Toronto Press, 1994), 62.
44 Ellison, *Brazil's New Novel*, 131.
45 Parker, 'An aspect of metaphor', 206.
46 Feldmann, *Graciliano Ramos*, 208-10.

47 Hamilton, 'Character and Idea', 89.
48 Williams, '*Vidas Secas*', 73.
49 Ricciardi, 'O Nordeste', 279.
50 Lawton, '*Vidas Secas*', 84.
51 Cristóvão, *Graciliano Ramos*, 109.
52 Lawton, '*Vidas Secas*', 72; Parker, 'An aspect of metaphor', 206.
53 Melillo Reali, *Itinerario*, 63; Goldin, 'O Homem Cortês', 218–22.
54 Lawton, '*Vidas Secas*', 65. See also Stephen Ullmann, *Semantics* (Oxford: Basil Blackwell, 1962), 50.
55 Dimmick, in Graciliano Ramos, *Barren Lives*, xxxiii.
56 Feldmann, *Graciliano Ramos*, 110; Hamilton, 'A Arte de Ficção', 177.
57 Hamilton, 'Character and idea', 88.
58 Marie F. Sovereign, 'Pessimism in Graciliano Ramos', *Luso-Brazilian Review*, 7, 1 (1970), 57–63 (59); Mazzara, *Graciliano Ramos*, 100.
59 Mazzara, *Graciliano Ramos*, 41.
60 Goldin, 'O Homem Cortês', 221.
61 Jauss, *Towards an Aesthetic*, 152.
62 Ellison, *Brazil's New Novel*, 130.
63 Roger Bastide, 'Brésil: Graciliano Ramos', *Mercure de France*, 332 (January–April 1958), 353–6 (355).
64 Jon S. Vincent, 'Graciliano Ramos: the dialectics of defeat', in *The Brazilian Novel*, ed. Heitor Martins (Bloomington: Indiana University Press, 1976), 43–58.
65 Mazzara, *Graciliano Ramos*, 71.
66 Cristóvão, *Graciliano Ramos*, 120.
67 Ibid., 247.
68 Sovereign, 'Pessimism', 59.
69 Dimmick, in Graciliano Ramos, *Barren Lives*, xxxiii.
70 Feldmann, *Graciliano Ramos*, 211.
71 Alvès, '*Vidas Secas*', 92.
72 Stegagno Picchio, *La Letteratura Brasiliana*, 534.
73 Goldin, 'O Homem Cortês', 221.
74 Melillo Reali, *Itinerario*, 93, 104.
75 Ricciardi, 'O Nordeste', 285.
76 Brown, in Graciliano Ramos, *Childhood*, 13.
77 Gerald Martin, *Journeys through the Labyrinth* (London: Verso, 1989), 71.

11
Change versus Continuity: Popular Culture in the Novels of Jorge Amado
MARK DINNEEN

Many of the numerous critics who have written on the work of Jorge Amado have highlighted the changes it has undergone over the six decades of the writer's career, from his early social realist novels of the 1930s, promoting revolutionary political change, to the less polemical and more humorous best-sellers he has published since the late 1950s, which some have described as 'picaresque novels'. Alfredo Wagner Berno de Almeida, among others, has studied the relationship between the changes in structure, style and treatment of thematic material in Amado's novels, and shifts in the author's ideology and political position[1] but Amado himself has persistently and vehemently denied any radical transformation in outlook, arguing instead that a basic continuity runs through all his writing. Present throughout, he claims, is a fundamental concern for the rights of the poorest and most oppressed sectors of Brazilian society, and their struggle for liberty, and modifications noted in his work are merely the result of his growing maturity as a novelist, and the refinement of his literary technique.

Nevertheless, distinct phases can clearly be identified in the development of Amado's writing, and related to changes in his political outlook and activity. This essay seeks to show how those changes are registered in variations in the use of popular culture in his novels, a hallmark of his work that has helped to make it one of the most enduring expressions of literary regionalism in Brazil. His early social realist novels, drawing on the experiences of his youth in Bahia, culminated in *Jubiabá* (1935), *Mar Morto* (1936) and *Capitães da Areia* (1937). Written at the time of his growing involvement with the Brazilian Communist Party, these are simple narratives documenting the acquisition of political consciousness by the poor through their daily experience of struggle and conflict.

Greater complexity of plot and characterization, and greater balance between lyrical narrative and documentation, produced what would be the high point of his documentary realism for many critics, *Terras do Sem Fim* (1943), examining the dramatic repercussions of expanding cocoa production in his native southern Bahia. Amado's dedication to the Communist Party, and stricter adherence to the Party line in both political and literary activity, found expression in his adoption of socialist realism in *Seara Vermelha* (1945) and *Os Subterrâneos da Liberdade* (1954), in which communist militants lead the popular struggle, preparing the masses for full-scale revolution. These are texts aiming above all to raise the reader's awareness of the need for political change and of the real possibility of achieving it. For a writer whose work was so intimately linked to Communist Party ideology and activity, and who fiercely defended the Stalin regime, the anti-Stalin revelations of the mid-1950s, culminating in the condemnation of Stalin by Khrushchev in 1956, were traumatic events that would radically change his political position and his approach to writing. The 1956 Soviet invasion of Hungry accelerated that process of change. Amado left the Communist Party and rejected socialist realism. *Gabriela, Cravo e Canela* (1958) marked a new phase of colourful regional stories, in which the strength and creativity of the Brazilian people are extolled through stereotypical characters, and where humour, irony and satire dominate over overt political protest. This is the pattern that has prevailed in the latter part of Amado's career, with sex and folklore included in increasingly large doses in a series of best-selling novels. For Walnice Nogueira Galvão, dependence on the market now shaped his work, instead of dependence on Party doctrine.[2]

A striking feature of Amado's novels is that the use of popular culture and folklore within them has increased as their overt political content has diminished. Critics such as Mark Curran and Félix Coluccio have studied the elements of Brazilian popular culture incorporated in his work but simply see that process as an essential part of the author's regionalism, and indicative of his continued and fundamental concern for the poor masses of the Brazilian North-East.[3] For her part, Maria Luisa Nunes recognizes Amado's changing use of popular culture, but explains it largely in terms of his increasing interest in, and knowledge of, the field.[4] In fact, increasing assimilation of popular culture has helped Amado to resolve a series of dilemmas in the latter phase of his career. It was, for example, a vital element in the development of a vision of Brazilian society and culture which could replace the dictates of Soviet ideology and related socialist realism in orientating his work. From a fixed scheme of class struggle mechanically leading to a new revolutionary order, Amado moved to a broader, populist vision of the virtuous, indefatigable Brazilian people, class divisions now more blurred, continuing their heroic struggle for an alternative existence. In Amado's novels of the last thirty-five years, the power of the poor and downtrodden to resist and to create is articulated more and more through the popular rituals and popular art forms which he has described in considerable detail. Popular culture thereby plays a major part in Amado's claim to continuity throughout his work, serving as a vehicle through which to carry on his work as a *romanticista do povo*, as he describes himself, writing on behalf of the oppressed.

However, if the increased assimilation of popular culture has been used by Amado to maintain his broad theme of popular resistance, it has also provided much of the regional colour and exoticism that have made his novels so popular with a large reading public. He has consolidated his position as Brazil's best-selling novelist whilst continuing to classify himself as an *engagé* writer. As Galvão points out, fiction produced to satisfy the market cannot be innovative in technique or ideas, but instead reproduces the basic formulas demanded by market tastes, and Amado certainly has repeated characters, episodes and motifs in his novels.[5] However, elements of popular culture have provided him with a vast supply of material through which to introduce the necessary variations of style and thematic content to counterbalance repetition.

Amado's long-standing interest in, and extensive knowledge of, North-East popular culture made it an obvious area of source material to be developed to meet the needs of his later work. It had already played a significant role in his novels of the 1930s, where its various forms of expression are presented as a means through which political awareness can be raised among the subaltern classes, and resistance expressed. This view of popular culture is strikingly different from that of his fellow North-Eastern writers involved in the Movimento Regionalista of 1926, notably Gilberto Freyre, José Américo de Almeida and José Lins do Rego, with whose work his own early writing has frequently been linked and compared. The Movimento Regionalista was essentially conservative, seeking to protect regional cultural traditions and values that were perceived to be in steady decline, or even under threat of extinction, from the advance of cultural massification. The participants of the movement tended to respond to capitalist modernization and the resulting social and cultural change with a nostalgic longing for the past, perhaps most strongly conveyed in the novels of Lins do Rego. Generally, they looked upon popular culture as a series of folkloric traditions to be preserved. Amado, in contrast, sees it as dynamic, and with a clear social function. In his novels, its forms successfully resist the forces that threaten them, keeping alive alternative values and perceptions. However, Amado's attempts to utilize popular cultural expressions in order to convey his own ideology leads to problems of a different order.

Jubiabá was the first Amado novel to make extensive use of popular culture. Its protagonist is Antônio Balduíno, a black youth whose aimless life of debauchery is finally given a new sense of purpose when he obtains employment and organizes his fellow workers in a fight for their rights, which finally results in a successful strike. Popular poetry and stories play a major role in Balduíno's development of political consciousness. Through them, he develops a pride in the history of past rebellious heroes, such as the *cangaceiro* Lucas de Feira and Zumbi, who led Palmares, the community of escaped slaves who resisted all attempts to recapture them. Recognizing the value of popular poetry and all he has learned from them, Balduíno dreams of such a poem, an ABC, a biographical form of poem detailing the adventures and deeds of popular heroes, being composed by the people in his honour, eulogizing his own contribution to their struggle. Recalling the *cantador* who composes such verses he thinks: '... um dia aquêle homen iria escrever o ABC de Antônio Balduíno, un ABC heróico, onde cantaria as aventuras de un negro livre, alegre, brigão, valente come sete.'[6]

Balduíno writes such verses himself, embodying Amado's ideal fusion of the time of radical artist and political activist, and many years after the event, his leading role in the strike is indeed recorded in an ABC, so that the story and lesson will be diffused among other generations of workers. More notable in the novel, however, is the detailed description of *candomblé* ritual, integrated into the work as an essential component of the lives of the characters. Afro-Brazilian religion is shown to reinforce black cultural identity, and through it Balduíno not only learns of the past struggles of his race but also of its strength and creativity. Some critics, like Bastide, believed the vivid description of these popular rituals helped to provide the novel with elements of a poetic language to counterbalance the stark naturalistic treatment of poverty and exploitation.[7] Colour, vigour and energy are emphasized:

> Cantavam em côro outra canção de macumba:
> – Ê ôlô biri ô b'ajá gbá kó a péhindá
> e estavam dizendo 'o cachorro quando anda mostra o rabo'. Também Oxossi, o deus da caça, veio para a festa da macumba do pai Jubiabá. Vestia de branco, verde e um pouco de vermelho, um arco distendido com a sua flecha pendurado de um lado do cinto. Do outro lado conduzia uma aljava. Trazia daquela vez, além do capacete de metal com casco de pano verde, um espanador de fios grossos ... Os pés descalços das mulheres batiam no chão de barro, dançando. Requebravam o corpo ritualmente, mas esse requebro era sensual e dengoso como corpo quente de negra, como música dengosa de negro. O suor corria e todos estavam tomados pela música e pela dança. O Gordo tremia e não via mais nada senão figuras confusas de mulheres e santos, deuses caprichosos da floresta distante.[8]

Yet a certain ambivalence towards popular religious ritual is none the less detectable in the work, stemming from the contradiction between, on the one hand, Amado's attraction to such forms of popular expression and his recognition of their fundamental role in the lives of the Brazilian poor, and, on the other, his strict adherence to Communist Party ideology, which allowed no serious role for religious beliefs and practices. Amado would later deny any such contradiction, arguing that his philosophy of life was broad enough to allow him to respect and even participate in *candomblé* rituals:

> Sou materialista, mas o meu materialismo não me reduz, não me castra, não me disminui con a mesquinez de dogmas tão limitadores da experiência humana quanto os de qualquer religião ou seita ... posso, alegre, sentar-me em minha cadeira de obá, no Axé do Opô Afonjá, coberto de colares, revistido de autoridade e honra que me foram concedidas por meus amigos das religiões afro-baianas.[9]

Distancing himself from Stalinist dictates would eventually allow him greater freedom in his treatment of popular culture, especially popular beliefs and religious worship, but in his so-called 'proletarian novels' of the 1930s, showing revolutionary change being made possible through class struggle, the problematic relationship between Amado's strict adherence to the Party line and his fascination with Afro-Brazilian religious rites is occasionally revealed. As Maria Luisa Nunes points out, in *Jubiabá* Balduíno comes to question the reliance of the poor masses on religious practices and argues that only political struggle can truly change the condition of their lives.[10] He speaks to those participating in a *candomblé* ceremony: 'Vocês precisam ver a greve, ir para a greve. Negro faz greve, não é mais escravo. Que adianta negro rezar, negro vir cantar para Oxossi?'[11] Political action must therefore take precedence. It is the strike that is the high point of the novel's action, and, despite all he learns from *candomblé*, it is Balduíno's political involvement that gives him a sense of achievement and fulfilment.

The same message is conveyed in *Mar Morto* and *Capitães da Areia*, where, in both cases, Afro-Brazilian religious beliefs and practices are shown to give shape and meaning to the lives of the poor, but tangible improvement in their conditions of existence is again achieved through successful strike action. The strike is presented in these novels as proof of the capacity of the working class to obtain results through organization, resolution and, particularly, solidarity. In *Mar Morto*, the dockers receive the support of the fishermen in their action, whilst in *Capitães da Areia*, the homeless boys who are the novel's main protagonists support the striking workers. Amado ascribes a secondary role to popular culture, supportive and didactic, exemplified by the use of traditional songs in *Mar Morto* and *Terras do Sem Fin*, through which the poor, a fishing community in the first case and plantation workers in the second, articulate their daily struggle against poverty and exploitation and keep alive their hopes for better conditions of life. However, Balduíno's warning about the limitations of popular religious beliefs is repeated in *Capitães da Areia*. Faith in the Afro-Brazilian deities gives the poor a sense of unity, courage and resilience, but the magical powers of the goddess Omolu are thwarted when the smallpox outbreak she inflicts upon the rich is counteracted by modern medicines at their disposal. The prime importance of class struggle through political organization is again emphasized by the novel's hero, in this case Pedro Bala, becoming a working-class militant.

The idealization of the struggle of the poor, which becomes a major characteristic in his later work, is already evident in Amado's early novels. His second, *Cacau* (1933), ends with the hero, a young plantation worker who gradually develops a sense of solidarity with his fellow workers, finally renouncing the opportunity of marrying the landowner's daughter and becoming a plantation owner himself in order to go to Rio to carry on the class struggle. In subsequent works, Amado uses popular culture and beliefs in order to emphasize the heroic and epic nature of their struggle, but the result is often to heighten the romanticization. In *Mar Morto*, for example, the lyrical narration of the lives of the fishing community is embellished throughout with reference to Yermanjá, the goddess of water they venerate. The novel's heroine, Livia, is afraid of her, for she embodies the dangers of the sea, but after her husband, a sailor, is drowned, she demonstrates her defiance, symbolically the defiance of the whole community, by taking over his boat and venturing out to sea, with her indomitable spirit receiving the protection of Yermanjá. Ironically, the sentimentality and romanticism in some scenes of these novels is so strong that the potential power of their political message is considerably undermined.

The new-style Amado novel, inaugurated in 1958 with *Gabriela, Cravo e Canela*, also signified a new role for popular culture in his writing. Some critics, like Elizabeth Schlomann Lowe, argued that social protest was still strong in these new works, but that it was now expressed by more subtle means, through the employment of humour and a more poetic language.[12] In fact, Amado developed a form of social satire very different from the political militancy of his proletarian novels. The working-class fighters that had been the heroes of the latter were now limited to secondary roles at best, and the focus switched from collective concerns towards individual character portrayal. A search for harmony replaced the vision of social conflict resolved through revolution. Plots became lighter and humorous, with vivid description of expressions of popular culture adding regional atmosphere and colour, as with the lyrical references to *candomblé* ritual that appear in *Gabriela, Cravo e Canela*, a novel which achieved considerable commercial success. The term *romanticista do povo* was used by some critics to refer to the wide, popular appeal that Amado had now achieved, without the political connotation that the author himself would bestow upon it.

The change in Amado's position during the late 1950s and early 1960s was signalled by his incorporation into the type of bourgeois intellectual circles and cultural organizations of the state which he had previously condemned in uncompromising terms. He participated in the Literature Commission of the National Council for

Culture, and in the Council for Culture of the State of Bahia. The popularity of his novels of this period, the prizes awarded for them and the considerable exposure he received in the media enabled him quickly to consolidate himself as one of the major representatives of the Brazilian literary establishment. This process of *rapprochement* culminated in his election to the Brazilian Academy of Letters in 1961. In his acceptance speech he sought to explain how youthful rebellion had given way to a more mature position of conciliation, but he also emphasized once again his sympathy for the poorest sectors of Brazilian society, whose experiences and cultural expressions had been the main inspiration for his writing, and would, he claimed, continue to be. In fact, aesthetic forms and thematic material drawn from popular cultural expressions would assume a more central role in his novels from this point on; a role developed in accordance with his new approach towards Brazil's social reality.

It is in the plot of his novels that Amado's changing use of popular culture is most evident. Popular beliefs cease to play a secondary role supporting political activity, and now fulfil a more significant function in directing the course of action in the novel. Thus the plot of *Dona Flor e Seus Dois Maridos* (1966) develops through the intervention of spiritual forces in the lives of the characters, and reaches a climax with a battle between *candomblé* deities. As a widow, Flor marries the staid but reliable Teodoro, but her first husband, Vadinho, passionate but irresponsible, returns as a ghost, seeking to resume their relationship. She is torn between the two men and the contrasting attributes and lifestyles they offer, which represent two conflicting codes of values: those of disciplined conservatism and those of impulsive nonconformity. She is tempted by Vadinho because of her deep love for him, but still resists adultery by calling upon *candomblé* powers to return him to the grave. Effusive passages narrate the clash between Exu, the one spirit who defends Vadinho, and the other gods seeking to destroy him. Emphasis is on the mystical, rather than on the social function of popular religion: 'O raio e o trovão, a tempestade, o aço contra o aço e um sangue negro. Deu-se o encontro na encruzilhada do último caminho, nos limites do nada.'[13] Flor's last-minute declaration of love persuades the gods to save Vadinho, and she continues life happily with her two husbands, enjoying the different qualities of each. In contrast to the emphasis on ongoing class struggle which typically closed Amado's social realist works, *Dona Flor* ends with reconciliation between opposing values – the bourgeois restraint and discipline represented by Teodoro, and bohemian freedom and rebelliousness of Vadinho – and it is supernatural rather than human forces which play the determining role in Flor's story. Amado's new, more conciliatory vision of Brazil's social and cultural development is clearly evident in the work, and popular culture provides the vital elements for its symbolic expression.

Candomblé magic is used by Amado not only to challenge and mock the inadequacies, injustices and constraints which result from the existing social order, but also to replace political action as a means of redressing those ills. In *A Tenda dos Milagres* (1969), the hero, Pedro Arcanjo, dedicates his life to studying and promoting Afro-Brazilian culture, even publishing several learned works on the subject. As a result, he faces constant persecution from racist opponents in positions of power, but never submits. Many years after his death, he is eulogized for his defence of the poor, becoming himself the subject of popular songs and poems which propagate the message of resistance. He is a man of many skills, but it is the supernatural power he acquires through *candomblé* which brings the defeat of his enemies. When soldiers led by Pedrito Gordo attempt to close down a centre for *candomblé* ceremonies, they are driven away by the African spirits that rise up against them, summoned into action by Pedro Arcanjo. A similar pattern emerges in *Tereza Batista Cansada de Guerra* (1971), where Tereza and her fellow victims of social injustice are several times assisted in their struggle against persecution by the intervention of voodoo spirits. The political organization of the poor, represented once again by a strike, this time by prostitutes led by Tereza, is not the culmination of the novel's action, pointing the way forward for radical political change. It is just one of a whole series of episodes through which Tereza demonstrates her courage and defiance, with no more importance than any other. The successful negotiation of every trial confronted by the characters is explained through the magical forces which intercede on their behalf, rescuing them when threatened by enemies and even ensuring the success of the strike. As the conflict resulting from the strike intensifies, Tereza finds refuge in a *candomblé* temple, where one of the cult leaders reassures her that she cannot be defeated because of the strength of the African deities, the *orixás*, that protect her:

– Fique descansada, minha filha, tudo está bem, não há perigo à vista. Tenha confiança, os orixás são junto de você. Tantos nunca vi em minha vida.[14]

The vision of inevitable victory for the poor is maintained, now guaranteed not by a simplistic and mechanical historical materialism, but by intervention from the gods.

The character of Tereza is drawn from the traditional popular literature of the Brazilian North-East, *literatura de cordel*, with its roots in the epic poetry of medieval Europe. In much *cordel* poetry, the heroic protagonist avenges the oppressed through a successful struggle against injustice, assisted in the process by the protection afforded by divine forces. This is the model Amado develops for the creation of Tereza, a pure and noble figure devoid of frailties and contradictions, who embodies the author's vision of the gallant and courageous poor who refuse to submit. In the process, however, popular resistance is presented in a new light. Now, the characters do not succeed in their struggle through their own efforts, uniting for political mobilization, but through reliance on the supernatural. Bobby Chamberlain sees no major change in Amado's position, arguing that:

> ... insofar as they intervene in human affairs in the manner of dei ex machina, the author's supernatural characters, whose existence he regards as metaphorical, perform a wish-fulfilment function, ironically reaffirming the necessity of the dispossessed themselves to redress social abuses, given the unlikelihood of religious or political solutions.[15]

But if the poor are to act themselves, it is no longer clear in these novels how change will be achieved. Wish-fulfilment is a far cry from political action. Resistance continues, but the power of the dispossessed is overshadowed by that of sympathetic supernatural forces.

Amado has long claimed that a special empathy for the Brazilian poor permits him to break through class barriers and accurately capture and convey their lived experience and world-view. In the speech he gave as he took up his place in the Brazilian Academy of Letters in 1961, he declared that: '... se uma virtude possui, foi a de me acercar do povo, de misturar-me com ele, viver sua vida, integrar-me em sua realidade'.[16] This notion of the *romancista do povo* forms a central part of *Tenda dos Milagres*. The small printshop referred to in the title is the focal point for a wide range of artistic and cultural practices, including the printing of pamphlets or *folhetos* of popular verse. Amado is particularly attracted to this form of poetry, not least because, as one of the few printed forms of an essentially oral tradition, it serves as a tangible link between his own formal literary culture and the rich popular culture of the rural and urban masses. When it was at its height in the 1940s and 1950s, the production of *literatura de cordel* achieved considerable dynamism, with scores of printshops of varying size operating throughout the North-East, publishing tens of thousands of *folhetos* each week, with the whole process of production and distribution largely controlled by the poorest sectors of the community. Their creativity is emphasized in *Tenda dos Milagres*. Amid vivid description of popular music, dance and ritual, Amado traces the struggle of the Bahian people through the life of the main character, Pedro Arcanjo. Arcanjo writes popular poetry, and then progresses to erudite, scholarly works, but always uses his literary skills and intellectual abilities to defend the rights of the poor against the oppressive authorities, to extol their culture and combat the racial prejudice frequently suffered by the blacks and mulattos. He represents the fusion between popular and erudite art, and the result is a romantic view of the writer at one with the people, sharing their vision of the world and serving their interests.

Amado claims that his increasing use of popular culture has enabled him to develop his understanding of the struggle of the oppressed, and to articulate it through his writing, for recreating popular forms of expression that recount the experience of the poor permits him to analyse that experience from the inside, rather than observing and documenting it from afar and making his own condemnations, as in his earlier novels. This implies that through special intuition Amado can assimilate popular forms in his writing in such a way that the resulting work will embody the popular perceptions and aspirations which created those forms in the first place. Yet clearly, no such assimilation is possible without a radical change in significance in the original material. Removed from the particular social environment that gave rise to them, popular forms of expression, remoulded according to Amado's own vision of the world, necessarily assume new meanings. What is conveyed most strongly in his novels of the 1960s onwards is his own idealized vision of the Bahian poor and their culture.

It is the extensive use made of *literatura de cordel* that characterizes those works. Amado not only draws on themes and motifs from *cordel* tradition, but also adopts the narrative technique and tone of the popular poet. In *Os Pastores da Noite*, for example, he attempts to capture in his prose the simple, oral style employed by the poet, avoiding formal literary devices and language and following a colloquial method of narration. At the very beginning, the narrator introduces himself as a humble story-teller, whose style contrasts sharply with that of the professional novel writer:

> Abram a garrafa de cachaça e me dêem um trago para compor a voz ... Conto o que sei por ter vivido e não por ouvir dizer. Quem não quiser ouvir pode ir embora, minha fala é simples e sem pretensão.[17]

This use of a popular narrator permits colourful exaggeration and invention in the recounting of events, whilst continuing the same broad sociopolitical themes as before. The final part of the novel deals with a land invasion and the establishment of a *favela* by the homeless of Salvador, and their subsequent battle with the authorities and corrupt businessmen. The social criticism, however, is diluted by romantic or comic interludes, and a tendency towards the picturesque. References to popular culture emphasize the vivacity and spontaneity of the poor, which enables them to enjoy life despite grinding poverty and exploitation:

> Ali, pelo menos, tinham o mar e as areias, a paisagem de coqueiros. Era uma gente necesitada, eram os mais pobres de todos os pobres, um povo sem eira nem beira, vivendo de biscates e de trabalho pesado, mas nem por isso deixavam-se vencer pela pobreza, colocavam-se acima da miséria, não se entregavam ao desespêro, não eram tristes e sem esperança. Ao contrário, superavam sua mísera condição e sabiam rir e divertir-se. Subiam as paredes das casas do sopapo, das de palha, de tábuas, de pedaços de lata, minúsculos casebres, ínfimas choupanas. A vida animava-se intensa e apaixonada. O batuque do samba gemia nas noites de tambores. Os atabaques chamavam para a festa dos orixás, os berimbaus para a brincadeira de Angola, a capoeira.[18]

Amado romantically extols the unrestrained creativity of the poor, in opposition to the narrow, mercenary concerns of the more privileged social sectors. Revolutionary class conflict is replaced by a broader contrast drawn between values and lifestyles, with the free expression of sensuality, enjoyment and spirituality conveyed in the music, songs, poetry and rituals of the poor standing in defiance to the suffocating social conventions of the bourgeoisie, concerned only with material self-advancement.

Moreover, much of the humour which Lowe identifies as one of the key characteristics of Amado's so-called picaresque works,[19] and which has had a major part in making the novels in question so popular among a wide readership, is conveyed through the extended descriptions of popular culture. One section of *Os Pastores da Noite*, for example, deals with Massu's difficulty in selecting a godfather for his newly born son, because he does not want to offend any of his friends by not choosing him. In the end the Afro-Brazilian gods provide a solution to the dilemma, with one of them, Ogun, offering to fulfil the role. The chaos that ensues, with *candomblé* deities taking over a Christian baptism, is described in full comic detail by Amado. The result is a light-hearted celebration of religious syncretism in Brazil, but it is significant that the popular religious beliefs and practices, whose social function Amado emphasized in earlier novels, now become a vehicle for slapstick comedy. For Amado, humour is a weapon to denounce social injustice which the writer acquires through experience:

> El humor es un arma de lucha para los viejos, no los jóvenes. La denuncia de los prejuicios, de la violencia, de la injusticia, es una constante permanente que marca toda mi obra. Pero es cierto, ahora lo hago con un humor más corrosivo, más duro. He pasado del mensaje político a la risa liberadora, es mi arma.[20]

Satirical humour has indeed become an essential ingredient of Amado's writing. In *Dona Flor*, the anarchic behaviour of the Afro-Brazilian Gods serves to satirize the suffocating social conventions of the bourgeoisie, whilst in both *Tereza Batista* and *Tenda dos Milagres* the oppressive authorities are made to appear ridiculous when they are defeated by the overwhelming power of supernatural forces. In the latter work, the description of the humiliation of the police chief, Pedrito Gordo, at the hands of the people is colourfully comic, as he is chased by the god Ogun, who has snakes leaping from his body. News of the event is disseminated by popular poets and songsters:

> Nas ruas apinhadas, todos viram o delegado auxiliar Pedrito Gordo, a fera da polícia, o sinistro chefe da malta de facínoras, o mata-mouros, o malvado sem alma, o terror do povo, em triste fuga perseguido por um orixá de candomblé, pelo guerreiro Ogun todo aceso em cobras. Foi o riso da cidade, a galhofa, a notícia cômica nos jornais da oposição, o verso de Lula Parola, a trova dos cantadores:
> 'Mestre Archajo já acabou com a farromba de Pedrito.'[21]

However, this new levity in the treatment of the ongoing conflict between the poor and the oppressive authorities presents problems. As Daphne Patai has highlighted in a perceptive study of *Tereza Batista*, there is a tendency for the social criticism in these works to be undermined by the exuberant humour with which it is combined. The reader, she observes, is more likely to be amused by these episodes than to feel indignation at the oppression that provokes them, for Amado uses his humour primarily to provide entertainment and enjoyment, rather than as a weapon to challenge and condemn. By way of conclusion, she asks: '... how can Amado seriously wish to change a society for which he feels such amused affection, and in whose foibles (and this is what serious problems often seem reduced to in Amado's hands) he so obviously delights?'[22] By developing the *candomblé* ceremonies, songs, dance and poetry of the Bahian poor as sources of entertainment in novels such as *Tenda dos Milagres* and *Tereza Batista*, Amado diminishes their force as vehicles for expressing popular protest and resistance. There is an increasing light-heartedness in his use of popular literature, for example, exploiting to the full the hyperbole and grandiloquence that characterize much of that tradition. *Tieta do Agreste*, published in 1977, exemplifies that tendency. In the novel, the mobilization of a fishing community successfully thwarts the attempt made by a multinational company to set up a factory in the area where the poor families have long made their living through fishing and smuggling, but Amado concentrates more on imitating the form and tone of popular literature than on developing the social issues under discussion. The dramatic and at times flamboyant titles which head each part of the work, and which mimic those used in popular literary tradition to heighten anticipation, highlight the emphasis placed on creating an enjoyable story, in which the struggle of the characters forms a key part of the entertainment, rather than disturbing the reader, or provoking indignation. The first one to appear, opening the novel, promises a 'melodramático folhetim ... emoção e suspense', whilst another towards the end of the work almost flippantly announces the movement of popular resistance that is to be described in the section in question: 'Das controvertidas ocorrências de Mangue Seco, capítulo no qual se tem notícia do vigoroso movimento de massas trabalhadoras (em termos) e populares, fornecendo-se assim a este folhetim indispensável conotação reivindicativa e militante.'[23]

It is in these novels of the 1970s that Amado's employment of popular literature finds maximum expression. *Tereza Batista*, for example, is constructed largely on the basis of themes and formal aspects traditional to *literatura de cordel*. Each of the work's five sections is presented as a *folheto* narrative, detailing the main episodes in the life of Tereza, a prostitute, as she battles to overcome exploitation and adversity. Many of the novel's characters are modelled on stereotypes common to popular verse in the Brazilian North-East, including Tereza herself, based on the *donzela de guerra*, a young woman of exceptional strength and courage who has appeared in many such poems. Tereza's strategies for overcoming the abuses and hardships she faces, mixing daring with cunning, echo those employed by the *pícaros* of pamphlet poetry, whilst an array of other folkloric elements – festivals, popular music and the *candomblé* already referred to – are woven into the plot. Again, the narrator imitates the colloquial style of the popular poet, and his interruptions of the narrative in order to make his own observations on events recall the practice common among *cordel* poets of introducing their own comments at crucial points of a poem they are reciting, with the aim of encouraging audience involvement. Amado goes to considerable lengths to recreate the popular poetic tradition in the form of a novel, but in addition to the obvious formal changes that necessarily occur, significant differences in outlook between Amado and the popular poet can also be detected. Through Tereza's story, which terminates happily with her marriage to an ideal partner, Amado again conveys his own romantic vision of the unbreakable resolution of the dispossessed ultimately leading to victory over adversity. Some years after the novel's publication, one of the best-known popular poets in the North-East of Brazil, Rodolfo Cavalcanti, wrote a *folheto* of verse based on it. In comparing the two versions of Tereza's story, Candace Slater was struck by the differences between them, in the way events and characters are understood. She noted that whereas Amado's novel centres on action, the *folheto* poem is more a reflection on Tereza's sufferings, which symbolize those of the poet and his readers, and that the wholly positive character of Amado's heroine differs from the prostitute of the poem, whose presentation is more ambivalent, a mixture of victim and sinner.[24]

Amado clearly takes delight in using the forms and thematic content of popular poetry, and he has a deep understanding of both.

However, despite his attempt to blur the distinction between himself and the popular artist, he views *literatura de cordel* as an outsider. At times he over-exaggerates its features to comic proportions, emphasizing the most folkloric and picturesque elements which are likely to captivate his readers. Bobby Chamberlain rightly states that Amado establishes sufficient ironic distance between himself and popular poetry to permit him to poke fun at its conventions, whilst not actually ridiculing them.[25] The poet who derives his living from selling his chapbook verses on street stalls or in fairs takes the traditions of his profession far more seriously. He is aware of the important role popular poetry has long had within his community, discussing its concerns, reinforcing its values and communicating news. Comic themes appear regularly in *folhetos*, but the practices and conventions central to the creation of chapbook poetry, which are essential if it is to be accepted by the urban and rural poor who form the majority of its readers, are never treated lightly.

It is significant that *Tereza Batista*, the novel in which Amado makes most use of Brazilian popular culture, is also the one out of his long list of titles which has created most controversy among critics. Some, like Curran, see it as a skilful recreation of popular materials which enables Amado to confirm his position as an *engagé* writer, whilst Patai and others argue that the social protest has been rendered ineffective by Amado's overriding desire to please and entertain as wide a readership as possible.[26] Certainly, Amado's reconstruction of popular literary tradition in *Tereza Batista* is a far cry from his proletarian novels written over three decades before, where the popular culture of his native Bahia was used for specific and limited ends. The region is renowned for its rich tradition of popular music, dance, Afro-Brazilian religious ritual and oral and folk literature, and all those elements have been of immense value to Amado. They, perhaps more than any other factor, have enabled him to merge together in a single novel the diverse components – lyrical romanticism, stories of popular struggle, regional colour, eroticism and comedy – that have made his works best-sellers. They have also permitted him to maintain his claim to be a 'novelist of the people', committed to the struggle of the popular sectors and preoccupied above all with their concerns, whilst undergoing a radical change in ideology, leaving behind his revolutionary Marxism to reach, not an acceptance of, but at least an accommodation with the status quo.

Notes

[1] Alfredo Wagner Berno de Almeida, *Jorge Amado: Política e Literatura* (Rio de Janeiro: Editora Corpus, 1979).
[2] Walnice Nogueira Galvão, 'Amado: repetuoso, respetable', *Escritura* (Caracas), Ano XIV, 28 (July–December 1989) 467–76.
[3] Mark Curran, *Jorge Amado e A Literatura de Cordel* (Rio de Janeiro: Fundação Cultural do Estado de Bahia and Casa de Rui Barbosa, 1981), and Félix Coluccio, 'Lo folklórico en la obra de Jorge Amado', *Folklore Americano*, 49 (January–June 1990), 14–40.
[4] Maria Luisa Nunes, 'The preservation of African culture in Brazilian literature: the novels of Jorge Amado', *Luso-Brazilian Review*, 10, 1 (June 1973), 101.
[5] Galvão, 'Amado', 468–70.
[6] Jorge Amado, *Jubiabá* (Lisbon: Livros do Brasil, 1961), 105–6.
[7] Roger Bastide, 'Sobre o romancista Jorge Amado', in *Jorge Amado, povo e terra: 40 anos de literatura* (São Paulo: Martins, 1972).
[8] Amado, *Jubiabá*, 100–1.
[9] Itazil Benício Dos Santos, *Jorge Amado: Retrato Incompleto* (Rio de Janeiro: Editora Record, 1993), 87.
[10] Maria Luisa Nunes, 'Preservation of African culture', 92–3.
[11] Jorge Amado, *Jubiabá*, 294–5.
[12] Elizabeth Schlomann Lowe, 'The "New" Jorge Amado', *Luso-Brazilian Review*, 6, 2 (1969), 73–82.
[13] Jorge Amado, *Dona Flor e Seus Dois Maridos* (Lisbon: Editorial Europa-América, 1966), 567.
[14] Jorge Amado, *Tereza Batista Cansada de Guerra* (São Paulo: Martins, 1972), 449.
[15] Bobby Chamberlain, *Jorge Amado* (Pittsburgh: Twayne, 1990), 99.
[16] *Jorge Amado: Documentos* (Lisbon, Publicações Europa-América, 1964), 36.
[17] Jorge Amado, *Os Pastores da Noite* (São Paulo: Martins, 1976), Introduction.
[18] Ibid., 214.
[19] Lowe, 'The "New" Jorge Amado', 75.
[20] Jorge Amado, 'He pasado del mensaje político a la risa libertadora', interview in *Cambio 16*, 1099 (December 1992), 108.
[21] Jorge Amado, *Tenda dos Milagres* (São Paulo: Editora Record, 1976), 279.
[22] Daphne Patai, *Myth and Ideology in Contemporary Brazilian Fiction* (Rutherford: Fairleigh Dickinson University Press, 1983), 139.
[23] Jorge Amado, *Tieta do Agreste* (Rio de Janeiro: Editora Record, 1977), 382.

[24] Candace Slater, *Stories on a String* (Los Angeles: University of California Press, 1982), 148.
[25] Chamberlain, *Jorge Amado*, 92.
[26] Curran, *Jorge Amado e A Literatura de Cordel*, and Patai, *Myth and Ideology in Contemporary Brazilian Fiction*.

12
Clarice Lispector: Re-Joycing in 'The Dead'[1]

HILARY OWEN

> Rare are the men able to venture onto the brink where writing, freed from law, unencumbered by moderation, exceeds phallic authority, and where the subjectivity inscribing its effects becomes feminine.[2]

Clarice Lispector's short story, 'A Partida do Trem' contains a brief reference to James Joyce.[3] The protagonist, Angela Pralini, owns a dog named Ulysses. Referring to the coincidence with the title of Joyce's masterpiece, Angela goes on to disconnect the dog's name from any association with James Joyce.[4] She states in an imagined dialogue with her absent ex-boyfriend, Eduardo, 'Eu tentei ler Joyce mas parei porque ele era chato, desculpe, Eduardo. Só que um chato genial' (p.41). Eduardo, and by implication James Joyce, is systematically invoked as a rather ambivalent point of departure where 'A Partida', derived from 'partir', connotes not only the departure of the train but also the breaking of a narrative train of thought. Whilst literally escaping her relationship by travelling to the country, Angela engages in a process of inner dialogue to escape her discursive consignment to Lacanian symbolic 'other' status by Eduardo, in an anti-intellectual celebration of life which is also a coming to terms with mortality. Taking my cue from Lispector's direction and drawing on post-Lacanian feminist theories[5] I will read Lispector's 'A Partida do Trem' comparatively with James Joyce's 'The Dead'[6] making particular reference to the returning subtextual echoes of death-in-life and life-in-death which are common to both stories. The name of Joyce's hero, Gabriel Conroy, like that of Lispector's Angela, evokes the classic mediator between heaven and earth, the angel. Angela tries to unfreeze logical unities but the symbolic order periodically congeals the flow of her inner dialogue, fractured syntax and tropes of fragmentation. 'The Dead' conversely reveals sporadic lapses and moments of disjuncture which increasingly undermine the superficially unified subjectivity of Gabriel Conroy, who is struggling all too manfully with the annual Christmas party held by his aunts. Both stories expose the unstable, inherently fictional nature of subjectivity as theorized by Lacan in a poetic deconstruction of phallogocentrism. Tropes which exemplify *écriture féminine* accumulate throughout 'The Dead', emerging most strongly with Gabriel's complete discomfiture at the end of the story. Angela in 'A Partida' starts from the subjective disintegration which concludes 'The Dead'. She struggles to retain a sense of multiplicity against a masculine logocentrism which threatens to reassert itself through linguistic coherence, intellectual supremacism and the literal return to Eduardo that all of this would imply. In both stories, dialogue acts as a barometer for the status of subjectivity. The balance between internal and external dialogue is used to mark a shift toward expression of the body, a voicing of the unconscious and a recognition of mortality. Where Joyce increasingly resists the fiction of a dialogically constructed identity based on woman as lack, Lispector fictionalizes this resistance as a pretextual given. Before pursuing this close reading, however, I will detail in brief those principles of Lacanian and French feminist theory which underpin my reading.

Garry Leonard's Lacanian reading of 'woman' in 'The Dead' summarizes Lacan's concept of the 'symptom' with specific reference to Joyce's Gabriel.[7] According to Leonard:

> 'The Woman' is a symptom which the man believes in order to keep at bay the fragmentary, non-identificatory, pre-mirror phase that permanently undermines his subjective consciousness: . . . 'The Woman' is a symptom. She exists, like Tinkerbell, because a man believes in her. (p.459)

Lispector disrupts the Lacanian assumption of 'The Woman' as falsely cast in terms of 'absolute category and guarantor of fantasy'.[8] The gender hierarchy of this formula is dissolved under the guise of a characteristic Lispectorian move to decentre the anthropocentric (and by implication androcentric) universe. Angela thinks '*uma mulher deve tratar bem o homem*' (p.40) (my italics). The 'man' here referred to is not human but canine. Angela's dog Ulysses displaces Eduardo as the real focus of her emotional concerns. Joyce's Gabriel is also finally compelled by a third party, the ghost of a dead rival, Michael Furey, to recognize Gretta as a woman, not

~~The~~ Woman. This recognition destabilizes the 'truth' of their relationship by destroying the memories of the past upon which it was built. His identity had depended upon her being ~~The~~ Woman who guaranteed his fantasy of himself as a genius. Following in Gretta Conroy's footprints, Angela enters the text in the act of asserting herself as a woman not ~~The~~ Woman, when she leaves Eduardo.

Usefully for our purposes, Nelly Furman's 'The Politics of Language' further elucidates the gender implications of the Lacanian relationship between entry into language and the split within the subject:[9]

> The moment at which the infant perceives itself as an image, as 'other', is also the moment when the 'I' which does the perceiving is split off from the 'I' which is perceived. Seeing oneself as other determines an everlasting frustration and vain attempts at making one's 'I' and one's imago coincide, as well as a desire for oneness under the guise of otherness ... The mirror stage is the initial step in the process of an individual's integration in the social system; it marks the child's entrance into the symbolic order which is the realm of what Lacan calls the Law-of-the-Father or Name-of-the-Father. (pp.70–1)[10]

Ann Rosalind Jones describes the objections to Lacan which underpin Cixous's various positions and I quote her at length:

> But this 'I' position is not equally accessible to boys and to girls. Lacan defines language, the symbolic order, as the world of public discourses, which the child enters only as a result of culturally enforced separation from her/his mother and his – but not her – identification with the Father, the male in-family representative of culture. Thus Lacanian theory reserves the 'I' position for men. Women, by gender lacking the phallus, the positive symbol of gender, self-possession and wordly authority around which language is organized, occupy a negative position in language.[11]

Against this Cixous posits her famous theory of bisexual writing which supposes the presence within the self of both sexes, or at least the possibility of both sexes. However, Cixous claims,

> for historical reasons at the present time it is woman who benefits from and opens up within this bisexuality beside itself, which does not annihilate differences but cheers them on, pursues them, adds more: in a certain way woman is bisexual – man having been trained to aim for glorious phallic monosexuality.[12]

This special relationship to 'bisexual writing' has led feminist critics such as Toril Moi and Diane Griffin Crowder to note the contradictions whereby, on the one hand, Cixous's concept of a bisexual *écriture féminine* posits a genuinely deconstructive textuality, whilst elsewhere (though often in the same passage of text) it appears, at least rhetorically, to espouse biological essentialism. Diane Griffin Crowder remarks that 'Cixous's theory of "woman's writing" is based upon a vacillation between the body as concrete object and the body as signifier in the social discourse of the unconscious'.[13] Toril Moi sees a problem with Cixous's *écriture féminine* being located, in one sense, in 'the closure of the Lacanian Imaginary: a space in which all difference has been abolished', although she concludes that the 'new bisexuality in particular seems ultimately an imaginary closure that enables the subject effortlessly to shift from masculine to feminine subject positions'.[14] This takes the 'body' itself as a signifier in the process of meaning which does not necessarily refer to any empirically definable woman's body outside the ebb and flow of discursive construction. None the less, women are less obstructed from their original bisexuality and more open to the potential multiplicity of libidinal drives which gives them a privileged relationship to *écriture féminine*. Clarice Lispector's prose closely parallels *écriture féminine* in that it draws on the deconstruction of opposites to expose the absence of the feminine whilst at the same time working through an explicit if imaginary celebration of the female body and its creative energies, embodied in motherhood. Certain linguistic features and figures of speech may be taken to indicate the expression of the repressed female unconscious through *écriture feminine*. Ann Rosalind Jones points us towards 'double or multiple voices, broken syntax, repetitive or cumulative rather than linear structure, open endings'.[15] This in turn posits an opening onto sensuality and a primacy of touch and sound, as Cixous indicates: 'There's tactility in the feminine text, there's touch, and this touch passes through the ear.'[16]

Tropes of non-closure, ellipsis, multiple sensuality and fragmentation become increasingly evident in both stories, as internal dialogue and monologue take over. In 'The Dead', Gabriel Conroy is consistently thwarted in his attempts to make the women he encounters at the Christmas party, Lily the maid and his colleague Molly Ivors, respond to him effectively as the symptom who will enable him to make his 'I' and his 'imago' coincide. Neither of these women greets his verbal overtures in such a way as to sustain the fiction of his subjective unity. They refuse to help him continue masking the subjective split in male ego identity as if it did not exist. When the story concludes, Gabriel's desire for sexual union with his wife Gretta has been frustrated by her sorrowful narrative of Michael Furey, who died for love of her a long time ago in a freezing Galway winter. Gabriel is left, his mirrored selfhood shattered by his wife's revelation, as he contemplates 'the snow falling faintly through the universe and faintly falling, like the descent of their last end, upon all the living and the dead' (p.242). Having previously rejected his wife's suggestion of leaving Dublin for a trip to Galway, Gabriel stares into the night thinking, 'the time had come for him to set out on his journey westward' (p.242). 'A Partida' begins at dawn with a departure on a long rail journey into the country. External dialogue is explicitly negated as Angela recasts it as internal dialogue in which she rewrites her old scripts. Opposite the 37-year-old Angela Pralini sits a much older woman traveller, the 77-year-old dona Maria Rita. Only one male character speaks on his own account in Clarice Lispector's story and he performs a particular role as will be noted later. Otherwise, men are absent. Their words are recycled by Angela who imagines both sides of a dialogue with Eduardo which, like one of Gabriel Conroy's opening gambits, might in the past have cast her as 'Other', but now, through her subtle reversals, fails to do so. Lispector's dialogues in 'A Partida' are thus, in a sense, a mutually reinforcing double fiction. Just as dialogue is used in narrative fiction to create and sustain subjective identities, the construction of identity through dialogue is always ultimately fictitious.

Joyce uses misconnecting dialogic exchanges at the social gathering to show the mutual shattering of mirrored identities The first of these occurs between Lily the servant and Gabriel, who makes a fool of himself on arrival as he makes false assumptions about Lily's age and her interest in men. He differs from Lispector's protagonists in that his mistakes are spoken in public, to an 'audience'. According to Garry Leonard, James Joyce shows Lily being created as a fictional 'self' by imagining herself the way the other is likely to perceive her. For example, 'we can guess that on a strictly physical level, Lily is tired. But in order to give this feeling "meaning" and identify it as her own, she must imbue it with a subjective dimension by transforming it into language that she imagines could be spoken about her' (p.456). Lily rebuffs Gabriel's attempt to treat her as a child and to ask if she is going to get married. She replies, 'the men that is now is only all palaver and what they can get out of you' (p.192). As Leonard points out, in this exchange each has shattered as a mirror for the other but, 'unwittingly, he shattered for her first by asking a real woman a question better asked about a little girl in a fairytale (of course she is that unreal to him)' (p.458). Gabriel enjoys discursive mastery, both semiotically and socially, in relation to a female servant in an all-female Dublin household on a public occasion which requires him to *initiate* dialogue (or perhaps more usefully in French, 'prendre la parole'). As Leonard points out, Lily '... often imagines her identity in relation to Gabriel's regard, both when he is there and when he is not' (p.457). Conversely, it is only by retreating from Eduardo that Angela can recapture her non-reflecting self. She must revisit her own dispersed subjectivity in the privacy of inner dialogue, manifested through an abundance of free indirect and direct speech. The shattering point between Lily and Gabriel occurs precisely when imagined speech is articulated and exchanged as social dialogue. Angela emulates Lily in that she imagines her identity in relation to Eduardo's regard. For example, in a long mental address to him, Angela rejects his attempts to call her a 'letrada' (p.33), preferring instead to release her 'lado mau' in which she is 'uma vaca ... uma cavala livre e que pateia no chão ... mulher da rua ... vagabunda' (p.33). However, unlike the superficially innocent dialogic exchanges which catch both parties unawares in the highly symbolized social world of 'The Dead', Angela's projections are allowed to continue circulating almost solely in the imaginary. They depart from a reversal of Eduardo's imagined misapprehensions of her and proliferate through a series of accumulated self-images which are not constrained or shattered by the symbolic context of social dialogue.

Only one public shattering of the identity mirror occurs in 'A Partida' and this is significantly in a male/female exchange. The only man to address either woman in public is the polite boy passenger who plays music on his transistor and offers to close the window. By addressing Maria Rita as 'a senhora' he shakes her previously unselfconscious lack of composure. With a double negative characteristic of Lispector's prose, it is her lack of composure that is lost in the exchange. This sudden male intervention frightens Maria Rita out of all normal proportion. 'Ah! exclamou ela aterrorizada' (p.23). Angela resents the boy's disturbance of a delicate equilibrium between herself and the other woman. 'Oh não!, pensou Angela, estava se estragando tudo, o rapaz não deveria ter dito isso, era demais, não se devia tocá-la de novo' (p.23). The adverbial 'de novo' implies that someone has touched Maria Rita before, yet it is paradoxically coupled with what is in fact the text's first mention of touching and therefore implies some unspoken/unsymbolized touching of Maria Rita known only to Angela Pralini. The balance of the two women's feminine silence, their mutual reincorporation, is momentarily upset by the words of the boy, whose identity requires that Maria Rita need things to be done for her. Echoing Leonard's view that Gabriel treats Lily like a little girl in a fairy tale, the boy treats Maria Rita like a helpless, little old lady in a story book. For Maria Rita, as for Lily the maid, some form of authority, however illusory, must be reasserted in response. 'Não, não, não, disse ela com *falsa* autoridade, de modo algum, obrigada, só queria olhar' (p.23, my italics). Feeling suddenly observed by the boy, Maria Rita inauthentically simpers and performs, hastily assuming the mask of ~~The~~ woman. 'Depois da delicadeza do rapaz estava extaordinariamente agitada e sorridente' (p.25). To Angela, conversely, Maria Rita 'parecia enfraquecida' (p.25). Even when the boy has gone Maria Rita is caught frozen in the reflex action of doing what helpless women do, 'fluttering her eyelashes' though the motion is here desexed to render a simple physical action instead of its culturally constructed effect. 'Ela abria e fechava as pálpebras' (p.25).

If external, social (as opposed to internal) dialogue is sparse and delimited in 'A Partida', it is richly varied, occurring on a range of different levels in 'The Dead'. As Leonard reminds us, 'the successful seduction of the Other, through speech, permits the subject to authenticate his own subjectivity because, for the length of time that he is speaking, his belief that the audience believes in him allows him to believe in himself' (p.451). This is most obviously manifested in 'The Dead' through Gabriel's after-dinner speech. He is concerned at how he sounds in public and is retrospectively disconcerted by the echo of Molly Ivors's criticisms. Angela and Maria Rita, in contrast, allow silent, physical contemplation to replace real discursive exchange, in a process of imaginary mutual re-embodiment. The few conversational initiatives they do take are factual, amounting to name, age, destination, purpose of trip and an offer from Angela to change places with Maria Rita. The deconstruction of the symbolic mirrors happens primarily through a retroactive return to the imaginary, when Angela systematically splinters Eduardo's image of her with a litany of negatives, denying all that he had previously believed her to be. Her flow of speech sporadically refers to disparate parts of the body such as lips, breasts, the nose, finger tips, eyes and eyelashes, teeth, ears, hands, feet, ovaries and uterus. She observes both her own body and Maria Rita's as she divides them into independent images, then merges their individual senses, expressing their presence through sensual affect. Gabriel's body, in contrast, is resolutely separate from Gretta's, reasserting itself only in the slow swooning of the soul as his subjective disintegration finally penetrates his denial of physical mortality.

As Cixous claims, 'The Dead' centres on the revelation of life in death and death in life which informs the entire syntactical arrangement of 'A Partida do Trem'.[17] In her Kristevan reading of Joyce, Suzette Henke extends this to a redemptive view of Gabriel's descent among the dead, suggesting that Gretta releases a latent potential for revitalization and regeneration. According to Henke, 'In touch with the semiotic rhythms of maternal love and erotic bonding, Gretta articulates a spiritually redemptive aesthetics of desire that subverts the logocentric world of patriarchal discourse.'[18] Death thus becomes a prelude to a rebirth so that, for Henke, 'relinquishing his longing for self-valorization through a totalizing vision of the female, he [Gabriel] surrenders to the unsettling pulsions of a buried, semiotic life that offers the promise of psychic regeneration' (p.47). Throughout 'A Partida' Angela detotalizes the visual fragmentation of poetic discourse, creating the conditions for Maria Rita and Angela to be subjectively reborn in each other. Having started as strangers, Angela and Maria Rita gradually become 'relations', a point to which I will return. From observing each other's bodies, they move to sharing unspoken meditations on death, as if empathically connected. For example, 'A velha, como se tivesse recebido uma transmissão de pensamento, pensava: que não me deixem sozinha' (p.37). Conversely, Gretta and Gabriel, who are husband and wife, discover that they are in fact strangers after all. The words they exchange about someone else's death mean that they can no longer exchange bodies through sexual union and Gabriel thus cannot 'complete' himself.

Angela has consciously become 'cansada de tentar ser o que você [Eduardo] achava que sou' (p.33). Gretta similarly, if unwittingly, resists being a symbol of anything as Gabriel watches her listening to 'The Lass of Aughrim' on the stairs and wonders, 'What is a woman standing on the stairs listening to distant music a symbol of?' (p.227). Gretta all the while is allowing the song to recreate for her the memory of an old frustrated love affair, belonging to a pre-symbolic, pre-married idealism that could only have ended in death. Angela has already recognized in her separation from Eduardo, 'não se pode prolongar o êxtase sem morrer' (p.29). She enacts a performative escape from other status by telling an imagined Eduardo, 'Sou o que sou e não o que pensas que sou' (p.29), only to remain paradoxically trapped by the oppositional structure of the sentence, turning on the negative 'e não'. The symbolic is more effectively overturned, however, by the deconstruction of oppositional structures through paradox and contradiction, as for example when Angela uses an affirmative in the negative act of rejecting the need for proof of her escape. She asks 'prova de quê? Sim. Ela já tivera plenitude' (p.29). For Angela, plenitude constitutes '*uma* das verdades encontradas' (p.29, my italics) and is not privileged as the single origin of all meanings in direct opposition to the phallus. Diane Griffin Crowder describes the significance of plenitude for Cixous as she 'rejects the Oedipal drama and castration as the origins of desire. Not lack but plenitude marks desire in the feminine' (p.139).

Angela works against the totalizing effects of the symbolic by regarding fragmented parts of the female body in unconventional terms of independent wholeness. She rejects Eduardo's 'intelectualismo' and his 'grupo falsamente intelectual' (p.34) as they have forced her into knowledge, a constant obligation 'a saber, a saber, a saber' (p.35). In its place she asserts incoherence, stating 'A coerência, não a quero mais. Coerência é mutilação. Quero a desordem. Só adivinho através de uma veemente incoerência' (p.35). She rejoices in her ability to think several thoughts at once, 'tinha muitos pensamentos que se entrecruzavam e eram vários' (p.35). This she identifies as a 'subconsciente' which should not be put into spoken words and which the other/você/Eduardo cannot repress. In a paradoxical unbalancing of the symmetrical convention 'queira ou não queira você' which conventionally has the same subject for both verbs, Angela thinks, 'Sem falar no "subconsciente" que explode em mim, queira eu ou não queira você' (p.35). Like the lecturer and writer, Gabriel Conroy, Eduardo lives by the word. Suzette Henke describes Gabriel as a 'Joycean surrogate [who] takes refuge in a logocentric and dangerously repressive world of verbal mastery cut off from unconscious drives and libidinal desire' (p.42). This leads him to make 'the social world into a narcissistic stage for dramas of continual self-assertion' (p.43). Thus Gabriel's very subjectivity hangs upon his fear of looking ridiculous or inappropriate as he makes the speech after supper at his aunts' party. In his final shattered images, he becomes aware that he is 'acting as a pennyboy for his aunts, a nervous well-meaning sentimentalist, orating to vulgarians and idealizing his own clownish lusts . . .' (p.238). Lispector's Eduardo also lectures for a living. 'Ele às vezes fazia palestras nas universidades e adoravam-no' (p.37). Just as the words of the assertive republican, Molly Ivors, deflate Gabriel's masculine pomposity, Angela undermines Eduardo's figurative introduction to his lectures. 'Sinto-me pouco à vontade ao ver as pessoas se levantando quando ouvem anunciar que eu falarei' (p.37). She playfully imagines what would happen if an audience were to take him literally by getting up not to pay respect but to leave the lecture room.

With Angela's return to her chaotic, incoherent imaginary comes awareness of touch and sensuality. Angela repeatedly refuses 'passividade' and dreams about the natural beauty of the country farm she is going to. She imagines bathing naked in the river to mix her own sacred mud with the clay of the earth. 'Tomarei banho no rio misturando com o barro a minha abençoada lama' (p.33). 'Abençoada lama' contrasts with the shame she describes when Eduardo asked about her 'dores menstrais' using the diminutive term, 'você está dodói, não é' (p.40). The word reduces her physical difference to a euphemistic diminutive of sickness, a layering of lack and negativity which makes her blush where the words 'abençoada lama' do not. Here, 'abençoada' sanctifies the feminine bodily fluids as the outpouring of creativity. The term 'lama' is also a euphemism but it points up what Sherry Dranch in her readings of Colette, describes as 'ellipsis', that is 'the connection between the subliminal style . . . and a forbidden obsession' so that 'a subtext consisting of the clearly stated unsaid, or more precisely of an intersaid (inter-dit: forbidden), is indicated through ellipsis and metaphor . . .'.[19] By referring to 'dores menstruais' two lines earlier, Lispector is stating what Eduardo is about to 'unsay' with 'dodói'. As a corollary of these ellipses, Angela later describes her words as experiencing the pull of another 'sentido' (indicating feeling, meaning and direction in Portuguese) behind a phrase which 'não resistia à lógica porém tinha em si um imponderável sentido' (p.32). It is as if she wanted to say one thing but something else has insidiously taken it over. 'Era como se quisesse exprimir uma coisa e exprimisse outra' (p.32). The failure to say what one wants becomes here a metaphor for the feeling produced by the inability to say it. Sherry Dranch's 'stated unsaid' or 'inter-said' is also here a 'stated unsayable'. Lispector's symphony of sense and sensuality requires the reader to experience reactions normally suppressed or suspended by the cerebral act of reading. As Carol Armbruster describes it, 'Lispector plays with all the senses of the body and with their interrelations. She urges her reader to listen to designs and colors, and to photograph the smell of perfume, all in an effort to sensitize every bodily vibration possible.'[20]

Recalling Cixous's comments 'There's tactility in the feminine text, there's touch, and this touch passes through the ear',[21] Lispector's text periodically becomes rhythmic and musical with a strong focus on onomatopoeia, sound and rhythm. Angela draws on onomatopoeia to calm her terror of death and the void. She longs for the comfort of Schumann's music and tells herself a childish story about a man walking on a mass of smooth, shining fruit, making a beautiful sound underfoot. This recurrent *leitmotiv* draws the senses of hearing, sight and touch into one simultaneous experience. 'Era tal a abundância de jabuticabas que ele se dava ao luxo de pisá-las. E elas faziam um barulho muito gostoso. Faziam assim: cloc-cloc-cloc etc. . . .' (p.37). Later she remembers from her childhood 'outra árvore gostosa era uma cujo nome científico esquecera mas que na infância todos haviam conhecido discretamente, sem ciência, era uma que no Jardim Botánico do Rio fazia um cloc-cloc sequinho' (p.38). The 'cloc, cloc' is an onomatopoeic *leitmotiv* experienced three times in total. It is related once in the present through the story which Angela tells herself, once in the future as she imagines herself walking on the fruit of a 'jabuticaba' tree at the country estate where she is going, and finally in her past recollection of the nameless tree whose fruit made a similar 'cloc, cloc' sound when trodden upon. Only the specific sound and the sensual experience connect the different times, the different trees and the different grammatical subjects of the 'stories'.[22]

This poetic primacy, which both texts afford to sound, correlates in turn with a move away from dialogically constructed subjectivity to an acceptance of subjective disintegration and an awareness of the mortal body which Gabriel tries to deny. Both Gabriel and Angela are forced into a recognition of death through their encounters with old women nearing the end of their lives, Aunt Julia and Maria Rita. Gabriel sees his own death, the death of all humanity, in the levelling snow and the thought of Aunt Julia. Angela sees her future death in Maria Rita as she mentally addresses Eduardo, 'Segura minha mão, Eduardo, para eu não ter medo de morrer. Mas ele não segurava nada. Só fazia era: pensar, pensar e pensar' (p.32). Eduardo is an intellectual who 'ouvia música com o pensamento' (p.29). Because he cannot feel music, the decomposure of logocentricity into rhythm and sound, he is trapped in a phallic subjectivity which negates Angela's limitless sensuality and obstructs any potential recognition of the limitless in himself. Gabriel, like Angela, prefigures a death in his mind as he retraces the steps of the evening that lead him to feel so passionately towards his wife. 'Poor Aunt Julia! She too would soon be a shade with the shade of Patrick Morkan and his horse. He had caught that haggard look upon her face for a moment when she was singing *Arrayed for the Bridal*' (p.241). For Gretta too, death is recalled through a song. 'The Lass of Aughrim', which Bartell D'Arcy sings at the end of the party, reminds her of Michael Furey, who used to sing the same song. Her tale of Furey's death for love of her, at the very point of Gabriel's attempt to make love to her, forces him to learn as Leonard puts it 'suddenly and beyond any ability of his to equivocate, that Gretta will not authenticate that "something" in his voice that connects him to his belief in ~~The~~ Woman and his own phallic function' (p.467). Thus Gabriel's image in the hotel room mirror shatters figuratively and literally when Gretta ceases to reflect for him. Conversely, when Angela looks in her handbag mirror her subjectivity divides into a first, a third and an implicit second person. Syntactically she splits off from the perceiving self that sees the object self in the mirror cautioning herself, in direct address, to beware the abyss the mirror represents. 'Pareço-me com um desmaio. Cuidado com o abismo, digo àquela que se parece com um desmaio' (p.32). The 'desmaio' evokes both a loss of the senses in swooning, and a loss of meaning/sense, both of which are contained in the Portuguese play on 'perder (os) sentido(s)'. At the end of 'The Dead', Gabriel also experiences his subjective fragmentation in the figurative not literal terms of a swoon or faint. 'His soul swooned slowly as he heard the snow falling faintly through the universe and faintly falling like the descent of their last end on all the living and the dead' (p.242).[23]

A realization of repressed mortality builds towards the conclusion of 'The Dead'. John Paul Riquelme interestingly suggests that Gabriel denies death by refusing to accept his human limitations and requiring that everything around him be coincident with his desires. 'He [Gabriel] ignores his own limits and, in effect, denies his own mortality . . . His desire for control is clear in the series of encounters with Lily, Miss Ivors and Gretta. And it is also clear in his meditation on the snow as his ally' (p.229). Unlike Gabriel, Maria Rita accepts that death will not to coincide at all with her desires and expectations but rather will surprise them. 'Como dona Maria Rita sempre fora uma pessoa comum, achava que morrer não era coisa normal. Morrer era surpreendente. Era como se ela não estivesse à altura do ato de morte . . .' (p.30). By recognizing the limitations of human subjectivity confronted with death, Angela and Maria Rita are left open to a sudden reflux of the senses in a boundless experience of living. Cixous's own reading of the conclusion to 'The Dead' in her doctoral thesis similarly focuses on a dissolution of limits as she writes,

> to the accompaniment of a verbal music the soul that had perceived its outward appearance in the mirror is dissolved in that one and only phase of time when the boundaries of life and death are buried under the snow, swooning into sleep.[24]

In the face of death, Angela loses all fear of life and is prepared to risk everything. 'Desde que descobrira – mas descobrira realmente com um tom espantado – que ia morrer um dia, então não teve mais medo da vida, e, por causa da morte, tinha direitos totais: arriscava tudo' (p.27).

At the end of 'A Partida', a bond has grown between Maria Rita and Angela. An intimacy is gradually implied. Maria Rita has no private relations with her busy 'public-relations' daughter, describing herself as 'castrada pela filha' (p.40). The successful daughter belongs to the law-of-the-father, the world of business, commerce and exchange. The daughter leaves the station before the train departs without kissing her mother goodbye. Just as Rita no longer really has a daughter, Angela lost her parents when she was nine. The two are thus linked in an explicit mother/daughter pairing as

'Angela estava amando a velha que era nada, a mãe que lhe faltava' (p.41). In Cixous's utopian vision of the feminine, mother and daughter coexist in an imaginary and timeless continuity with each other. In this they demonstrate how, as Toril Moi puts it, 'whereas man represses the mother, woman doesn't (or hardly does): she is always close to the mother as the source of good ... the writing woman is thus immensely powerful: hers is a *puissance féminine* derived directly from the mother ...' (p.115). Lispector's feminine pairing is peacefully, if idealistically, untriangulated by the intervention of patriarchal law. Their respective men are suspended at either end of the text. Eduardo is in the past. The son, towards whom Maria Rita is travelling, lies in the future. At the end of 'A Partida', the old woman loses consciousness not through death or swooning but through sleep. The closing image is one of surprise, echoing Maria Rita's expectation that death will surprise her, but also affording a vision of the immediate future when the old woman will wake up and notice that Angela has simply disappeared, as angels are wont to do. 'Ficou-a perturbando a visão da velha quando acordasse, a imagem de seu rosto espantado diante do banco vazio de Angela' (p.43). With respect to the final passage of 'The Dead', Cixous writes, 'Joyce has here contrived not only to detach the images from their spatial context but also to develop two parallel movements of images against a temporal background ...' with the effect that 'Art no longer consists simply of reproducing vision or dialogue, but itself generates visions – even a certain vision of reality transmuted to epiphany'.[25]

In the figurative language of both Joyce and Lispector, closure and resolution are resisted, albeit to varying degrees, because a (regenerative) 'feminine' disrupts the signifying process.[26] The authority of phallic knowledge is consistently derailed in 'A Partida do Trem' by the refusal of sexual oppositions, and the absolutism of the death/life boundary is undermined as a consequence. Similarly, French feminist redemptive readings, such as those made by Suzette Henke and Margot Norris, view Gabriel's realization of death in terms of a break with the symbolic and the frustration of a desire for oppositional subjectivity. Correspondingly, the temporal dispositions of Lispector's story actually disperse the single moment of the train's departure, which becomes not a departure at all, but a point of infinite return. The chronological narrative flow returns ineluctably to the beginning. This is achieved through a series of 'false starts'. The movement of setting off is described as the two women, Maria Rita and Angela, sit contemplating each other. The impression is created three times that the journey is finally under way only for the synthetic pluperfect tense to cast the reader back to the moment of departure. Thus the departure of the title is a constantly suspended moment, a point of convergence for all time past and future, a point of entry to a series of textual circles, not the initiation of a linear route. In 'The Dead', Gabriel comically acts out the story of his grandfather, Patrick Morkan, who had a horse which had been a mill animal for its previous owner and which chose, on one particular night, to revert to old habits and draw the carriage round and round the statue of Wellington on horseback. Gabriel's subsequent 'real' carriage journey to the Gresham Hotel epitomizes the linearity of sexual urgency, only for his life to loop unexpectedly back into a circle when he arrives. Death (or a previous life) brings its levelling as the precursor of circular return. Maria Rita is similarly drawn round in a syntactical loop when her move to counter death with 'inefável vida' is diverted into a rhetorical ellipse, '*mas e* a pergunta sobre a morte?' (p.38, my italics).

Notes

[1] A revised and abbreviated version of this essay has appeared as 'The anxiety of confluence: James Joyce's "The Dead" and Clarice Lispector's "A Partida do Trem"', in *Hers Ancient and Modern: Women's Writing in Spain and Brazil*, ed. Catherine Davies and Jane Whetnall (Manchester: *Manchester Spanish and Portuguese Studies* no. 6, 1997), 101-11. A Portuguese version of this paper has appeared as 'Relendo James Joyce à luz de Lispector. Uma análise crítica de "A Partida do Trem" e "O Morto"', *Actas do Quinto Congresso da Associação Internacional de Lusitanistas*, ed. T. F. Earle (Oxford and Coimbra, 1998), 2, 1169-75.

[2] Hélène Cixous, 'The newly born woman', in *The Hélène Cixous Reader*, ed. Susan Sellers (London: Routledge, 1994), 35-46 (43).

[3] Clarice Lispector, 'A Partida do Trem', in *Onde Estivestes de Noite* (Rio: Nova Fronteira, 1980). Future references are given parenthetically within the text.

[4] The importance of Joyce in Lispector's work has already been noted. According to Earl Fitz, Lispector's mentor and fellow writer Lúcio Cardoso 'suggested that Lispector take the title of her first manuscript

[*Perto do Coração Selvagem*] from a line in Joyce's *A Portrait of the Artist as a Young Man*' (Fitz, *Clarice Lispector* (Boston: Twayne, 1985), 6). Fitz locates the overlap between Joyce and Lispector in their revolutionary short-story techniques, singling out *Dubliners*, the collection to which 'The Dead' belongs, and stating: 'these [thematic and stylistic] interests, always rooted in Lispector's fascination with language and with the mystery and power of the human mind, help show how much her stories have in common with Joyce's stories, especially those of *Dubliners* (1916)' (*Clarice Lispector*, 97).

5   Clarice Lispector has, of course, been 'adopted' as emblematic of French feminist *écriture féminine* by Hélène Cixous, who also affords a special importance to Joyce, from her groundbreaking 1968 doctoral thesis onwards. See note 17 below. A typical French feminist reading of Joyce is summed up by Margot Norris in terms of how 'highly experimental writing ... which proclaims itself as having nothing significant to tell the reader, acts out, in the view of French feminism, a set of values (antidogmatism, undecidability, playfulness) that can be designated as feminine writing (*écriture féminine*) in distinction to patriarchal writing that arrogates truth, knowledge, and authority itself'. 'Not the girl she was at all: women in "The Dead"', in *James Joyce: The Dead*, ed. Daniel R. Schwarz (Boston and New York: Bedford Books, Case Studies in Contemporary Criticism, 1994) 190–205 (192). In recent years, Anna Klobucka, among others, has proffered a powerful and necessary critique of Cixous's appropriative reading strategies in relation to Lispector's work. See 'Hélène Cixous and the hour of Clarice Lispector', *SubStance* 73 (1994), 41–62.

6   James Joyce, 'The Dead', in *A James Joyce Reader*, intro. Harry Levin (Harmondsworth: Penguin, 1993). Future references are given parenthetically within the text.

7   Garry Leonard, 'Joyce and Lacan: "The Woman" as symptom of "masculinity" in "The Dead"', *James Joyce Quarterly*, 28 (Winter 1991), 451–72. Future references are given parenthetically within the text.

8   Leonard cites the following explanation of the barred T̶h̶e̶ from the introduction to Jacques Lacan, *Feminine Sexuality: Jacques Lacan and the École Freudienne*, int. and ed. Jacqueline Rose and Juliet Mitchell, tr. Jacqueline Rose (New York: W.W. Norton, 1982): 'His [Lacan's] point ... is "not that women do not exist but that her status as an absolute category and guarantor of fantasy (exactly *The* Woman) is false (T̶h̶e̶)"' (459).

9   Nelly Furman, 'The politics of language: beyond the gender principle?' in *Making a Difference: Feminist Literary Criticism*, ed. Gayle Greene and Coppélia Kahn (New York and London: Methuen, 1985), 58–79.

[10] Garry Leonard's analysis of 'The Dead' refers throughout to the split subject using Lacan's terms, the *je* and the *moi*: 'The speaking subject he calls *je* or "I". The object-like stable sense of subjectivity, what we might call an ideal sense of our identity, Lacan designates as the *moi* or "me"' (451).

[11] Ann Rosalind Jones, 'Inscribing femininity: French theories of the feminine', in *Making a Difference: Feminist Literary Criticism*, ed. Gayle Greene and Coppélia Kahn (New York and London: Methuen, 1985), 80–112 (83).

[12] Cixous, 'The newly born woman', 41.

[13] Diane Griffin Crowder, 'Amazons and mothers? Monique Wittig, Hélène Cixous and theories of women's writing', *Contemporary Literature*, 24, 2 (Summer 1983), 117–44 (132).

[14] Toril Moi, *Sexual/Textual Politics* (London: Methuen, 1985), 117, 120.

[15] Jones, 'Inscribing femininity: French theories of the feminine', 88.

[16] Hélène Cixous, 'Castration or decapitation', intro. and tr. Annette Kuhn, *Signs*, 2, 1 (1981), 41–55 (54).

[17] Cixous describes 'The Dead', as 'a single epiphany of multiple meaning (death in life, life in death, the presence of death, evocation of the dead, all the forms a mind could invent for the imagining of death or as a means of avoiding the notion) . . .' (*The Exile of James Joyce or the Art of Replacement* (New York: David Lewis, 1972), 613).

[18] Suzette A. Henke, *James Joyce and the Politics of Desire* (London: Routledge, 1990), 48–9. Future references are given parenthetically within the text.

[19] I use this term as it is defined by Sherry E. Dranch in 'Reading through the veiled text: Colette's *The Pure and the Impure*', *Contemporary Literature*, 24, 2 (Summer 1983), 176–89 (177). Future references are given parenthetically within the text.

[20] Carol Armbruster, 'Hélène-Clarice: nouvelle voix', *Contemporary Literature*, 145–57 (154–5).

[21] Cixous, 'Castration or decapitation', 54.

[22] An analogy may be drawn between the cracking of the 'jabuticaba' shells and the tapping of the snow on the window in 'The Dead'. John Paul Riquelme explains the snow tapping on the window as a repeated reminder of death but also a 'rhetorical mirror that reflects in small the repetitions and reversals that are central to the story's transformations', 'For whom the snow taps: style and repetition in "The Dead"', in *James Joyce: The Dead*, ed. Daniel R. Schwarz, 219–33 (232).

[23] Sheldon Brivic's Lacanian reading of 'The Dead', in line with Leonard's, sees Gretta's loss as the catalyst for Gabriel's disintegration and its expression in terms of soul. Brivic suggests '. . . the loss the woman thinks of expresses the depth of her subjectivity, drawing back

veils as no other feeling could in accord with Lacan's principle that the subject is built on a sense of loss. Perhaps it is because identity springs from separation that only by seeing the woman's loss can the artist see his own soul' (*The Veil of Signs: Joyce, Lacan, and Perception* (Urbana and Chicago: University of Illinois Press, 1991), 180).

[24] Cixous, *The Exile*, 615.

[25] Ibid.

[26] As Cixous puts it, 'and the movement whereby each opposition is set up to make sense is the movement through which the couple is destroyed. A universal battlefield. Each time, a war is let loose. Death is always at work' ('The newly born woman', 38).

13
O Tempo e O Vento: História, Mito, Literatura

REGINA ZILBERMAN

Considerado de modo quase unânime a obra prima de Érico Veríssimo, *O Tempo e O Vento* talvez tenha sido o projeto literário que mais exigiu de seu criador. Depois de terminado, porém, passou a constituir marco definitivo na carreira literária do autor, pois poucos admiradores de sua obra não a repartem entre o antes e o depois da trilogia. Some-se a isto a circunstância de que, escrito e publicado entre 1949 e 1962, apareceu durante, e acompanhou, o curto intervalo democrático, entre 1945 e 1964, experimentado pela sociedade brasileira contemporânea. O romance detém, pois, rara propriedade: engloba um movimento tanto retrospectivo, interpretando o passado sulino e brasileiro, como prospectivo, rastreando e avaliando este lapso democrático com o qual autor e obra se identificam. Estas são facetas internalizadas pelo texto, algumas delas examinadas a seguir.

1. O Projeto

Costuma-se atribuir aos últimos parágrafos de *O Resto é Silêncio*, publicado em 1942, o anúncio do romance que estava sendo gestado.[1] O projeto, contudo, deve ter nascido muito antes, precedendo a escrita de *O Resto é Silêncio* e mesmo *Saga,* novela editada em 1940. Numa conferência proferida em 1939, Érico Veríssimo revela o nascimento de *Saga.*

> Achava-me eu ... com firme tenção de começar a escrever um massudo romance cíclico que teria o nome de *Caravana*. Seria um trabalho repousado, lento e denso a abranger duzentos anos da vida do Rio Grande. Começaria numa missão jesuítica em 1740 e terminaria em 1940.

O TEMPO E O VENTO: HISTÓRIA, MITO, LITERATURA

> Levei a máquina de escrever portátil para a beira dum lago artificial, debaixo de copados pinheiros, decidido a escrever a primeira linha do romance-rio. ... Silêncio. Tudo tranqüilo. Tudo, menos eu. Não sei que secreta intuição me dizia que não tinha chegado a hora de escrever *Caravana*. Eu procurava me infurnar nos longos corredores do tempo em busca da época áurea das missões, meter-me na pele de Padre Alonso, uma das personagens, esquecer o avião, o rádio, todas essas engenhocas da civilização mecânica para me imbuir das imagens e idéias do século dezoito. Inútil. Através do silêncio do planalto eu ouvia o ribombo da guerra. O mundo estava em vésperas do maior morticídio da História. Vivíamos dias incertos. Para chegar até esta hora trepidante e doida eu teria de atravessar de carreta mais de duzentos anos. Era uma viagem demasiado longa para meus nervos. ... Naquela manhã de fevereiro mantive tremenda discussão comigo mesmo. Uma parte do meu ser insistia com argumentos graves em que eu trabalhasse em *Caravana*. Mas outra parte, a mais vibrátil e nervosa, a mais combativa e inquieta, gritava pelo abandono, ao menos provisório do romance cíclico.[2]

O projeto da narrativa histórica começou a esboçar-se na década de 30 e antecedeu a produção de dois romances voltados à apresentação da vida contemporânea, um deles destinado à discussão dos problemas políticos da época. Mas ele contém elementos básico do texto final: o tema da história do Rio Grande do Sul, conforme um arco temporal de 200 anos, e os episódios de abertura de *O Continente*, narrados em 'A Fonte'. *Solo de Clarineta* endossa as informações apresentadas na conferência 'O Romance de um Romance': Levei dois anos para escrever esse primeiro volume, usando ou repelindo notas que se me haviam acumulado nas gavetas desde 1939.[3]

Todavia, a idéia que germinava na cabeça do ficcionista não toma forma antes de 1945, isto é, sem que ele tivesse escrito *Saga* e *O Resto é Silêncio*. Uma das razões para o adiamento pode ter sido o fato de ele ainda não dominar o tema, hipótese sugerida pelo *Solo de Clarineta*, onde confessa as dificuldades para lidar com a matéria regional e os tipos locais. Mas o depoimento de 1939 indica que Érico não considerava participação social ou atualização política voltar-se ao passado sul-rio-grandense, narrando o lento percurso de sua formação histórica. Literatura engajada, acreditava ele, era *Saga*, novela transcorrida durante a guerra civil espanhola.

Também revelador é que Érico não consegue abordar o tema de inspiração histórica antes de assistir ao fechamento do ciclo de onde retira a principal matéria ficcional. Eis por que, afirma, uma secreta intuição me dizia que não tinha chegado a hora de escrever *Caravana*, hora que soa após a queda de Getúlio, motivando a extensão cronológica do projeto original até 1945, como se o tempo estivesse compensando o adiamento do início da produção do livro com a prorrogação do final da história. Criaram-se então as condições necessárias para a realização do plano, pois, se o autor intuíra o assunto, sua origem e desenvolvimento, foi preciso deixar passar alguns anos, até o último ato, coincidindo com a disposição de Vargas e o término do Estado Novo, acontecer por inteiro.

2. A Produção

Érico Veríssimo escreveu *O Continente* em 1947 e 1948, saindo o livro em 1949. Em *Solo de Clarineta*, tece comentários sobre a criação e o caráter das personagens, como Rodrigo Cambará, Licurgo Cambará, as personagens femininas e o Dr. Winter, figura que, segundo o ficcionista, faz 'o papel de 'coro' daquela comédia provinciana' (p.299).

Em 1950, com *O Continente* já publicado, Érico Veríssimo iniciou a redação de *O Retrato*. Ao contrário da primeira parte, dividida em episódios protagonizados, em seqüência linear, pelos membros da família, a segunda centraliza-se na biografia de Rodrigo Terra Cambará, indivíduo que ele queria 'parecido mas não idêntico a Sebastião Veríssimo' (p.304), seu pai. Ao final, Rodrigo perde parcialmente o monopólio sobre o livro, pois infiltra-se no tecido narrativo o filho Floriano, o escritor sobre o qual comenta Érico: 'Era natural que eu pensasse também na possibilidade de entrar no livro como personagem, caso em que teria de manter-me na pele de Floriano, o filho mais velho do futuro senhor do Sobrado' (p.302).

Floriano tem uma atualização mais forte em *O Arquipélago*, a última seqüência, em três volumes, produzida em 1960 e 1961 e cuja publicação estendeu-se até 1962.

> Cotejando o projeto original, gestado nas décadas de 30 e 40, com o tempo de maturação e produção das diferentes partes, verifica-se que, inicialmente, o escritor dispunha de um plano geral que só foi tomando a forma que hoje tem à medida em que era escrito. Nas memórias, o autor alude às profundas alterações a que foi obrigado, por imposição da matéria e da perspectiva que adotou para representá-la. Resulta que

o livro foi assumindo natureza cíclica, o final remetendo ao começo e a última frase sendo a reprodução da primeira. Este caráter cíclico, por sua vez, tem origem estrutural – visa, de um lado, manter a estrutura circular utilizada em *O Continente*, de outro, incorporar ao texto a discussão de seu processo de produção – de modo que se converte no guia da análise e interpretação do romance. (p.312)

3. Perspectiva

Érico Veríssimo raramente se pronunciou a propósito das intenções a serem encontradas em seus livros, que, conforme a trajetória da produção de *O Tempo e O Vento* sugere, nem eram escritos segundo um rígido plano de trabalho. Entende-se assim por que seu depoimento sobre os objetivos da trilogia, contido em *Solo de Clarineta*, é muito breve: 'Conclui então que a verdade sobre o passado do Rio Grande do Sul devia ser mais viva e mais bela que sua mitologia. E quanto mais examinava a nossa História, mais convencido ficava da necessidade de desmitificá-la'. (p.289)

O texto, ainda que sintético, é significativo, pois lida com conceitos – o de verdade em contraposição à mitologia; o de desmitificação como condição da histórica – na sua relação com a decisão principal do romancista: expor a verdade em seu texto, para evitar a mitologia, escrevendo então uma narrativa que, por ser desmitificadora, revela a face autêntica da histórica.

Os motivos que levaram Érico a adotar esta posição podem ter sido de ordem pessoal: nas memórias, alude às dificuldades que sempre tivera em trabalhar artisticamente a matéria regional. Mas é preciso associar sua decisão a um quadro histórico-literário mais abrangente: desde o século XIX, o passado sulino constituía assunto da ficção local, sendo a Revolução Farroupilha o episódio predileto dos escritores, que o engrandeciam e elevavam-no segundo uma ética que, a Érico Veríssimo, provavelmente pareceu mitificadora e falsa.

Todavia, as razões literárias não se limitavam à prosa do fundo histórico editada na segunda metade do século XIX e nas primeiras décadas do século XX. Os anos 30, durante os quais se deu a formação do romancista e se festejou o centenário da Revolução Farroupilha, foram pródigos em livros de ficção cujo pano de fundo era fornecido pela histórica do Rio Grande do Sul. O escritor menciona o fato de que as comemorações da época podem tê-lo influenciado, e ele talvez não ficasse indiferente às várias obras que recordavam com nostalgia e elogiavam com fervor os já lendários Bento Gonçalves, David Canabarro e Giuseppi Garibaldi.

Dois livros, pelo menos, abordaram a história do Rio Grande do Sul pouco antes de *O Tempo e O Vento*. *Romance Antigo*, de Darcy Azambuja, narra a histórica do Estado usando como fio condutor Emília, personagem que se multiplica nas descendentes de mesmo nome e representa as sucessivas gerações da família e épocas do passado. *Tiaraju*, de Manoelito de Ornellas, conta os episódios da guerra entre índios guaranis e soldados portugueses, tendo o comandante Sepé como protagonista.

Destacam-se dois aspectos na obra de Ornellas: a ação remonta o início da histórica do Estado à época da incorporação das Missões à Coroa portuguesa, elevando Sepé a herói, em contraposição a outras tendências de historiografia sulina, que o viam como estrangeiro e aos portugueses como forma de integração da região ao território brasileiro. E, como mostra os acontecimentos sob a perspectiva dos selvagens americanos, massacrados pelos colonizadores europeus, o autor recupera a ética indígena e recria o pensamento mágico que está na base da ação das personagens. Em razão desses processos, Manoelito desmitifica a interpretação colonizada de um evento da histórica local (a guerra missioneira), sem perder de vista o modo original como seus agentes (os indígenas) compreendem a realidade circundante, compreensão que é de ordem mítica, oriunda de uma forma de vida primitiva e profundamente relacionada, talvez porque dependente dela, a natureza.

Manoelito indica ser possível aliar uma cosmovisão mítica, que é a das personagens, à tentativa de desmitificação, quando esta é a intenção do autor. A 'verdade' primariamente intencionada nasce desta confluência, sugestiva da unidade da obra. Talvez não tenha sido no livro de Ornellas que Érico Veríssimo descobriu como articular o mito enquanto forma de expressão ao processo de desmitificação enquanto atitude perante a histórica. De toda maneira, a articulação era possível, e enquanto tal leva-a às últimas conseqüências, explorando-a de modo tanto vertical em *O Continente*, como horizontal no conjunto da trilogia.

4. A Estrutura

4.1 O Continente

O primeiro volume de *O Tempo e O Vento* estava destinado a ser o único, já que Érico Veríssimo desejava reunir os duzentos anos de história do Rio Grande do Sul em apenas um livro. O projeto foi se modificando e, quando da elaboração de *O Retrato*, o autor deu-se conta de que ainda fazia falta uma última parte, *O Arquipélago*.

Ainda assim, *O Continente* apresenta uma composição acabada, não parecendo, em nenhum momento, uma narração inconclusa. Vários fatores contribuem para isto, a começar pelo fato de a biografia de todas as personagens se encerrar, em termos de necessidade narrativa, com o término dos episódios. Importante também é a estrutura da obra: o romance abre e fecha com uma moldura, o cerco do Sobrado ao final de junho de 1895, com seu ritmo próprio e independência em relação ao conjunto do texto. Dentro desta moldura desenvolvem-se os vários segmentos, cada um com início, meio e fim, contendo, portanto, vida própria e autonomia no âmbito da totalidade da obra.

Ao utilizar o jogo moldura/seqüências internas e conferir a cada uma das partes liberdade em relação às demais, o livro impõe a impressão de integridade e fechamento, de narrativa que não carece de continuação. Por sua vez, cada episódio, o da moldura e os interiores, faz outro tipo de jogo, dado agora pelo cotejo entre a história do Rio Grande do Sul, desde o início da colonização até o apogeu do castilhismo, após a vitória de seus adeptos na Revolução Federalista, e a história da família Terra Cambará, desde sua origem ou instalação no território do continente de São Pedro até a conquista da hegemonia política sobre Santa Fé, o paralelo ressaltando ora as diferenças, ora as aproximações entre os dois percursos. Esse paralelo pode ser assim resumido (ver p.200).

Embora linear e fiel à cronologia, ambos os eixos apresentam muitas lacunas, preenchidas de maneiras diversas:

(a) com os textos transcritos em itálico colocados antes dos capítulos de 'O Sobrado', cuja função é referir os acontecimentos históricos intermediários, como, por exemplo, os dez anos da guerra farroupilha. Eles também oportunizam a emergência de uma personagem coletiva, que reage lírica ou dramaticamente, conforme a circunstância, aos eventos mais importantes, não calando perante os efeitos devastadores das inúmeras guerras e conflitos armados por

Episódio	Histórico da família	História do RGS
A fonte	História do nascimento e nascimento de Pedro.	Guerra missioneira: ocupação portuguesa da região.
Ana Terra	Mocidade de Ana Terra e relacionamento amoroso com Pedro Missioneiro; nascimento de Pedro Terra; mudança para Santa Fé.	Imigração paulista. Pequenas x grandes propriedades. O coronelismo.
Um certo capitão Rodrigo	Chegada de Rodrigo a Santa Fé. Paixão por Bibiana Terra. Casamento e nascimento dos filhos. Morte de Rodrigo.	Guerras cisplatinas. Imigração alemã. Guerra dos Farrapos.
A Teiniaguá	Juventude de Bolívar Cambará. Casamento com Luzia Silva. Nascimento de Licurgo. Crises matrimoniais. Conflitos com os Amarais. Morte de Bolívar.	Guerra contra Rosas e conflitos com os países do Prata
A guerra	Juventude de Licurgo. Atritos entre Bibiana e Luzia. Doença de Luzia. Permanência de Licurgo em Santa Fé.	Guerra com o Paraguai.
Ismália Carré	Alforria dos escravos do Angico. Licurgo abolicionista e republicano. Conflitos com os Amarais. Noivado de Licurgo.	Campanhas abolicionista e republicana. Ascensão de Júlio de Castilhos.
O Sobrado	Cerco do sobrado e vitória dos Cambarás sobre os Amarais. Vitória republicana e castilhista	Revolução federalista de 93–5. Vitória do partido de Júlio de Castilhos.

que passou a Província e sacrificou sua população. E narram a trajetória dos Carés, que representam o ângulo popular da formação social do Rio Grande do Sul e que, assim como têm papel periférico na luta pelo poder, ocupam um lugar até certo ponto marginal do topo do romance. Porém, em 'Ismália Caré', a última seqüência completa antes de 'O Sobrado', os dois trajetos – o dos Cambarás, agora na posição de comando, e a dos Carés, sempre na condição de dominados – se encontram, corporificando a confluência de dois segmentos sociais que fizeram a história regional.

(b) Através da permanência de certos objetos – como o punhal de Pedro Missioneiro e a tesoura de Ana Terra, símbolos ambos, o primeiro de ordem masculina e associados aos homens que morrem, o segundo de ordem feminina e associado, desde D. Henriqueta, mãe de Ana, às mulheres que dão a luz – e de certas personagens, como Bibiana principalmente, elo vivo entre o passado e o presente, pois conheceu tanto Ana Terra, portanto, a primeira geração da família, quanto os filhos de Licurgo, Rodrigo e Toríbio, últimos membros atuantes dos Cambarás, cuja biografia se estende até os volumes seguintes, *O Retrato* e *O Arquipélago*.

O cotejo faz parte do jogo de simultaneidade instaurado por Érico Veríssimo. Permite que se compreenda uma história à luz da outra e também que cada uma delas mantenha sua unidade e autonomia. Aos poucos, todavia, se aproximam, até se confundirem, sinalizando a mudança substancial na trajetória dos Cambarás, que, de pacientes da história e das classes dominantes, passam a agentes daquela porque mudam de posição social. Por isso, se Ana Terra é testemunha do movimento das forças sociais e vítima de seus conflitos, Licurgo Cambará, seu trineto, é um dos responsáveis pela vitória de Júlio de Castilhos e pela consolidação do Partido Republicano Rio-Grandense (PRR) no Estado. Entre um ponto e outro, não assistimos apenas ao desenrolar da história, mas à lenta, porém irreversível, ascensão dos grupos que vão dominar a política regional e nacional do século XX, até que ações contrárias mais fortes provoquem sua derrocada.

4.2 *O Retrato*

O segundo volume de *O Tempo e O Vento*, *O Retrato*, emprega, à primeira vista, técnica narrativa similar à de *O Continente*: abre e fecha com uma moldura, dentro do qual se embutem as histórias principais. Entretanto, o resultado não ficou tão bom, porque, em primeiro lugar, as narrativas encaixadas não têm vida própria, senão que servem para explicar a trajetória de Rodrigo Terra Cambará, mostrando como era e em que se transformou. Além disto, o romance se centraliza na biografia do protagonista, substituindo a composição centrífuga de *O Continente* por uma seqüência centrípeta, cujo eixo é o líder dos Cambarás, impedindo que cada parte assegure para si autonomia narrativa.

Como conseqüência, a moldura perde seu papel original, competindo-lhe, em troca, medir o tempo presente no conjunto da trilogia – é sintomático que *O Arquipélago* empregue o mesmo referente cronológico, não avançando, se comparado com o *O Retrato*, em termos históricos – a partir do qual se organizam os *flashbacks* relatados nos episódios 'Chantecler' e 'A sombra do anjo'.

Perdendo a função que *O Continente* lhe conferira, a moldura, composta por 'Rosa dos ventos' e 'Uma vela para o negrinho', passa a ter como objetivo a caracterização indireta de Rodrigo Terra Cambará que se encontra outra vez em Santa Fé, procedente do Rio de Janeiro após a deposição de Getúlio Vargas e preso a uma cama. Doente, torna-se inacessível a seus conterrâneos e, de certo modo, também ao leitor, que só pode conhecê-lo aos poucos a partir dos depoimentos variados dos moradores da cidade. Emerge desta voz coletiva uma visão controversa do herói: um primeiro retrato, o falado, vai desenhando sua personalidade.

A segunda parte da moldura desloca a voz narrativa: desaparece o emissor coletivo e começa a se impor como sujeito narrativo o primogênito de Rodrigo, o escritor Floriano Cambará. Sua posição é ainda secundária, apagado pelo carisma do pai e pelo foco temporal que se detém sobretudo entre 1910 e 1915, época da infância do rapaz. Mas, ao final de 'Uma vela para o negrinho', principia a tomar forma a função que lhe cabe, testemunha da desagregação familiar e narrador a quem cumprirá dar expressão aos eventos vividos ou presenciados. Floriano é uma personagem que começa a ter consistência nas derradeiras páginas de *O Retrato* quando, aparentemente, o romancista conformou-se em definitivo com a idéia de que ainda fazia falta uma última seqüência para dar conta do intervalo entre 1915 e 1945, não narrado no livro. Por esta razão, ao contrário de *O Continente*, a moldura não se fecha sobre si mesma, e sim desemboca em *O Arquipélago*.

Se a moldura desmente seu papel original e converte-se na apresentação do estágio temporalmente mais adiantado dos acontecimentos em Santa Fé, a partir do qual são introduzidos os episódios intermediários, estes, por sua vez, abdicam da autonomia de que dispunham na estrutura anterior para transformarem-se em *flashbacks*, relatados de modo linear e tendo como assunto a biografia de Rodrigo Terra Cambará, cujos principais tópicos resumem-se a dois núcleos de ação. O primeiro concentra-se na trajetória sentimental de Rodrigo que, em 'Chantecler', casa com Flora, e, em 'A sombra do anjo', tem um rumoroso caso com a musicista austríaca, refugiada em Santa Fé por causa da guerra na Europa. O segundo apresenta a ascensão de Rodrigo como líder político, contestando, primeiramente, Borges de Medeiros e, depois, Pinheiro Machado, e participando da campanha em prol da candidatura de Rui Barbosa à presidência da República.

Estes acontecimentos mostram que os Cambarás, a começar por Licurgo, voltam à oposição, e o antigo adepto de Júlio de Castilhos torna-se adversário de Borges de Medeiros; Rodrigo dilata esta divergência, hostilizando os representantes do governador e membros da administração pública em Santa Fé. Desse modo, a história transforma-se em alimento da ficção, deixando de ser contraponto da narrativa, como em *O Continente*; porém, confunde-se com a ação dos caciques políticos (Cambarás, Trindades, Amarais), desaparecendo a perspectiva popular, associada, no romance anterior, aos Carés. O problema é que, quando a ação ficcional deseja libertar-se de sua dependência à história, acaba se reduzindo à apresentação das aventuras amorosas de Rodrigo, como em 'A sombra do anjo', seqüência dominada quase por inteiro pelos conflitos do herói, agora adúltero.

Érico Veríssimo não renuncia totalmente ao emprego de símbolos como elemento de costura e compreensão da trama. Em 'Chantecler' a presença deles é mais evidente, encarnados no retrato pintado por García e no galo Chantecler, retirado do drama de Rostand e freqüentemente citado por Rodrigo. A função desses símbolos não é tanto a de caracterizar os vínculos geracionais e a repetição dos ciclos vitais, como em *O Continente*, e sim corporificar o narcisismo do protagonista, que absorve o andamento da narrativa e lidera o clã familiar, embora não seja o patriarca, posição de Licurgo, nem o primogênito, lugar de Toríbio. Erico também não renuncia à presença de uma personagem feminina como elemento de ligação entre o passado e o presente, incumbência legada a Maria Valéria, cuja atuação prolonga-se até o final de *O Arquipélago*.

As características de *O Retrato* parecem apontar para a posição intermediária do livro no conjunto do *O Tempo e O Vento*, como se já tivesse nascido filho do meio. Por isto, contrasta tão visivelmente com o texto precedente que poderia ter sido o único, tal a liberdade de que goza, seja na construção de cada episódio, seja em relação ao conjunto da trilogia. Mas o autor insistiu em fazer seu projeto chegar ao presente sem grandes saltos, mesmo porque desejava interpretar os acontecimentos recentes. Chegou assim à redação de *O Arquipélago*.

4.3 *O Arquipélago*

A primeira vista, a produção da parte final de *O Tempo e O Vento* foi bastante penosa: sua escrita tomou muito tempo, a publicação do livro, parcelada, e o original, o mais longo de todos. Mas teve o dom de completar o projeto, como que preenchendo todos seus espaços, o escritor preocupando-se com a articulação dos menores detalhes. O resultado foi um romance superior a *O Retrato*, também porque Érico Veríssimo encontrou novas alternativas para a narração.

As mudanças foram duas: a recuperação da moldura em seu sentido original, papel ocupado pelos segmentos de 'Reunião de família'; e o acréscimo de uma segunda moldura, também narrada em partes e agora na voz de Floriano, o 'Caderno de pauta simples'. A duplicação tem finalidade estrutural e desdobra o que era anunciado introspectivamente por Floriano, em *O Retrato*: 'Reunião de família' narra a desintegração do clã Cambará, os conflitos entre os irmãos e entre o pai e os filhos, segundo o modelo do drama familiar burguês típico do romance brasileiro a que Érico se alinhou na década de 30; 'Caderno de pauta simples' apresenta a lenta, mas produtiva, gestação do romance-rio, desde os primeiros balbucios de um Floriano que precisa regredir à infância, reinventando uma linguagem de criança para recuperar o passado e redescobrir a identidade, até a formulação do macroplano e a elaboração das primeiras sentenças.

Entre as duas formas de moldura encaixa-se a narrativa do percurso de Rodrigo, como representação da história política do Rio Grande do Sul e, sobretudo, das classes dirigentes sulinas e brasileiras, tendo o eixo cronológico como elemento de apoio da trama. Por decorrência, todos os acontecimentos vividos pelos Cambarás ocorrem em datas marcantes da história regional e/ou nacional, conforme o encadeamento a seguir:

Episódio	Data	Acontecimentos históricos
O deputado	1922	Reação à política de Borges de Medeiros
Lenço encarnado	1923	Revolução de 1923
Um certo . . .	1927	Coluna Prestes
O cavalo e . . .	1930	Revolução de 30
Noite de Ano Bom	1937	Estado Novo
Do diário de . . .	1941–4	Guerra na Europa
Reunião de . . .	1945	Eleição de Getúlio ao Senado e de Dutra à presidência.

Outra vez acontece a interpenetração de eventos históricos e ficcionais, sem a distância ou o confronto entre eles. A história não se mostra como algo independente, transparecendo antes por meio da atividade de Rodrigo, que se torna cada vez mais um agente dela. Isto determina a mudança da natureza das obras; e, se *O Continente* tinha elementos do romance histórico por incorporar a história à ação ficcional, mantendo-a, entretanto, como pano de fundo e fator de referência, *O Arquipélago* complementa o que *O Retrato* anunciava: é romance de formação (*Bildungsroman*) por deter-se na biografia do protagonista, acompanhando sua ascensão e queda, até seu derradeiro momento vital.

Essa passagem faz com que o último volume assuma caráter exemplar, com Rodrigo, de indivíduo, tornando-se representante de várias questões que interessam a Érico desde o início da trilogia, tais como: a formação das elites políticas do Rio Grande do Sul; a natureza do comportamento do homem regional; o contraste entre ética e vida pública. A exemplaridade de Rodrigo não se traduz somente através de sua personalidade e conduta ao longo do romance, mas também por meio dos comentários que sobre ele fazem os companheiros, como Bandeira, o Tio Bicho, falando com Floriano e, de certo modo, cristalizando o epitáfio do herói:

> Com o Dr. Rodrigo não morre apenas um homem. Acaba-se uma estirpe. Finda uma época. O que vem por aí não sei se será melhor ou pior . . . só sei que não será o mesmo. Mas que teu pai era um homem inteiro, Floriano, isso era.[4]

A observação é feita no último movimento do livro, 'Encruzilhada', cujo título tem sentido literal, ao definerem-se os vários caminhos a serem trilhados pelas personagens, e metafórico, ao reunir as diferentes linhas percorridas pelo romance. Em 'Encruzilhada' também se resolvem alguns conflitos dramáticos, operando-se a reconciliação entre Sílvia e Floriano, que purgam catarticamente sua antiga e nunca inteiramente resolvida paixão, e entre Floriano e Rodrigo, cujo acerto de contas alivia a culpa do primeiro e permite ao segundo morrer em paz. Em 'Encruzilhada' Sílvia revela sua gravidez a Jango, anunciando-lhe o filho que regenerará os Cambarás na medida em que representa a promessa, de certa maneira antecipada na fala de Bandeira, de um mundo novo.

'Encruzilhada', capítulo coletivo, e não 'Caderno de pauta simples', reflexo das inquietações interiores de Floriano, mostra ainda o escritor adiantando a redação de seu livro, ao imaginar cenas de *O Continente*:

> Imediatamente lhe vieram à mente as figuras ainda nebulosas de seu romance. É a hora antes do sol nascer, num dia do ano de 1745. Na Missão de São Miguel um jesuíta espanhol desperta na sua cela, perturbado pelos sonhos da noite . . .
> Estamos agora na sala do Sobrado, em meados do século XIX. Luzia Cambará dedilha a sua cítara, seus olhos (verdes ou azuis?) têm uma luz fria, e o desenho de sua boca sugere crueldade. O Dr. Winter fuma o seu cigarro (por que não cachimbo?) e contempla-a com curiosidade (por que não amor?). Sentada a um canto, Bibiana lança para nora um olhar corrosivo. E Bolívar? Que cara, que alma teria essa trágica personagem? (p.991)

Concluir com as palavras iniciais daquele volume:

> Sentou-se à máquina, ficou por alguns segundos a olhar para o papel, como que hipnotizado, e depois escreveu dum jato: *Era uma noite fria de lua cheia. As estrelas cintilavam sobre a cidade de Santa Fé, que de tão quieta e deserta parecia um cemitério abandonado.* (p.1014)

E fechar a obra, mas inaugurando a leitura circular que a trilogia impõe.

A circularidade da narrativa, somada ao fato de que ela inclui, e reflete sobre, seu processo de produção, implica acompanhar a este último mais de perto. Desde o primeiro segmento de 'Caderno de pauta simples', a idéia de escrever sobre a família persegue Floriano, idéia que só a partir do quinto volume começa a tomar forma. Inicialmente ele anota no seu caderno como concebe o plano geral da obra:

> Já vejo claro o que vai ser o novo romance. A saga duma família gaúcha e de sua cidade através de muitos anos, começando o mais remotamente possível no tempo... Vejo o quadro.
> 1745. No topo duma coxilha, uma índia grávida, perdida no imenso deserto verde do continente. O filho que traz no ventre é dum aventureiro paulista que a preou, emprenhou e abandonou.
> A criança nasce na redução jesuítica de São Miguel, onde a bugra busca refúgio. A mãe morre durante o parto, esvaída em sangue. A fonte... Porque esse bastardo, um menino, virá a ser um dos troncos da família que vai ocupar o primeiro plano do romance, e que bem poderá ser (ou parecer-se com) o clã dos Terra-Cambará.
> Quero traçar um ciclo que comece nesse mestiço e venha a encerrar-se duzentos anos mais tarde. (p.747)

O novo romance aparece para Floriano de modo claro, a cena inicial, situada em 1745, tomando forma nítida antes mesmo de o plano completar-se ou de o escritor ter à mão o material necessário. A coleta deste começa depois, e Maria Valéria, elo com o passado, preservado provavelmente para esta função, converte-se na fonte de pesquisa, fornecendo-lhe o testemunho direto, suas recordações de casos próprios ou alheios, bem como os objetos que restaram de outras gerações. De posse do tema e do material a ser transformado em ficção, Floriano vai em busca da técnica literária apta à sua exposição. As conversas com Bandeira levam-no a definir o modo de ordenar e transmitir o mundo fictício criado e histórico recriado, bem como a encarar os riscos decorrentes das opções feitas.

O diálogo em que Floriano expõe suas idéias ao companheiro mais velho não é o primeiro travado entre os dois. Bandeira, em cenas anteriores, criticara o jovem, acusando sua prosa de artificial, carente de vida e profundidade, e julgando o autor pouco envolvido com seus temas, vistos de modo frio e distante. Agora, porém, altera-se a função do interlocutor de Floriano: cabe-lhe alertar o outro contra os perigos que poderão advir, exercendo o papel de uma consciência superior, super-ego que patrulha o imaginário do artista, mas ao mesmo tempo orienta-o para a direção mais apropriada. Eis por que suas observações, algumas delas transcritas abaixo, têm antes um caráter prescritivo, induzindo a poética a que o romance cíclico se submeterá:

– Já avaliaste os perigos que, do ponto de vista artístico e literário, uma história dessa amplitude envolve? Pintar um mural num paredão do tempo assim tão extenso, palavra, me parece uma tarefa não só difícil como também ingrata. ... Outra dificuldade danada vai ser a da seleção das personagens e dos episódios, principalmente dos históricos. Enquanto se tratar do passado remoto, tanto do Rio Grande como da tua família, tudo estará bem. A bruma do tempo, a escassez de informações, a qualidade épica daquele período da nossa História ... as bandeiras, as arriadas, as guerras de fronteira, a vida rude e simples ... tudo isso te ajudará ... Mas à medida que tu fores aproximando dos tempos modernos, ficarás confundido e desorientado pela abundância de material, pela riqueza de sugestões e informações ... e também pelo fato de passares a ser, tu mesmo, uma testemunha da História.
...
– ... Por falar nisso, de que ângulo pretendes contar a história?
– A primeira pessoa me limitaria demais o campo de visão. Usarei a terceira. Como narrador espero colocar-me num ângulo impessoal e imparcial.
– Impossível! Tua parcialidade mais cedo ou mais tarde se revelará até mesmo na maneira de apresentar uma personagem ou um episódio ...
...
– Ando às voltas também com um problema de técnica. Não sei se devo começar a história do princípio, isto é, de 1745, e depois seguir rigorosamente a ordem cronológica ... É curioso como esse mistério do tempo sempre me visita quando estou por começar uma narrativa. (pp.750–51)

Significando, para Floriano, uma mudança radical no seu percurso de escritor, pois o leva da ficção psicológica e intimista a uma narrativa onde se fundem elementos históricos, ficcionais e até épicos, o romance-rio converte-se na possibilidade de resgatar o escritor enquanto artista, até então naufragado na falta de autenticidade de que o acusa Bandeira. Mas a escrita da obra regenera-o também como filho de Rodrigo, reatando os laços entre os dois e dando um fecho ao diálogo encetado entre eles pouco antes da morte do pai, e como membro do clã Cambará, exercendo à sua maneira o gesto heróico que une cada uma das figuras masculinas da família à história.

Nesta medida, *O Arquipélago* nunca perde a coerência de sua estrutura. Organizando-se como duplo desde o desdobramento da moldura, trata de repetir esta dualidade em outros níveis, que se estendem desde a construção, por oposição, das personagens

O TEMPO E O VENTO: HISTÓRIA, MITO, LITERATURA

(Rodrigo X Toríbio; Floriano X Jango) até a decisão de dar um enfoque duplo a seu tema, apresentando tanto a história dos Cambarás (e, por extensão, a história sul-rio-grandense e brasileira, conforme vinha ocorrendo nos volumes precedentes), quanto o questionamento da literatura como visão da história, o que estava ausente de *O Continente* e era apenas anunciado em *O Retrato*.

Por decorrência, ao plano mimético – o da representação da história, corporificada no percurso dos Cambarás, em especial, de Rodrigo – se soma o plano metalingüístico, o texto propondo-se não apenas como discussão de seu modo de produção, mas também como reflexão sobre as relações da literatura com a história, relações de que vinha se alimentando desde o princípio.

O plano mimético é, como seria de se esperar, o mais evidente em *O Arquipélago*, ocupando-se da narração da trajetória política de Rodrigo Terra Cambará e da biografia de seus filhos, principalmente Floriano. Rodrigo permanece o caráter dominante da trama, e sua atuação caracteriza-se pela ascensão ao poder, após ter sido opositor forte do regime durante a República Velha. Vitorioso em 1930, chega a uma posição de prestígio junto a Getúlio Vargas, e isto o corrompe: o jovem liberal e idealista de *O Retrato* transforma-se em adepto da ditadura, apoiando a inclinação paulatina e irreversível do governo revolucionário na direção do autoritarismo e do clientelismo.

Todavia, não é por ser personagem hegemônica na trama que Rodrigo não tem rivais ao nível estrutural. A medida em que oscila no sentido dos grupos e idéias que antes repudiava, tomam corpo os caracteres que o contradizem, o pai, Licurgo, e sobretudo Toríbio, o irmão audaz e intempestivo que sempre luta ao lado dos que tentam mudar para melhor a sociedade. É sintomático que Toríbio morra, de modo até acidental, em 1937, quando Rodrigo está em Santa Fé, proveniente do Rio, com a missão de justificar a implantação do Estado Novo e angariar adeptos para o novo regime. Seu fim trágico, mas, como sempre, brigando em favor de alguém menos favorecido, caracteriza o novo período político, durante o qual não sobra lugar para paladinos, bem como a imersão definitiva de Rodrigo no meio administrativo e ideológico que, na juventude, com o apoio e o estímulo do irmão, rejeitara.

A passagem do plano mimético ao metalingüístico acontece por meio da segunda moldura, cuja função é dar condições para Floriano discutir o processo de criação de seu romance-rio. Por isso, precisa distinguir-se da primeira moldura, cuja atribuição é trazer à tona e resolver os problemas familiares e domésticos. Porém, também aqui Érico recorre a um tipo de composição dupla, opondo ao Floriano-escritor a Maria Valéria-testemunha, sem a qual o projeto do primeiro não teria meios de concretizar-se. Por esta razão, ela, a única que literalmente atravessa *O Tempo e O Vento* das primeiras às últimas páginas, cresce de importância à medida que a trilogia progride. Simultaneamente, deixa de ser tão-somente o vínculo entre o passado e o presente, como Bibiana em *O Continente* e ela mesma em *O Retrato*, convertendo-se na memória do percurso dos Cambarás, acervo raro de que se socorre o escritor quando decide reconstruir a trajetória da família como base de composição de sua obra.

A presença de Maria Valéria como elo estrutural a unificar as partes da trilogia e a decisão de Floriano de redigir o romance-rio conferem àquela caráter cíclico: ela termina com a frase com que começara, segundo um permanente vaivém. Este movimento remete-nos outra vez ao início, ou seja, a *O Continente*, que, por seu turno, confirma a presença do componente circular, porque sua estrutura narrativa se associa à do mito enquanto modo de contar eventos passados. Como o mito preside o processo de apresentação da história dos Cambarás, ele aparece sob diversas maneiras ao longo do livro, algumas delas descritas abaixo:[5]

(a) Trata-se da narrativa de uma fundação – a de uma família e de uma sociedade –, tendo na origem a ação de um herói, Pedro, que apresenta traços incomuns de personalidade e comportamento. Suas propriedades mágicas e sobrenaturais se manifestam quando diz conversar com Nossa Senhora, ter visões, como a de Sepé em luta contra os portugueses, e premonições, como a da morte do chefe guerreiro ou a sua própria, assassinado pelo pai e irmãos de Ana Terra, e dar início à mitificação e posterior canonização de Sepé, atribuindo-lhe a marca do lunar, a subida ao céu e a santidade.

Além disso, Pedro tem origem divina, pois se considera filho de Maria e, de certo modo, repete a trajetória de Jesus: tem dupla paternidade, uma real (o vicentista que fecundou sua mãe) e outra adotiva (Alonzo), e destina-se ao sacrifício, de que está ciente mas não pode evitar. Também seu nascimento é de ordem excepcional, precedido pelo ritual de purificação de Alonzo, que precisa superar o sentimento de culpa pela morte do espanhol Pedro com o derramamento do sangue, sinal da aliança com Deus, e conceder-lhe nova oportunidade de vida ao batizar o órfão indígena com o seu nome.

(b) Pedro e Ana, o casal primordial, núcleo gerador do clã, vivem, cada um, regiões primitivas e o tempo dos inícios. As Missões, onde Pedro passa sua infância, configura-se como espaço sagrado e local paradisíaco onde os contrários (índios e brancos; pagãos e cristãos; primitivos e civilizados; americanos e europeus) se harmonizam. E 'na estância onde Ana vivia com os pais e os dois irmãos, ninguém sabia ler, e mesmo naquele fim-de-mundo não existia calendário nem relógio.'[6]

E, como é próprio ao mito, o tempo das origens pode ser recuperado através da repetição ritualística da ação dos ancestrais. Em *O Continente*, essa se dá de duas maneiras:

1 através da transmissão às gerações subseqüentes dos objetos associados a Pedro e Ana que representam, simultaneamente, a função desempenhada na trama pelas personagens masculinas e femininas, a saber: o punhal – pertencente, antes, ao Padre Alonzo (pai adotivo de Pedro Missioneiro) e instrumento de purificação daquele – e a tesoura – que fora propriedade de D. Henriqueta (mãe de Ana) e instrumento auxiliar nos partos –, o primeiro a corporificar, desde que Alonzo, ainda da Espanha, quis matar seu rival, a morte, mas também o falo porque associado sempre (ainda com Alonzo) ao amor, a segunda, também desde o começo, a simbolizar a doação de vida;

2 através da transmissão dos traços hereditários paterno e materno aos filhos e descendentes: Pedro Terra é síntese dos traços do pai e do avô materno, Manuel Terra; Bibiana apresenta grande semelhança com a avó; Bolívar Cambará repete o gesto de seu pai, Rodrigo; e Licurgo, o representante da última geração dos Cambarás em O Continente, é o somatório físico e psíquico dos antepassados.

(c) O emprego de nomes próprios motivados assinala também que as gerações mais jovens repetem as anteriores: Pedro Missioneiro lega o prenome ao filho que não chega a conhecer; e Bibiana duplica a avó não apenas por se assemelhar a ela, mas por portar seu nome em duplicata: também é Ana e é Ana duas (bi) vezes.

Os nomes são motivados ainda no sentido de que carregam uma significação sagrada, de modo direto – como Luzia, comparada à Teiniaguá, porque, para o Dr. Winter, tem propriedades dessa entidade mágica – ou indireto – como os protagonistas da linhagem masculina, cujos prenomes são os de heróis míticos do Ocidente: Pedro tem o nome do fundador da Igreja cristã, que foi também o sucessor e herdeiro de Jesus, com quem ele já se identificara; os Cambarás, Rodrigo, Bolívar e Licurgo possuem o nome de heróis profanos, os dois primeiros tendo tido existência histórica, mas que, como o lendário Licurgo, incorporaram uma representação mítica para os conterrâneos.

(d) Esses fatores apontam para uma concepção segundo a qual a história é circular, as ações mais modernas repetindo as mais distantes no tempo. A compreensão de que o tempo é circular, e não linear, o futuro duplicando o passado, embasa aquela visão da história, transparecendo, em *O Continente*, desde a epígrafe, retirada dos *Eclesiastes*, até o reforço da noção de repetição por meio da estrutura narrativa.

A mesma estrutura fundamenta a trama dos sete diferentes episódios do livro, sugerindo, por baixo das intrigas variadas, dois modelos narrativos comuns. O primeiro centra-se num herói masculino, cuja biografia apresenta o seguinte núcleo mínimo de ações: ele aparece, como estrangeiro, no local onde vive sua futura parceira e provoca uma paixão proibida ou desaconselhável; mesmo assim, ocorre o acasalamento, com o subseqüente nascimento de um filho. Logo a seguir, um conflito armado motiva a morte do herói. A mulher é a protagonista do segundo modelo, quando, viúva, lhe resta a luta pela conservação e subsistência da família, o que consegue com relativo sucesso.

A primeira seqüência, cujos agentes são sucessivamente Pedro Missioneiro, Rodrigo Cambará e Bolívar Cambará, corresponde ao paradigma do sacrifício; a segunda, liderada por Ana e, depois, Bibiana (que, aí também, duplica a avó e se reduplica), ao paradigma da conservação. E ambas configuram, de certo modo, um ritual, com função de facultar a recuperação do tempo dos inícios, que é também o dos fundadores.

Apenas Licurgo contradiz o primeiro modelo narrativo, com repercussões que atingem também o segundo. Os acontecimentos enumerados abaixo contrariam a seqüência original:

1 ele experimenta uma paixão proibida por Ismália Caré, mas casa-se com a prima, Alice Terra, obedecendo às determinações da avó; a mudança não é só esta: enquanto que, entre os demais pares, era flagrante a superioridade social da mulher, Ismália Caré é filha de um peão do Angico, o que permite a Licurgo desposar Alice e manter Ismália como sua amante;

2 ele supera os adversários, os Amarais, contra os quais lutaram Rodrigo e Bolívar, vencendo, ao final da Revolução Federalista, uma rivalidade secular; mas o sucesso decorre de uma modificação na seqüência

narrativa: enquanto que seu avô morre ao tentar invadir o casarão dos Amarais e seu pai, ao querer romper o cerco em torno à sua casa, Licurgo, como as mulheres do passado, fecha-se dentro do Sobrado, e é por resistir, e não se expor, que suplanta os inimigos da família;
3 Licurgo assegura a continuidade da família, mas não a deixa depois ao desamparo, como acontecera antes; porém, também aqui, a alteração é significativa: para chegar à hegemonia sobre Santa Fé, acaba sacrificando a filha, Aurora, que não sobrevive ao cerco do Sobrado.

O sacrifício não ocorre mais na geração adulta, mas entre a geração mais jovem, empanando o brilho da vitória de Licurgo e a hegemonia alcançada sobre a comunidade. A desagregação doméstica vem embutida no sucesso do novo chefe político de Santa Fé, fazendo com que o clima de euforia seja substituído pela desolação expressa na frase *'Aurora nasceu morta'* (p.454) ou no falecimento de Florêncio, sogro de Licurgo, ocorrido nas últimas páginas do livro.

O caráter excepcional da trajetória de Licurgo confirmaria a hegemonia política e social obtida com a conquista do poder e a aliança com Júlio de Castilhos. Porém, a necessidade do sacrifício filial e da imposição violenta mesmo perante os seus antecipa a ulterior fragmentação e desagregação familiar, bem como o deslocamento do poder, ao qual os Cambarás retornam, como narra *O Arquipélago* depois, à custa de novos pactos e concessões.

Estas modificações determinan também outras marcas dos segmentos de *O Tempo e O Vento*:

(a) eles não podem mais empregar o modelo narrativo do mito, pois o vínculo com a origem rompeu-se, quando os ritos primitivos deixaram de ser obedecidos.

(b) a trajetória de Rodrigro Terra Cambará não pode ter mais os mesmos componentes épicos da vida de seus antepassados.

Talvez a trilogia pudesse ter sido evitada, e o projeto, limitada a *O Continente*, já que este encerra com os dados que os demais volumes desdobram. *O Retrato* revela o impasse experimentado pelo escritor na medida em que a narrativa progride pouco, acrescentando quase nada ao que o volume anterior mostrara. Eis talvez o que levou o escritor a tematizar o processo de produção do texto, não previsto no projeto primitivo e indicado apenas ao final do volume, quando a personalidade de Floriano começa a se destacar. A nova opção determinou o nível metalingüístico de *O Arquipélago* fazendo com que a história da produção do livro original torne-se mais importante, e mais bem realizada, se comparada com a história do protagonista, Rodrigo Terra Cambará.

5. *O Tempo e O Vento*

Concebido como projeto nos anos 30 e concluída sua publicação em 1962, a trilogia consumiu cerca de 25 anos da carreira literária de Érico Veríssimo, embora não o tenha absorvido em tempo integral. Seu foco original era a representação da história do Rio Grande do Sul, o que realizou não apenas pela tradução, no sentido ficcional, dos eventos políticos vividos pela região, mas através do estabelecimento da relação da formação da sociedade sulina com a ideologia dominante e a história oficial. Este foi o modo como ele pôde produzir uma literatura de participação, coerente com o objetivo inicial confessado no trecho transcrito antes, e a atingir a desmitificação a que se propôs.

Apropriar-se da forma narrativa do mito foi a maneira como Érico Veríssimo teve condições de concretizar seu objetivo: ele pôde retornar às origens da formação social do estado, sendo fiel ao mundo mítico de se pensar a realidade naquela situação primitiva, e mostrar o momento da ruptura, sintetizada na atuação de Licurgo e levada adiante, até suas últimas conseqüências, por Rodrigo, denunciando assim, o processo de esgotamento de uma época e de uma prática política.

Eis como Érico Veríssimo circunscreve o plano mimético do texto, que possui grandeza nos momentos que a estrutura e o pensamento mítico estão mais ativos na composição do romance, mas que se empobrece quando se limita a contar a vagarosa e irremediável desagregação dos Cambarás segundo a fórmula do romance naturalista do século XIX, que os ficcionistas brasileiros de 30 ressuscitaram e que teve uma sobrevida até o início dos anos 60.

É sintomático que a mímese tenha sido mais eficaz quando seu apoio narrativo era oferecido pelo modelo do mito. Aristóteles alertou, em tempos idos, para esta relação, que o romance nem sempre soube resolver. O neonaturalismo de 30 é indicador desses descaminhos, e Érico teve de passar por ele para, depois, evitá-lo, quando escreveu *O Continente*; porém, mais adiante, repetiu o percurso nos volumes de *O Retrato*, romance revelador pelo que não deu certo, e não pelo que funcionou. Descobriu depois o percurso antimimético da modernidade e converteu *O Arquipélago* em romance metalingüístico, que, ao falar do outro, fala de si mesmo, narrando seu próprio nascimento.

Érico Veríssimo desloca-se então da história para o mito, porém, como se tratava de desmitificar uma visão estereotipada do passado sul-rio-grandense, rompe a unidade da estrutura narrativa e ideológica que lhe serviu de guia por quase todo *O Continente*. À ruptura seguiu-se a perplexidade, que poderia ser suplantada pela interpolação de novos mitos. Mas o romancista preferiu outro caminho: faz Floriano 'escrever' o texto, indicando que, em lugar do mito, prefere a ficção, porque esta lhe permite pensar a história e desmitificar – simplesmente por revelá-lo, trazê-lo à presença do leitor na sua complexidade e profundidade – o passado.

Era preciso, contudo, dar ainda uma volta no parafuso; é quando, ao final, *O Arquipélago* repete a frase da abertura de *O Continente*, remetendo o leitor ao livro original. Na volta, entretanto, o leitor já não é o mesmo, pois o escritor também mudou: não é mais o narrador anônimo, mas o familiar Floriano, e seu texto não é mais um mito de origem, mas a versão ficcional do passado sul-rio-grandense e do percurso de sua família.

O último movimento também é circular, suscitando a reeleitura. Porém, o gesto não é mais ritual, porque os agentes – o escritor e o leitor – se modificam, e isto aconteceu durante os dois processos de produção – o de criação e o de recepção, indicando como o plano metalingüístico vai aos poucos se apropriando da totalidade da trilogia e alterando a sua natureza. Todavia, nem assim Érico Veríssimo deixa de ser fiel às suas opções iniciais, já que, para detonar uma modalidade circular de leitura, sempre era preciso lidar com uma forma narrativa como o mito.

Dual por conter dois planos em constante interação, *O Tempo e O Vento* faz do duplo uma de suas marcas. Nada aparece no texto sem trazer consigo seu contrário. A história contraposta ao mito, o mito contraposto à literatura, e, como seria lógico, a história justaposta à literatura, tudo para que uma face ilumine a outra e permita-nos compreender suas dualidades. Mas também para que o projeto atinja seus objetivos e, ao conhecermos nosso passado e nossos laços originais, saibamos igualmente o que é a literatura e do que ela é capaz.

Notas

[1] Antônio Candido, 'Érico Veríssimo de trinta e sete', in Flávio Loureiro Chaves (ed.), *O Contador de Distórias: 40 Anos de Vida Literária de Érico Veríssimo* (Porto Alegre: Globo, 1972).

[2] Érico Veríssimo, *O Romance de um Romance. Lanterna Verde* (Rio de Janeiro: Sociedade Felipe d'Oliveira, julho de 1944), 126–7.

[3] Érico Veríssimo, *Solo de Clarineta: Memórias* (Porto Alegre: Globo, 1974), 302.

[4] Érico Veríssimo, *O Arquipélago,* Terceiro Tomo (Porto Alegre: Globo. 1962), 1005.

[5] Desenvolvemos esse tema, com exemplos, em Regina Zilberman, *Do Mito ao Romance: Tipologia da Ficção Brasileira Contemporânea* (Porto Alegre: Escola Superior de Teologia; Caxias do Sul: Editora da Universidade de Caxias do Sul, 1977).

[6] Érico Veríssimo, *O Continente* (Porto Alegre: Globo, 1949), 72.

14
Riobaldo, Eros and the Enigma of Diadorim in *Grande Sertão: Veredas*

CHARLES M. KELLEY

João Guimarães Rosa's *Grande Sertão: Veredas* is the odyssey of Riobaldo's quest for identity, self-fulfilment and meaning in life. It is also a love story in which Riobaldo tells the unnamed listener about the intimacy, passion and heartbreak of his relationship with Diadorim, who exerted the most powerful influence on the eponymous narrator's odyssey. In order to appreciate Riobaldo's enigmatic relationship with Diadorim, it is necessary to focus on his relationship with women in general.

Critics have distinguished three main stages of erotic experiences in the novel, symbolized in Riobaldo's relationships with Nhorinhá, Diadorim and Otacília, representing physical, ambivalent and sublimated love respectively.[1] His liaisons with other women – Rosa'uarda, Miosótis, Malinácio's daughter, Hortência, Maria-da-Luz, and two unnamed mocinhas – are either placed in the Nhorinhá category or, most commonly, not mentioned at all. However, in my view these liaisons are not repetitive vignettes of Riobaldo's encounter with Nhorinhá but representations of different grades of erotic experience with otherness.

I shall start from common ground. All critics agree that Otacília, the daughter of a *fazendeiro*, represents the promise of a peaceful existence far from the hurly-burly of the *jagunçada*. Otacília is absent from most of the novel and, at first sight, she appears to function as a Platonic subtext: to Riobaldo's mind she represents that higher state of things of which present reality is but a pale reflection. In the words of Riobaldo:

(i) A saudade que me dependeu foi de Otacília . . . Me airei nela, como a diguice duma música, outra agua eu provava. (p.42)
(ii) Minha noiva Otacília, tão distante – o belo branco rosto dela aos poucos formava nata, dos escuros . . . (p.401)[2]

The image of Otacília's translucent beauty leads Nunes to state that Riobaldo's love for her is entirely 'spiritual'. He argues that Otacília is nothing more than the memory of an ideal face, glimpsed somewhere along the paths that criss-cross the turbulent *sertão*.[3] However, while Otacília is undoubtedly the epitome of feminine goodness and beauty, there is an undertone of eroticism in the narrator's references to her. Thus while bivouacking on her father's *fazenda*, Riobaldo envisions her curled up in bed like a pretty kitten:

> Só olhava para a frente da casa-da-fazenda, imaginando Otacília deitada, rezada, feito uma gatazinha branca, no cavo dos lençóis lavados e soltos, ela devia de sonhar assim. (p.151)

Later Riobaldo reflects on her physical beauty and, in a Petrarchan subtext, compares it to the beauty of nature. The water in this image is an indication of his sexual interest in Otacília:

> O corpo – em lei dos seios a da cintura – todo formoso, que era de se ver e logo decorar exato. E a docice da voz: que a gente depois viajasse, viajasse, e não faltava frescura d'água em nenhumas tôdas as léguas e chapadas . . . Isso então não era amor? (p.369)

Riobaldo's lyricism enhances the idealism surrounding Otacília, and it is tempting to see her only as an ethereal being, the image of Absolute beauty. Nevertheless, Riobaldo does foreground her physical beauty, and it is because of her physical attractions that he regards her as a symbol of supreme beauty. There is a Platonic subtext here. In *Phaedrus* Socrates teaches that the sight of physical beauty reminds a man of his former vision of perfect Beauty in the world of Forms.[4] Again, in *The Symposium*, he suggests that examples of physical beauty be used as steps on the road to reapprehension of Beauty. Man should aim at advancing from physical beauty to moral beauty, and then on to an understanding of the beauty of knowledge, which will eventually lead him to an appreciation of absolute Beauty.[5]

Although Riobaldo is close to reaching the 'moral' stage in his relationship with Otacília, he is still fettered by considerations of her physical beauty, when reunited with her after the defeat of Hermógenes:

> Afirmo ao senhor, minha Otacília ainda se orçava mais linda, me saudou com o salvável carinho, adianto de amor. (p.456)

In fact, it is only after years of marriage that he reaches the next stage in Platonic love: the realization that beauty of soul is more important than beauty of body: 'Conforme me casei, não podia ter feito coisa melhor, como até hoje ela é minha muito companheira – o senhor conhece, o senhor sabe' (p.457).

However, beauty of soul can only be appreciated after erotic physical contact. Herein lies the role of Nhorinhá, a prostitute who entertains Riobaldo towards the beginning of his adventures as a *jagunço*. But there is a further dimension to Riobaldo's apparently casual physical liaison with Nhorinhá, for the act of love takes on a sacramental character: the relationship becomes a 'casamento esponsal'. As in the case of Otacília, Riobaldo's reminiscences about Nhorinhá become suffused with erotic lyricism:

> Recebeu meu carinho no cetim do pelo – alegria que foi, feito casamento, esponsal. Ah, a mangaba bôa só se colhe já caída no chão, de baixo . . . Nhorinhá. (p.28)

Furthermore, when some eight years after their liaison Riobaldo received a much-travelled letter from Nhorinhá, he discovered that his feelings for her were stronger than those justified by his enjoyment of her 'só o trivial do momento'. His relationship with her had helped him on the ascent to 'moral' beauty, for she had become exalted in his scale of values: 'ela tinha aumentado de ser mais linda' (p.78). Towards the end of the novel, Riobaldo reflects that he could have revisited Nhorinhá, when he passed with his *jagunços* within thirty-five miles of her village. Had he done so, he would probably have married her and settled down there. His life would have followed a different path: 'Segunda vez com Nhorinhá, sabível sei, então minha vida virava por entre outros morros, seguindo para diverso desemboque. Sinto que sei' (p.394).

Riobaldo's love for Nhorinhá does not remain on the purely physical level – it becomes sublimated, and is therefore closer to his love for Otacília than Fantinati recognizes. Fantinati only recognizes Nhorinhá as 'a suprema volúpia'.[6] For his part, Nunes is ambivalent when he claims that Nhorinhá represents purely sensual love,[7] for he has already equated Riobaldo's love for Nhorinhá with that for Otacília when he declared that a voluptuous embrace later became transformed into a 'forte paixão'.[8] In my view, it is not strictly accurate to take Nhorinhá as representative of pure sensuality, while the corollary is that the virginal Otacília is represented in subtly erotic tones. Indeed, there is an antithetical tendency in Riobaldo's attitude towards both women.

Neither Nunes nor Fantinati considers Riobaldo's other loves as worthy of consideration. In spite of his professed love for the absent Otacília, the hot-blooded *jagunço* Riobaldo is no puritan – on the contrary, he actively seeks sensuous pleasure in the delights of the flesh. Thus, he elaborates on how the 'cushion-effect' of riding in the saddle turns a man's thoughts to sexual love, specifying that what he needed was 'nudezas de mulher' to brighten up ('embelezar') his life:

> Digo mesmo de meu expor, falante de mulheres. Quando se viaja varado avante, sentado no quente, acaba o coxim da sela fala de amôres ... Mas, por lei, eu carecia de nudezas de mulher ... Devo redizer, eu queria delícias de mulher, isto para embelezar horas de vida. Mas eu escolhia – luxo de corpo e cara festiva. O que via com um desprêzo era môça tôda donzela, leiga do são-gonçalo-do-amarante, e mulher feiosa, muito mãe-de-família. (pp.396-7)

Here Riobaldo declares his preference for a voluptuous body and a merry face over an inexperienced maiden or ugly matron. The delectable women who fill this role are Hortência and Maria-da-Luz, with whom Riobaldo spends a few nights to celebrate his assumption of the leadership of the band of 'good' *jagunços*. These girls are the counterparts of Conceição and Tomázia in 'A Estória de Lélio e Lina' in *Corpo de Baile*,[9] and foreground that the prostitute is never demeaned in Guimarães Rosa's fiction. There is a great deal of erotic delight in Riobaldo's celebration of them:

> Bom, quando há leal, é amor de militriz. Essas entendem de tudo, prácticas da belavida; e, gostar exato das pessoas, a gente só gosta, mesmo, puro, é sem se conhecer demais socialmente ... (p.397)

Clearly, the 'bela-vida' and 'gostar' refer to the enjoyment of sensual love, a small step in the pursuit of Absolute values. Riobaldo regards sensual love as a gift from God: 'Como Ceú há, com esplendor, e aqui beleza de mulher – que é sede. Deus que abençôe muito aquelas duas' (p.400). Moreover, the *sertanejos* respect the craft of these young prostitutes, a system which ought to pertain everywhere, according to Riobaldo. He postulates here a sensual utopia, where the *ars amatoria* would be the yardstick of goodness and beauty. This was already implicit in his remembrance of Nhorinhá. If she was a worthless creature, he asked, why did so many men seek her favours? – 'Então se ela não tinha valia, como é que era de tantos homens?'(p.392). Antithesis is used to foreground the enigma: she was married to many but woke up each morning a maiden – 'sempre amanheceu flôr' (p.397). However, there is one fundamental difference between Nhorinhá on the one hand and Hortência and Maria-da-Luz on the other – Nhorinhá undergoes a process of exaltation, whereas the latter do not.

Two girls, Rosa'uarda and Miosótis, were the love objects of an inexperienced, self-centred Riobaldo, when he was still at school in Curralinho. This represents restless adolescent love. Rosa'uarda becomes an object of special affection (p.89) but Riobaldo is afraid to let her know that he has run away from his *padrinho*. However, he does not really care for the feather-brained Miosótis, yet takes pleasure in strutting before her with his guns and cartridges – 'com minhas armas matadeiras' (p.96).

The sojourn in Zé Bebelo's camp as tutor to the chief himself brings an element of stability into Riobaldo's social interaction. When he runs away, he enters into a brief, but pleasurable liaison with Malinácio's daughter, whose husband is working away from home. Here Riobaldo is not fettered by any concept of conventional Christian morality. Thus, there is no scandal attached to the fact that the woman has a husband, just as, in the case of Hortência and Maria-da-Luz, there was no line of demarcation between prostitutes and 'respectable women'. Riobaldo transcends the regionalist sense of morality and honour that figured in the earlier *Sagarana*.[10]

Riobaldo does not recall his amorous adventures in order to obtain prurient satisfaction. On the contrary, he emphasizes that they shed light on his process of self-discovery. He insists that he is not recounting his sexual exploits gratuitously: 'Mas o senhor releve eu estar glosando assim a seco essas coisas de se calar no preceito devido. Agora: o tudo que eu acho conto, é porque acho que é sério preciso' (p.134). At the lowest end of his scale of values, the search for selfish pleasure culminated in two acts of rape, the first subsequently mitigated by the victim's complicity and participation in the act. Riobaldo recalls the case of the *mocinha* who cursed, screamed, bit and scratched before he finally managed to overpower her; suddenly, however, a sensual miracle occurred, highlighted by the diminutive attached to the verb: 'Assim tanto, de repente vindo, ela estremeceuzinha. Daí, abriu os olhos, aceitou minha ação, arfou seus prazeres, constituído milagre. Para mim, era como eu tivesse os mais amôres!' (p.133). Nevertheless, this pattern failed to repeat itself in his next frenetic bout of love-making. On this occasion, a little dark girl remained frigid in the face of his advances, praying during the rape. This experience taught Riobaldo that, even in sensual love, mutual satisfaction with the other was necessary for positive experience. From this point on, he endeavoured to raise himself above the common herd of *jagunços*, who took advantage of any available woman: 'contanto que nunca mais abusei de mulher' (p.133).

After this experience Riobaldo never again attempts to satisfy his erotic impulses gratuitously. Once chieftain, his aim is make the *sertão* safe for women. His attitude towards the women on seo Ornelas's *fazenda*, who were mortally afraid of his *jagunços*, evidences this change. Like a chivalresque knight, Riobaldo assured the frightened women that they would come to no harm because of the pleasure it gave him to protect the honour of women and maidens. But despite these noble sentiments, Riobaldo is tempted to possess seo Ornelas's comely niece. His internal struggle attests to the introduction of superior moral values into his erotic life. He resists the temptation and treats her delicate beauty as though she were his daughter: 'A mocinha me tentando, com seu parado de águas; a boniteza dela esteve em minhas carnes. Ela perigou. Não perigou: no instante, achei em minha idéia, adiada, uma razão maior – que é o sutil estatuto do homem valente' (p.345). Finally perceiving that beauty of soul is higher than beauty of body, he promises her his protection, 'igual eu fôsse padrinho legítimo em bôdas!' (p.346).

The crucial relationship in Riobaldo's interaction with female otherness concerns Diadorim, the 'menino dos olhos verdes', who accompanies the timid fourteen-year-old across the mighty River de Janeiro. Years later, the *Menino* reappears as the *jagunço* Reinaldo, one of Joca Ramiro's men, summoned by the suspicious Malinácio to interrogate Riobaldo, who may be a spy. As friendship develops between Riobaldo and Reinaldo, the latter confides that his real but secret name is Diadorim. Finally, after the death of Diadorim, 'he' turns out to be a girl in disguise, the daughter of Joca Ramiro. The reader discovers the true nature of Diadorim's sexuality at the same time as Riobaldo, that is, when the latter describes her naked corpse after the defeat of Hermógenes. There is an air of fatality about their friendship. Riobaldo does not forget the *Menino* after their brief encounter: 'Dêle nunca me esqueceu, depois, tantos anos todos' (p.86) and, when they meet again, he is irresistibly drawn to the young *jagunço*. The opening outward of the novel really begins at this point, for Diadorim becomes a catalytic force in Riobaldo's life, and remains so even after his death – Riobaldo, after all, tells his tale in order to explain to his visitor as well as to himself the enigma of Diadorim.

Although *Grande Sertão: Veredas* contains numerous pointers to the sexual disguise of Diadorim (his soft features, gentle voice and hands, attention to personal decorum, his custom of bathing alone, disappearance while a wound is healing, brusquely recovering from a faint when his fellow *jagunços* try to loosen his waistcoat),[11] the fact remains that Riobaldo never suspects that his friend is a girl. There is no reason for him or the reader to suspect Diadorim's sexuality because of his sound credentials as a male *jagunço*. Above all, there is a fierce and primitive side to his courage, and his valour is unquestioned by his companions. Riobaldo sums up his ferocity in the following words: 'Diadorim era assim: matar, se matava – era para ser um preparo. O judas algum? – na faca! Tinha de ser nosso costume' (p.31). 'Mas Diadorim sabia era a guerra' (p.238).

On the only occasion when anyone dares to insinuate that there is an effeminate streak in Diadorim, the remark provokes a vicious and deadly attack – he punches Fancho-Bode viciously on the chin, knocking him to the ground. Then, quick as a flash, he has his knife at the other's adam's apple, daring him to repeat his words. After this, neither Riobaldo nor anyone else dares to question the virility of Diadorim. As Jon Vincent points out, '*she* [my italics] thus functions as a (disguised) male through most of the story.'[12]

Given that Riobaldo accepts Diadorim as a man, there can be no doubt that his physical attraction to his friend is homosexual. Both Nunes and Fantinati are reticent to face this issue. Fantinati avoids the problem altogether, while Nunes stops short at recognizing Diadorim as an androgyne.[13] Arroyo concedes that the relationship borders on homosexuality, but argues that this is redressed by a rereading of the text.[14] However, in my view there is a Platonic subtext here. The concept of homosexuality, central to *The Symposium*, adds a new category to Guimarães Rosa's erotic cosmology. (There is no hint of this in *Sagarana* or *Corpo de Baile*.)

Plato's theory concerns the upward striving of being towards oneness and completeness. In *The Symposium* we read that man's being was originally a whole, which has been cut into two halves at birth. Men and women are either part of an originally male or female whole or of a hermaphrodite whole. Men who love women are halves of original hermaphrodites, those who belonged to a common sex. The perfect man is half of an original male whole, and seeks fulfilment by finding the other half of his being in beautiful young men.[15]

Plato's prescription for pursuing manly young boys finds an echo in *Grande Sertão: Veredas*: there are numerous references in the text to Riobaldo's desire for more physical contact with Diadorim. On many occasions Riobaldo has a burning desire to stand close to Diadorim, to smell the perfume of his body and caress his hands. These erotic desires are foregrounded in passages of the following tenor:

> Deixei meu corpo querer Diadorim; minha alma? Eu tinha recordação do cheiro dêle. Mesmo no escuro, assim, eu tinha aquêle fino das feições, que eu não podia divulgar, mas lembrava, referido, na fantasia da idéia. Diadorim – mesmo o bravo guerreiro – êle era para tanto carinho: minha repentina vontade ere beijar aquêle perfume no pescoço: a lá, aonde se acabava e remansava a dureza do queixo, do rosto ... Ele fôsse uma mulher, e à-alta e desprezadora que sendo, eu me encorajava: no dizer paixão e no fazer – pegava, diminuía: ela no meio de meus braços! Mas, dois guerreiros, como é, como iam poder se gostar, mesmo em singela conversação – por detrás de tantos brios e armas? Mais em antes se matar, em luta, um o outro. E tudo impossível. Três-tantos impossível, que eu descuidei, e falei:– ... *Meu bem, estivesse dia claro, e eu pudesse espiar a côr de seus olhos* ... (p.436)[16]

While Fantinati rightly states that Riobaldo's intimacies do not go beyond the intent, quickly blocked by Diadorim,[17] he is reluctant to concede that these intentions and overtures are decidedly homosexual within the context of the novel. As we saw above, the dialogic process ensures that Diadorim's sexuality is only revealed at the end of the novel. In line with the code of machismo within which Guimarães Rosa's characters function in *Sagarana* and *Corpo de Baile*, Riobaldo regards homosexuality as a taboo subject. Consequently, his urge to consummate physical possession of Diadorim occasions inner tensions, expressed as a conflict between good and evil, which even in old age causes the narrator a great deal of anguish: 'Mas ponho minha fiança: homem muito homem que fui, e homem por mulheres! – nunca tive inclinação pra aos vícios desencontrados' (p.114). Riobaldo is so confident in his own heterosexuality that the thought of a physical relationship with Diadorim would have been a reason for suicide:

> 'Se é o que é' – eu pensei – 'eu estou meio perdido . . .' Acertei minha idéia: eu não podia, por lei de rei, admitir o extrato daquilo. Ia, por paz de honra e tenência, sacar esquecimento daquilo de mim. Se não, pudesse não, ah, mas então eu devia de quebrar o morro: acabar comigo! – com uma bala no lado de minha cabeça, eu num átimo punha barra em tudo. (p.222)[18]

Thus, while Reinaldo/Diadorim represents an important Platonic category of love object, Riobaldo recoils in horror at the thought of achieving experience on this plane. Moreover, the homosexual attraction is reserved exclusively for Reinaldo/Diadorim. In every other case, the objects of Riobaldo's affections are female. As for Reinaldo/Diadorim, the reader is left in no doubt about his/her deep-seated desires. Thus, s/he attempts in vain to make Riobaldo forgo the company of women while they are together. 'Vai, e vem, me intimou a um trato: que, enquanto a gente estivesse em ofício de bando, que nenhum de nós dois não botasse mão em nenhuma mulher' (p.147). One day Diadorim almost surprised Riobaldo when he was with a dusky girl; s/he did not utter any accusations but s/he suffered, an attitude which drove Riobaldo to react angrily: 'Não sou o nenhum, não sou frio, não . . . Tenho minha fôrça de homem!' (p.148). Similarly, Diadorim suffers when s/he realizes that Riobaldo has been smitten by the charms of Otacília: 'Deitado quase encostado em mim, Diadorim formava um silêncio pesaroso. Daí, escutei um entredizer, percebi que êle ansiava raiva' (p.150). Diadorim then goes on to remind Riobaldo of his vow of chastity until he fulfils his destiny.

Diadorim's disguise and her suppression of her real instincts and desires are two aspects of a duality that runs throughout the character: s/he experiences a conflict between her duty to avenge her father's murder by the treacherous Hermógenes and her suppressed and concealed love for Riobaldo. There is a love–hate conflict within Diadorim, with hatred for Hermógenes in the ascendancy for the major part of the novel. This love–hate conflict is the dialogic axis of the novel. Fantinati rightly states that Diadorim is mainly responsible for the unrequited love in the novel, because s/he never encourages Riobaldo's advances; one word from Diadorim and all would have been resolved.[19] If Diadorim had revealed her identity earlier, then Riobaldo's odyssey would have come to an abrupt end at this point. This remains the fundamental enigma of Riobaldo's interaction with Diadorim without which *Grande Sertão: Veredas* would be a different novel altogether.

Thus, the character of Diadorim functions as a duality. As we saw above, her inner experience revolves around a conflict between love and hate. There is a primitive and elemental quality about this hatred, which Riobaldo emphasizes by using terms such as 'destiny', 'fatal', 'blood', 'age-old hatred': 'A tristeza, por Diadorim: que o ódio dêle, no fatal, por uma desforra, parecia até ódio de gente velha – sem a pele do ôlho. Diadorim carecia do sangue do Hermógenes e do Ricardão, por via' (p.268).[20] It is this demonic hatred that drives Diadorim to steel Riobaldo for the fight against the traitors. During the judgement of Zé Bebelo, Diadorim immediately perceives Riobaldo's qualities of leadership when he, albeit a novice *jagunço*, intervenes decisively to save Zé Babelo's life. Diadorim assures Riobaldo that people were more impressed by his raw impetuosity ('rompante brabo') than by his sound sense (p.211). And later, when Riobaldo attempts to assuage Diadorim's inveterate hatred by offering him the 'pedra de Arassuaí' – a semi-precious stone which he had intended keeping for Otacília – and broaches the subject of giving up their present way of life on the grounds that enough men have died already, Diadorim calls into question his friend's courage:

> Ah foi êle me ouvir e se encurtar, em duro que revi, que nem ossos. Ao crespo de um com a afronta a meia-goela – e os olhos davam o que deitavam. O que durou só um átimo, tanto que êle teve mão em seu gênio, conciso com um suspiro; mas mesmo me retrouxe remoque:
> – 'Riobaldo, você teme?' (p.283)

Finally declaring his hand, Diadorim urges Riobaldo to have the courage to shoulder the reponsibilities of power. S/he then tells Riobaldo of his presentiment that only when *he* takes over the reins of power will there be a positive resolution of the internecine *jagunço* warfare. But once Riobaldo ousts Zé Babelo from power, he becomes somewhat isolated from Diodorim's counsels. 'Desde que eu era o chefe, assim eu via Diadorim de mim mais apartado' (p.350). While the reason behind this important change is

Riobaldo's new-found self-confidence after his Faustian confrontation with Mephistopheles at Veredas Mortas, the fact remains that Diadorim's persistence was a powerful determining factor behind his dethronement of Zé Bebelo and subsequent harrying of Hermógenes. Without Diadorim, Riobaldo would not have embarked on the most crucial stage in his quest for identity and self-fulfilment

The change in their relationship opens up the possibility of a declaration of Diadorim's true feelings, and the novel deepens in intensity as the climax approaches. For the first time Diadorim's real emotions take precedence over his/her burning thirst for revenge and s/he hints that s/he has an important secret to reveal to Riobaldo:

– '... Riobaldo, o cumprir de nossa vingança vem perto ... Daí, quando tudo estiver repago e refeito, um segrêdo, uma coisa, vou contar a você ...'[21] (p.386)

The transformation in Diadorim is all the more striking because for the first time s/he can contemplate with equanimity the relationship between Riobaldo and Otacília. Thus s/he sends a message to Otacília with some cattle-drovers asking her to pray for Riobaldo as he prepares for the final battle with Hermógenes. It seems as if Diadorim's jealousy has run its course. However, when Riobaldo, believing that Otacília may be riding to meet him, abandons his *jagunços* on the eve of battle, Diadorim offers to scour the countryside with him – an offer which is rejected in harsh tones:

– *Tu volta, mano. Eu sou o chefe*! – pronunciei. E êle, falando de um bem-querer que tinha a inocência enorme, respondeu assaz:–
'Riobaldo, você sempre foi o meu chefe sempre ...' (p.428)

With these words the circle has now been completed; Diadorim's love for Riobaldo has taken the ascendancy over hatred for Hermógenes or jealousy of Otacília. The tragedy is that during the larger part of his life Diadorim was beset by the conflict between two opposing tendencies: love and hatred.

Another important aspect of the duality in Diadorim's character is the interplay between angelic and demonic forces. Given that Riobaldo regards all homosexual contact as 'vícios desencontrados', it is natural that he should attribute the strong undercurrents of passion in his friendship with Diadorim to a curse placed on him by Satan. Diadorim is, therefore, envisioned as the devil's agent and linked with the problem of good versus evil in the world. Riobaldo's reference to this eschatological conflict is illuminating:

> Diz-que-direi ao senhor o que nem tanto é sabido: sempre que se começa a ter amor a alguém, no ramerrão, o amor pega e cresce é porque, de certo jeito, a gente quer que isso seja, e vai, na idéia, querendo e ajudando; mas, quando é destino dado, maior que o miúdo, a gente ama inteiriço fatal, carecendo de querer, e é um só facear com as surprêsas. Amor dêsse, cresce primeiro; brota é depois. Muito falo, sei; caceteio. Mas porém é preciso. Pois então. Então, o senhor me responda: o amor assim pode vir do demo? Poderá?! Pode vir de um-que-não-existe? Mas o senhor calado convenha. Peço não ter resposta; que, se não, minha confusão aumenta. (p.108)

Riobaldo distinguishes between love that grows from the intentional pursuit of the loved object and love that stems from a fateful passion. His love for Diadorim was of the latter kind, because it had already grown in his subconscious before it burst forth on the surface ('cresce primeiro, brota é depois'). Riobaldo is unable to come to terms with the predestined nature ('inteiriço fatal') of this impulsive type of love; consequently, he believes that some demonic force is sapping his will-power to resist what he perceives to be the temptation to succumb to a homosexual liaison.

While on a superficial level Riobaldo is reacting as a product of the virile *sertão* environment, the dialogic structure foregrounds his major preoccupation with duality and ambiguity in life. Seen from the perspective of the narrator Riobaldo, the problem of the true nature of his feelings towards Diadorim is another aspect of the problem that confronted him throughout his odyssey: the existence or non-existence of an evil principle; and a homosexual liaison with Diadorim is taken by him to be a manifestation of an evil principle.

On the other hand, once Riobaldo has become chieftain, Diadorim is cast as the principle of good. Paradoxically, this new role coincides with the imminent satisfaction of his lust for revenge on the traitors. Acting as a guardian angel, Diadorim warns Riobaldo that the need to act cruelly and decisively must not destroy his self-integrity:

> – '... A bem é que falo, Riobaldo, não se agaste mais ... E o que está demudando, em você, é o cômpito da alma – não é razão de autoridade de chefias ...' (p.353)

Here Diadorim alerts Riobaldo to the fact that his character is changing for the worse, and that this cannot be put down solely to the fact that he is now all-powerful chieftain of the 'good' *jagunços*. This warning comes after Riobaldo's arbitrary treatment of Nhô Constâncio Alves and, later, the stranger on horseback. The roles of Riobaldo and Diadorim have now been reversed, for it is Riobaldo who is presented as the agent of the devil. Possessed by a sudden lust for blood, Riobaldo resolves to kill Nhô Constâncio, if the other gives a positive answer to a gratuitous question: whether the old man knows one Gramacedo from Riobaldo's region. Eventually Riobaldo sets Nhô Constâncio free, but swears to kill the next wretch he meets. Only some dexterous casuistry by which he shifts the culpability from the man to his dog and, finally, to his mule, saves Riobaldo from a gratuitous act of murder. Thus, he argues that he first saw the dog or the mule, not the man, and that he cannot shoot a mule because it is not a person.

Diadorim, who remained silent but vigilant during this incident, appears just as Riobaldo is justifying to himself why he ought to shoot a poor leper eating guava fruit. Riobaldo argues that the man is a slight to the beauty of the world, while Diadorim hovers nearby like a guardian angel or the voice of conscience:

> Como olhei, Diadorim estava acolá, estacado parado no lugar, perto da árvore do homen. Por certo êle tinha enxergado a coisa viva, e estava desentendendo meu espaço, êsses desatinos. Contemplei Diadorim, daquela distância. Montado sempre, têto de consciência, êle me parecia mais alto de ser, e não bulia, por mim avistado. (p.373)

While Riobaldo is aware that Diadorim's attitude emphasizes his belief that the leper is a fellow human, he cannot equate ugliness with love, namely, his love for Otacília and Diadorim. The underlying problem for Riobaldo, however, is whether the temptation to succumb to the power of evil by abdicating responsibility for his actions was due to the pact with Satan.

Riobaldo now believes that Diadorim is on the side of the powers of light in the cosmic conflict with the powers of darkness. This is contrary to the earlier link suggested between homosexual attraction and the devil. Diadorim's new role runs parallel to the realignment of Riobaldo's emotions referred to above. Riobaldo employs the image of his patron, Nossa Senhora da Abadia, to convey the impact of Diadorim on his senses after the leper episode:

> Mas Diadorim, conforme diante de mim estava parado reluzia no rosto, com uma beleza ainda maior, fora de todo comum. Os olhos – vislum-

bre meu – que cresciam sem beira, dum verde dos outros verdes, como o de nenhum pasto. E tudo meio se sombreava, mas só de boa doçura. Sôbre o que juro ao senhor: Diadorim, nas asas do instante, na pessoa dêle vi foi a imagem tão formosa da minha Nossa Senhora da Abadia! A santa ... Reforço o dizer: que era belezas e amor, com inteiro respeito, e mais o realce de alguma coisa que o entender da gente por si não alcança. (p.374)

For a moment Riobaldo's image of Diadorim transcends the mundane to become a symbol of Absolute or virginal Beauty and Goodness, as crystallized in the person of Nossa Senhora da Abadia. Moreover, this is an image of *feminine* beauty in the person of Diadorim at a point in the novel where full disclosure has not taken place. Here the concept of Diadorim and Otacília are very close together, and the reader can question to what extent Diadorim has been subsumed into Riobaldo's love for Otacília.

The greenness of Diadorim's eyes is also significant. Green is a colour connected with him/her throughout the novel. While it is conventionally regarded as the symbol of fertility, and for Dante signifies hope, green is also the colour of antithetical tendencies.[22] Hence, it is a most apposite symbol for Diadorim, with his angelic and demonic antitheses.

In keeping with this imagery, Riobaldo's last memory of Diadorim alive is full of peace and consolation. As Diadorim launches himself at Hermógenes for the final kill, the image of Nossa Senhora da Abadia flashes before his mind's eye (p.451). It is the Virgin, in the person of Diadorim, who holds out a promise of tranquillity away from the carnage taking place before him. The image of Diadorim as the avenging angel, has supplanted for the moment Riobaldo's chivalresque image of Otacília.

The duality that runs throughout Diadorim's character offers the reader another Platonic subtext: the teaching that all being is made up of two poles: Similarity and Difference, with a blending element in between.[23] In Diadorim Guimarães Rosa explores the various poles in human existence: good and evil, love and hatred, masculine and feminine, similarity and difference. Diadorim as a character fits into the Platonic tradition of the ideal pair: identity and otherness. As H. Jeudy has observed: 'L'altérité ne règne qu'entre des termes qui sont d'une certaine façon mêmes et autres à la fois.'[24] This is an apt description of the role of Diadorim in the novel.

The notion of the ultimate coalescence of Diadorim and Nossa

Senhora da Abadia is linked with another key aspect of Diadorim's character: his/her acute appreciation of the wonder and beauty of the world. It is s/he who first introduces the insensitive Riobaldo to the wonderful world of nature. Thus, the narrator establishes at the outset that Diadorim taught him how to take pleasure in the joy of being alive amid simple things, a lesson Riobaldo is at pains to pass on to his visitor:

> Quem me ensinou a apreciar essas as belezas sem dono foi Diadorim
> ... A da-Raizama, onde até os pássaros calculam o giro da lua – se diz
> – e cangussú monstra pisa em volta. Lua de com ela se cunhar dinheiro.
> Quando o senhor sonhar, sonhe com aquilo. Cheiro de campos com
> flôres, forte, em abril: a ciganinha, roxa, e a nhiíca e a escôva, amare-
> linhas ... Isto – no Saririnhém. Cigarras dão bando. Debaixo de um
> tamarindo sombroso ... Eh, frio! Lá gêia até em costas de boi, até nos
> telhados das casas. Ou no Meãomeão – depois dali tem uma terra quase
> azul. Que não que a céu: êsse é cêu-azul vivoso, igual um ôvo de
> macuco. (p.23)

From all the beauties of the natural world, Riobaldo singles out birds as creatures of the utmost beauty. Here again, he has lived with unseeing eyes until he met Diadorim:

> O Reinaldo mesmo chamou minha atenção. O comum: essas garças,
> enfileirantes, de tôda brancura; o jaburú; o pato-verde, o pato-prêto,
> topetudo; marrequinhos dansantes; martim-pescador; mergulhão; e até
> uns urubús, com aquêle triste prêto que mancha. Mas, melhor de todos
> – conforme o Reinaldo disse – o que é o passarim mais bonito e
> engraçadinho de rio-abaixo e rio-acima: o que se chama o manuelzinho-
> da-crôa. (p.111)

The 'manuelzinho-da-crôa', the little red-legged sandpiper, recurs throughout the novel, symbolizing Riobaldo's love for Diadorim and the latter's appreciation of the wonder of nature. This is the most important aspect of the ornithological imagery which recurs throughout the novel. Thus, when Riobaldo first meets Otacília, he establishes the note of harmony between them by commenting upon the birds:

> Molhei mão em mel, regrei minha língua. Aí, falei dos pássaros, que
> tratavam de seu voar antes do mormaço. Aquela visão dos pássaros,
> aquêle assunto de Deus, Diadorim era quem tinha me ensinado. Mas
> Diadorim agora estava afastado, amuado, longe num emperrêio.
> Principal que eu via eram as pombas. (p.146)

Although Diadorim is sulking, Riobaldo has learned his lesson well and uses the birds flitting about to link the beauty of the natural world to his idealistic love for Otacília which is not incompatible with a feeling of gentle eroticism implicit in the 'pombas' (there is also an intertextual reference here to the Pentecostal 'pombas do Paráclito').

Riobaldo states that beauty in the natural world is a reflection of the action on it of a higher world of Beauty: the birds are 'aquêle assunto de Deus'. At the same time there is an intertextual reference to Plotinus' world-view. We know from *Corpo de Baile* of Guimarães Rosa's affinity with Plotinus.[25] Plotinus argued that contemplation of order, proportion and excellence in natural beauties would lead man to reflect on the source whence they came. If this were not the case, the insensitive man would fail to understand the world or recall his previous experience of a higher world of Forms.[26]

It is true to say that, if Riobaldo had not met Diadorim, he would neither have understood this world nor perceived that higher world. The significance of Riobaldo's odyssey in *Grande Sertão: Veredas* owes everything to the enigmatic Diadorim. In Riobaldo's own words, Diadorim helped him to understand the physical world, while reminding him of a plane of higher values:

> Diadorim me pôs o rastro dêle para sempre em tôdas essas quisquilhas da natureza. Sei como sei. Som como os sapos sorumbavam. Diadorim, duro sério, tão bonito, no relume das brasas. Quase que a gente não abria bôca; mas era um delêm que me tirava para êle – o irremediável extenso da vida. (p.25)

It is worth looking again at how the relationship between the *jagunços* Riobaldo and Diadorim was adumbrated in the encounter between the two as *meninos*. During their crossing of the Rio de Janeiro, a Dito-Miguilim relationship developed. Just as Miguilim was attracted by the wisdom of his older brother, so Riobaldo was drawn to the *Menino*. 'Antes fui eu que vim para perto dêle' (p.80).[27] Like Dito, the *Menino* is a repository of ancestral wisdom, a being not far removed from the world of absolute values, someone who links the two poles of being: youth and old age: 'Porque êle falava sem mudança, nem intenção, sem sobêjo de esfôrço, fazia de conversar uma conversinha adulta e antiga' (p.81). The *travessia* of the Rio de Janeiro becomes a symbol of Diadorim's influence on

Riobaldo, both during and after their life together. The archetypal nature of the influence of Diadorim is highlighted by Riobaldo's comment, when he next meets the *Menino* as Reinaldo, that he felt as though he had never ever been separated from the *Menino* (p.107).

The fact is that, as narrated from Riobaldo's point of view, Diadorim is enshrouded in mystery for most of the text and symbolizes mystery and uncertainty in Riobaldo's odyssey. Diadorim is as it were beyond life, larger than life itself. Riobaldo is not sure how to explain the significance of this to himself, and the genesis of *Grande Sertão: Veredas* is his attempt to explain it to his visitor, and in so doing, perhaps understand the enigma himself. In his own words:

> o pensamento dêle que em mim escorreu figurava diferente, um Diadorim assim meio singular, por fantasma, apartado completo do viver comum, desmisturado de todos, de tôdas as outras pessoas – como quando a chuva entre-onde-os-campos. Um Diadorim só para mim. Tudo tem seus mistérios. Eu não sabia. Mas, com minha mente, eu abraçava com meu corpo aquêle Diadorim – que não era a verdade. (p.221)

The enigma of Diadorim functions on two levels: ethereal and mundane. On the first level, Diadorim signifies Riobaldo's conception of the mystery of life ('Um Diadorim só para mim. Tudo tem seus mistérios') which points to the existence of the mysterious world beyond ('um Diadorim assim meio singular, por fantasma, apartado completo do viver comum, desmisturado de todos ...'). On the mundane level, Diadorim symbolizes the ambivalence of the world of the senses: Riobaldo is sensuously attracted to Diadorim, and in Riobaldo's mind this symbolizes the conflict between good and evil within man.

The final enigma surrounding Diadorim concerns the reasons behind the disguise as a male *jagunço*. While the single-mindedness with which s/he pursues her father's killers is understandable, there is no clear explanation as to why the disguise was originally adopted. Indeed most critics fail to emphasize that Diadorim was acting as a *menino*, and was later under arms as a *jagunço*, all prior to the death of her father Joca Ramiro.

Cavalcanti Proença was the first to point out the similarity between Diadorim and the female disguised as a knight (the 'donzela que vai à guerra') in the old Portuguese ballad 'A Filha de Dom Martinho'.[28] This is a helpful idea, for Dom Martinho de Avizado's eldest daughter disguises herself as Conde Daros because her father has no sons and is himself too old to fight in the wars between France and Aragon. Did Diadorim's original disguise grow out of a similar set of circumstances, with the theatre of war transplanted to the *sertão*? Thus, when still a *menina*, Diadorim would have accepted the responsibility that came from being the child of a warrior chieftain who had no sons. The novel is not clear on this point. However, this would explain why Diadorim declares that his/her father has set him/her apart from other people: 'Sou diferente de todo o mundo. Meu pai disee que eu careço de ser diferente, muito diferente . . .' (p.86). The sense of fulfilling a predestined role is echoed in Diadorim's revelation of his/her real, but secret, name. '"Tenho meus fados. A vida da gente faz sete voltas – se diz. A vida nem é da gente . . ."' (p.120). When Riobaldo – suffering the mental and physical stress of the imminent showdown with the evil Hermógenes – finally uses the 'secret name' in front of his *jagunços*, he is quick to cover up by referring to the *machismo* of Reinaldo:

> Todo me surripiei, instanteante: tanto porque 'Diadorim' era nome só de segrêdo, nosso, que nunca nenhum outro tinha ouvido . . . Alaripe ficou em silêncio, para melhor me entender. Mas o Quipes se riu: – *Dindurinh'. . . Boa apelidação . . .* Falava feito fôsse um pássaro. Me franzi. – *O Reinaldo é valente como mais valente, sertanejo supro. E danado jagunço . . .*[29]

Throughout Diadorim's life Riobaldo does not query his/her motivation, and when he later scours the *sertão* in search of an explanation, the mystery defeats him. He finds no one who remembers his friend as a girl. The original mystery eludes him, but not the significance of the antithesis; note his comments on the one scrap of concrete evidence – a baptismal entry from the parochial church in Itacambira: 'O senhor lê. De Maria Deodorina de Fé Bettancourt Marins – que nasceu para o dever de guerrear e nunca ter mêdo, e mais para muito amar, sem gôzo de amor . . .' (p.458). In this final antithesis: 'nasceu . . . para muito amor, sem gôzo de amor', Riobaldo reminds his visitor of the duality in Diadorim's character, itself symbolic of the duality inherent in life itself: good versus evil, God against the devil, masculine versus feminine, the inferior against the superior. There is another Plotinian intertext here: 'the maximum of difference is contrariety', by which Plotinus meant that because God has created a principle of differentiation, it will of necessity produce as many antitheses or contrarieties as possible.[30] Diadorim harmonizes in his person the principle of differentiation and antithesis.

This point is underlined in the name Diadorim itself, which, on a superficial level, clearly owes something to the Brazilian custom of naming children after famous characters, in this case Manoel Deodoro da Fonseca, first president of the Republic. J. C. Garbuglio suggests that the etymology of the name Diadorim is gift ('dóron') through ('dia') which the world is revealed to Riobaldo. However, Augusto de Campos offers a subtler appreciation of the duality in Diadorim by suggesting a binary derivation:

(i)   Dia + adora + im.
(ii)   Dia + dor + im.[31]

Campos's suggestion affords the greater insight into the blending of opposites in the character of Diadorim.

In conclusion, in *Grande Sertão: Veredas* Riobaldo participates in various stages of base love (Hortência, Maria-da-Luz, Malinácio's daughter, Miosótis, Rosa'uarda, two unnamed *mocinhas*) before moving towards a more spiritual appreciation of eros (through Nhorinhá, Diadorim and Otacília). A major step in this upward process is the appreciation of the natural beauties of the world. This appreciation is inevitably and inextricably linked with the experience of Diadorim. Just as in *The Symposium* Socrates praises Diotima for teaching that love is a spirit which prevents the bipolarity of the world from breaking into two, by allowing man to appreciate the natural beauties around him,[32] so in the case of Riobaldo the appreciation of the natural world and life itself owes everything to his relationship with Diadorim in his three guises in the novel: the wise *menino*, the committed *jagunço* Reinaldo, and the maiden Diadorim. The genesis of *Grande Sertão: Veredas* is Riobaldo's attempt to decipher the enigma of his friend who represented so many antithetical tendencies in his odyssey.

Notes

[1] See especially Benedito Nunes, *O Dorso do Tigre* (São Paulo: Editôra Perspectiva, 1969), 143–71, and Carlos Erivany Fantinati, 'Um Riobaldo: Três Amôres', in *Revista de Letras*, Faculdade de Filosofia, Ciências e Letras de Assis, VII (1966), 9–30.
[2] All references are to *Grande Sertão: Veredas*, 6th edn (Rio de Janeiro: José Olympio, 1968).
[3] Nunes, *O Dorso do Tigre*, 144.
[4] Plato, *Phaedrus*, trans. R. Hackworth (London: Cambridge University Press, 1972), 249D–E, p. 92.
[5] Plato, *The Symposium*, trans. W. Hamilton (Harmondsworth: Penguin, 1971), 94.
[6] Fantinati, 'Um Riobaldo', 29.
[7] Nunes, *O Dorso do Tigre*, 145.
[8] Ibid., 144.
[9] See 'A Estória de Lélio e Lina', in *No Urubùquaqua, no Pinhém*, 4th edn (Rio de Janeiro: José Olympio, 1968).
[10] See *Sagarana* (Rio de Janeiro: José Olympio, 1956).
[11] For a fuller discussion of these features, see M. Cavalcanti Proença, *Trilhas no Grande Sertão* (Rio de Janeiro: Departamento de Imprenta Nacional, 1958), 26–9.
[12] Jon S. Vincent, *João Guimarães Rosa* (Boston: Twayne, 1978), 81.
[13] Nunes, *O Dorso do Tigre*, 166.
[14] L. Arroyo, *A cultura popular em Grande Sertão: Veredas* (Rio de Janeiro: José Olympio, 1984), 50, 67.
[15] Plato, *The Symposium*, 61–3.
[16] See too pp. 33, 114, 140, 239.
[17] Fantinati, 'Um Riobaldo', 13.
[18] For further examples, see pp. 30, 32, 436–7.
[19] Fantinati, 'Um Riobaldo', 14.
[20] For another example, see p. 285.
[21] See also p. 404.
[22] For a fuller discussion of the symbolism of green, see Juan-Eduardo Cirlot, *Diccionario de Símbolos*, 6th edn (Madrid: Editorial Labor, 1985), 139–40.
[23] Plato, *Timaeus*, trans. R. G. Bury (London and Cambridge, Mass.: Harvard University Press, 1966), 36D–37C, pp. 73–5.
[24] H. Jeudy, *Mort du Sens* (Paris: Éditions du Seuil, 1973), 92.
[25] See especially the two epigraphs from Plotinus that introduce the third volume of *Corpo de Baile, Noites do Sertão*, 4th edn (Rio de Janeiro: José Olympio, 1969): 'Porque, em tôdas as circunstâncias da vida real, não é a alma dentro de nós, mas sua sombra, o homem exterior, que

geme, se lamenta e desempenha todos os papéis neste teatro de palcos múltiplos, que é a terra inteira'; 'Seu ato é, pois, um ato de artista, comparável ao movimento do dansador; o dansador é a imagem desta vida, que procede com arte; a arte da dansa dirige seus movimentos; a vida age semelhantemente com o vivente.'

[26] Plotínus, *The Enneads*, trans. S. Mackenna (London: Cambridge University Press, 1969), II, 9, p.16.

[27] For the Dito-Miguelim relationship, see 'Campo Geral', in *Manuelzão e Miguilim*, 4th edn (Rio de Janeiro: José Olympio, 1970).

[28] M. Cavalcanti Proença, *Trilhas no Grande Sertão*, 25.

[29] See *Grande Sertão*, 429, for Diadorim's secret 'lover's name'. It is noteworthy too that Riobaldo equates Quipes's mispronunciation with the name of a bird.

[30] Plotinus, *The Enneads*, III, 2, 16, p. 175.

[31] See Vincent, *João Guimarães Rosa,* 82; Augusto de Campos, 'Um lance de dês do *Grande Sertão*', in P. Xisto, Augusto de Campos and Haroldo de Campos, *Guimarães Rosa em Três Dimensões* (São Paulo: Conselho Estadual de Cultura, 1970), 61-2; also J. C. Garbuglio, *O Mundo Movente de Guimarães Rosa*, (São Paulo: Ática, 1972), 62. J. C. Fonseca Santas, *Nomes de Personagens em Guimarães Rosa* (Rio de Janeiro: Instituto Nacional do Livro/MEC, 1971), 113-20, is particularly insightful.

[32] See Plato, *The Symposium*, 81-5.

15
Torture in the Work of Ivan Ângelo

JOHN GLEDSON

At the beginning of Antônio Callado's novel *Bar Don Juan*, published in 1971 in the worst years of the Médici government, the two central characters, João and Laurinha, talk about the torture they have just undergone. João asks himself if it might be symbolic that the name of Laurinha's torturer was Salvador, and if 'o Brasil iria partir das torturas para extrair delas as convicções que não possuía': 'Sempre entendera que torturas são aplicadas em nome de ferozes convicções.'[1] Implicitly, Callado is saying that there is a possible relationship between torture and the nature of Brazilian society, although the nature of that relationship is not very clear. It is frequently said, and no doubt it is true, that what was new in the use of torture in the sixties and seventies in Brazil, and above all under the Médici government, was the widening of the type of victims to include members of the middle class and the intelligentsia. As Roberto Schwarz says in his essay 'Cultura e Política 1964-9', in 1964 '[t]orturados e longamente presos foram somente aqueles que haviam organizado o contato com operários, camponeses, marinheiros e soldados.'[2] Above all after 1968, things were very different. Ivan Ângelo himself, in an interview which I will cite more than once, sums up the fundamental change in the vision of Brazil which the world, and with it many Brazilians came to have: 'Para o mundo inteiro, o Brasil, que antes era visto folcloricamente como a república dos papagaios, tinha se transformado na república do pau-de-arara.'[3]

An obvious result of this change of vision was the questioning of the tradition which had seen Brazilian history as an essentially conciliatory and peaceful process: the history of the achievement of independence is perhaps the most obvious example cited in favour of this notion. A book such as *Conciliação e Reforma no Brasil*, subtitled *Um Desafio Histórico-político*, by José Honório Rodrigues, published in 1965, is one of the first examples of this new tendency.[4]

Rodrigues reveals how Brazilian history has in fact been remarkably bloody – and writers, Ângelo included, have shown more than once how the government used torture in the years of the Estado Novo (1937–45). But, if I am not mistaken, the most interesting results of this new way of thinking came later, when writers began to think, not only about torture itself, but about more subtle ways of imposing one's authority in Brazilian society. Schwarz again, and in the same essay, talks of the 'pesquisa teatral' of the Teatro Arena, and of how they imitated 'as maneiras mais ordinárias que têm as classes dominantes de mentir, de mandar em seus empregados ou de assinalar, mediante um movimento particular da bunda, a sua importância social'.[5] Schwarz's interest in relationships of favour is another example: Roberto daMatta dedicates a very interesting chapter of his *Carnavais, Malandros e Heróis* to the phenomenon he calls 'você sabe com quem está falando?'[6] The subject of torture becomes part of a larger topic: how it is that the rich and powerful continue to impose on those they persist in calling 'os humildes' in Brazilian life, both in its crises and in its everyday existence. According to Silviano Santiago, in a very stimulating essay 'Poder e alegria', first published in 1988, this is the central topic of fiction since 1964.[7]

Ivan Ângelo's career began in 1960, when he published a collection of short stories, together with Silviano Santiago, in a single volume entitled *Duas Faces*.[8] He is a *mineiro*, though he lives in São Paulo, where he is the editor of the important newspaper *Jornal da Tarde*. He has only published three and a half books since 1960, *A Festa* in 1976, *A Casa de Vidro* in 1979 and, most recently, *Amor?*, in 1995.[9] The 'half' is a rather ungenerous description of *A Face Horrível*,[10] which republishes, with frequent changes in the texts, the stories from *Duas Faces*, and adds some others of more recent vintage – the book, which is not my topic here, is in fact a fascinating re-encounter of a writer with his past, and with it with the collective past of Brazil since 1960.

In the very interesting interview previously cited, published in Edla van Steen's *Viver e Escrever*, he explains why there was such a long delay between his first book and his second. There were, he says, two reasons: first, the move from Belo Horizonte to São Paulo. Above all, however, he speaks of more obvious and basic motives: 'eu não queria trabalhar sob o clima de medo e autocensura que dominaram a produção literária do país, durante esse período.' Finally, he decided to write again after a trip to Europe, where, he was 'fascinado com a democracia, com a liberdade de expressão, com a festa política'.[11] In France, he met an old friend of his, Fernando Gabeira, ex-guerrilla, kidnapper of the West German ambassador, and victim of police torture, as he himself recounts in his memoirs, *O Que é Isso, Companheiro?*[12]

The results were two books which, in the tradition of Lima Barreto, or of Antônio Callado himself, treat Brazil as a problem: that is, they try to give an overall view of the country at a crucial moment in its history. *A Festa* and *A Casa de Vidro*, significantly subtitled 'Cinco histórias do Brasil', are halfway between novels and short-story collections, the latter closer to the second, the former to the first – and in this, it is worth saying, they are quite representative of the decade of the seventies, which saw the publication of large numbers of stories, but struggled in vain to produce the 'Great Brazilian Novel' which would sum up collective experience.

In the final part of *A Festa*, printed on blue paper, Ângelo gives interesting details about various characters, real and fictional, who play a part in the novel, or are merely mentioned in passing. Perhaps the most important of them is Filinto Müller; his career on the left and the right is described, with its first climax as chief of police for Getúlio Vargas during the Estado Novo, the 'Cerberus of his hell', as Ângelo puts it; it is a comment, typical not only of Ângelo but of many other intellectuals, on the existence of torture before 1964.[13] Müller later became president of ARENA, the official party of the military government, and died by inhaling poison gas in a plane in 1973. But I have the impression that his appearance here is not due to these facts so much as to an interview given to the magazine *Veja* in 1972, in which he defended himself, refused to deny the existence of torture, or his responsibility for it. I believe that Ângelo is not simply denouncing torture: however strange it may seem, he wants to make us think of possible justifications for it. *A Festa* has four epigraphs, the first of which is from Machiavelli's *The Prince*, where he says that the prince should not worry about accusations of cruelty, for he cares for his subjects more than those who practice clemency, and so foment disorder, which in its turn may lead to murder and robbery. Is Ângelo giving a possible justification of torture? At the least, it is not possible to reject Machiavelli, as we might reject Müller, as just one more fascist. He is a key figure, this torturer conscious and proud of his *métier*, and he has a fictional antecedent, as well as the real Filinto Müller, in Coronel Ibiratinga, the sinister character in Callado's *Quarup*,[14] who says at a given moment that 'Eu faria o mesmo em salas de vidro, para que todos vissem da rua, ao passar, que este país defende a sua herança cristã' – an idea which reappears in the fourth, title story of *A Casa de Vidro*, where the torturers exhibit – though only up to a point – their actions to the public. It is worth saying – a point made to me by two of the audience at a meeting of the Associação Brasileira de Literatura Comparada in Niterói at which I gave a version of this article, but whose names I unfortunately have no record of – that Coronel Ibiratinga's original is without a doubt the infamous Coronel Ibiapina, one of those who tortured Gregório Bezerra in 1964 in Recife, and in fact did it in a sense 'in public'. Bezerra was saved by the protests of many people, since 'as emissoras de rádio anunciavam, de instante a instante, que eu estava sendo trucidado pelo Coronel Villoc e outros militares'.[15]

The reverse of this 'enlightened' torturer is, of course, the unenlightened one. On rereading *Casa-Grande e Senzala*, I noticed how Freyre, at the end of the first chapter of the book, typifies a certain right-wing ideology in Brazil. He says that 'a tradição conservadora no Brasil sempre se tem sustentado do sadismo do mando', only to say in the same paragraph that there is

> uma dualidade não de todo prejudicial à nossa cultura em formação, enriquecida, de um lado, pela espontaneidade, pelo frescor da imaginação e emoção do grande número, e, de outro lado, pelo contato, através das elites, com a técnica e com o pensamento adiantado da Europa.[16]

At one moment, sadism and masochism, at the next, enlightenment and 'spontaneity', which we can easily translate as 'insufficient maturity for self-government'.

The second epigraph to *A Festa*, from W. H. Auden's poem 'For the Time Being', introduces us to King Herod, the massacrer of the innocents, as a rational man, who merely wants to do away with the various superstitions that are plaguing his country; it may well be significant that Ângelo omits a phrase from this character's speech which very likely sums up a good part of his interest in Auden:

> Naturally this cannot be allowed to happen.
> Civilization must be saved even if this means sending for the military, which I suppose it does.
> How dreary.[17]

Returning to the argument, and looking once again at the story of Müller's life, we see that when he was a child, in Rio Grande do Sul, he used to pick up fragments of glass in the street, and tried to sell them to his father as gold. This detail, apparently rather insignificant and even comic, I believe holds one of the keys to the question: something which, I confess, I only realized when I read *A Casa de Vidro*, whose last story recounts the discovery of a vein of gold in Minas Gerais in the eighteenth century, and of repeated attempts to rediscover it up to the present time. One could say, simplifying no doubt, that the history of Brazil – it is worth reminding ourselves of the collection's subtitle 'Cinco histórias do Brasil' – can be summed up as the repeated search for a mirage, and the resultant taking of lies for truth. Torture would be this same syndrome taken to an extreme in the context of human relations: its essence, in this case at least, lies not in violence itself, but in the search for truth through violent methods.

We turn now to *A Festa* itself, the fiction. It is important that the epigraphs from Auden and Machiavelli appear again in the body of the novel, in the detective's monologue, the last of the seven separate stories which more or less constitute the first part of the novel (pp.101–4). Humberto Levita – possibly a significant name, in a biblical context, as one of the rational men, the intellectuals, who condemned Christ to death – is charged with the police investigation of the riots at the station which accompanied the arrival of a group of refugees from the north-eastern drought of 1970, an investigation which ends up linking them to the party (the 'celebration' of the title) at the apartment of a middle-class homosexual, Roberto. Levita ends up constructing his 'plot' – in the sense of a subversive conspiracy – a fiction which also, perversely, gives a plot to the novel. Of course, this character has close links with the events which, in a certain sense, can be said to have sent Brazil mad between 1964 and, say, 1976, the year of the novel's publication, not long after the death from torture of the journalist Wladimir Herzog. He 'imagines' the link which in fact hardly exists, between the social situation in the country and the middle class which has other problems, of which the novel shows us a reasonably large selection: love, sex, drugs, jobs and, of course, politics. As he imagines the link, and above all as he tortures some of the people involved to 'verify' his version of the facts, he repeats what the Médici government had done: he imagines and to a certain extent even creates an alliance which until then had been impossible, between the enlightened middle class – students and journalists above all, represented by Carlos and Samuel – and the working class. As he tries to construct his 'truth', he goes mad. He ends up dying of laughter – some years later, it is true, after the publication of *A Festa* itself.[18]

A Casa de Vidro is a somewhat different work from *A Festa*. In part, as Ângelo himself says in his previously cited interview with Edla van Steen, this is due to the change in the political climate. In 1976, in the immediate wake of the worst period of military government, there was a public which was 'ávido de protestos, ávido de significados', and 'precisando fazer do escritor seu portavoz'. The somewhat more relaxed atmosphere in 1979 left more room for reflection: 'isso limpa a área para a gente, faz reaparecer o trabalho dos escritores que realmente elaboram seus textos, e não apenas escrevem, como se urinassem.'[19] In consonance with this, the meanings of the new book are more elaborated and contained. What in *A Festa* is expressed, for instance, in the commentaries of the 'writer' which appear in the section 'Antes da festa', which tell us why the book is being written in this manner, why it has this form, and why it is difficult to write in present circumstances, is here expressed between the lines of five stories which are extremely well written, and interlinked, but in such a way that the reader has to do the work of finding out their meaning without the writer giving too much indication of how to do it.

If I am not mistaken, this includes the subject of torture, which occupies an important place in this book also. Looking back, the detective who goes mad in *A Festa* may seem a rather facile trick: revenge on the part of the author. The real torturers have less satisfactory ends, as in the case of Felinto Müller with his gas poisoning. In the note on the author appended to *A Casa de Vidro*, Ângelo says that 'procur[o] não inocentar ninguém, nem a mim mesmo' (p.258), a phrase which conveys something of this new fictional climate. It is true that one of the most interesting and masterly features of the book is the narrative strategies he uses so that the reader cannot exculpate himself, to make him commit himself in more or less shameful ways.

I can illustrate this in the third story in the book, 'O verdadeiro filho da puta': it is true that the subject of the title-story, 'A casa de vidro', which I mentioned above, is also torture, and that it even treats it at a public level, installing the glasshouse only imagined by Coronel Ibiratinga. But this third story seems central to me in more than one sense: it also benefits from the new climate of sexual honesty which exploded in Brazil as in many other countries in the seventies, to give us an unforgettable parable on violence and its causes.

In the centre of the story are two archetypical characters, Bete, a prostitute, in a sense the 'tart with the heart of gold', and, once again, a detective, Natan. Bete has a son, but is quite convinced that he is not hers, and that he has been switched accidentally for another in the hospital where he was born. She asks Natan, who is her lover, to try to find her real son, which he does, after a truly anthological demonstration of informal ways of imposing onself, of the 'sabe com quem está falando' type, of which the book as a whole is full. But, when he returns, in possession of the information, he forces Bete to beg for the information. Not only this, but he subjects her to a horrific torture session which culminates in the 'pau-de-arara' itself. And all for nothing – paradoxically, it is he who has the truth, which she, the victim, wants to know. That is, torture is here, purely, a way of showing power, of showing one's power over the truth. In another paradox, the real 'filho da puta' may be either of the two boys – given that she gave birth to one, and brought the other up – but it may well also be Natan. It occurs to me that his name is a palindrome, a word which is the same read from left to right or vice versa. He is, so to speak, in the centre, the axis, of this story which occupies the centre of the collection as a whole.

To sum up: we see in these two books, *A Festa* and *A Casa de Vidro*, a relationship between power and truth which becomes more and more problematic, something which is reflected at the level of the construction of the fiction. If Humberto Levita constructs his own plot, a false plot which ends up entangling him, the author (in his role as the *escritor*) declares that it is impossible for him to construct convincing plots 'in this country',[20] and thus in a way declares himself 'innocent', just as he somehow constructs his 'unstructured' novel. In *A Casa de Vidro*, the detective may be the 'filho da puta', it may even be that he dies at the hands of Bete, who resolves to give both sons to the other mother and goes off to kill him at the end of the story, but he is in possession of the truth. I return to the words of João in *Bar Don Juan*, quoted at the beginning of the article: 'O Brasil ia partir das torturas para extrair delas as convicções que não possuía?' I do not know what Callado's reply to this question is, though I suspect that it is the same as Ângelo's: in Brazil, people must learn to separate torture and convictions, power and truth. One of the possible roles of Brazilian fiction today is to untie this knot, to show power at its most naked, shorn of any possible justification.

Notes

[1] Antônio Callado, *Bar Don Juan* (Rio de Janeiro: Civilizaçao Brasileira, 1971), 6.
[2] Roberto Schwarz, *O Pai de Familia e Outros Estudos* (Rio de Janeiro: Paz e Terra, 1978), 52; and *Misplaced Ideas: Essays on Brazilian Culture* (London: Verso, 1992), 127. (This is a translated collection of Schwarz's essays from various volumes, including the one cited here.)
[3] Edla van Steen, *Viver e Escrever I* (Porto Alegre: L. & P.M., 1981), 54.
[4] José Honório Rodrigues, *Conciliação e Reforma no Brasil* (Rio de Janeiro: Civilização Brasileira, 1965).
[5] Schwarz, *O Pai de Familia*, 82; *Misplaced Ideas*, 148.
[6] Roberto daMatta, *Carnavais, Malandros e Heróis* (Rio de Janeiro: Zahar, 1981), 139-93.
[7] Silviano Santiago, *Na Malha das Letras* (São Paulo: Companhia das Letras, 1989), 11-23.
[8] Ivan Ângelo and Silviano Santiago, *Duas Faces* (Belo Horizonte: Itatiaia, 1960).
[9] Ivan Ângelo, *A Festa* (Rio de Janeiro: Summus, 1976), translated by Thomas Colchie as *The Celebration* (New York: Avon Books, 1982); and *A casa de vidro* (São Paulo: Cultura, 1979), translated by Ellen Watson as *The Tower of Glass* (New York: Avon Books, 1986); *Amor?* (São Paulo: Companhia das Letras, 1995).
[10] Ivan Ângelo, *A Face Horrível* (Rio de Janeiro: Nova Fronteira, 1986).
[11] Van Steen, *Viver e Escrever I*, 151.
[12] Fernando Gabeira, *O Que é Isso, Companheiro?* (Rio de Janeiro: Codecri, 1979).
[13] *A Festa*, 155-7.
[14] Antônio Callado, *Quarup* (Rio de Janeiro: Civilização Brasileira, 1967).
[15] Gregório Bezerra, *Memórias 1946-1969* (Rio de Janeiro: Civilização Brasileira, 1979).
[16] Gilberto Freyre, *Casa-Grande e Senzala* (Rio de Janeiro: José Olympio, 1966).
[17] W. H. Auden, *The Collected Longer Poems* (London: Faber & Faber, 1974), 189. For the epigraph itself see p.187.
[18] *A Festa*, 140.
[19] Van Steen, *Viver e Escrever I*, 154.
[20] *A Festa*, 107.

16
Corpo Vivo's Second Hero and the Age of Iron

ROBERT J. OAKLEY

In 1943 Jorge Amado published what has proved to be one of his best and most enduring novels, *Terras do Sem Fim*. The geographical and historical setting is the *cacau* country of southern Bahia at the end of the nineteenth century. The story and plot turn upon the struggle for possession of a land that promises untold wealth to him who can secure ownership. The power struggle is physically played out in the virgin forests of the interior, but its successive phases are observed and registered in the big, bustling port of Ilheus to which warring *fazendeiros* periodically withdraw in search of urban support, and to pursue their deadly combat by different means: slandering one another in the press; pursuing one another through the courts, and so on. The novel opens with descriptions of the chief participants, their assistants, and supporters, while its closure is signalled by the victory of one *fazendeiro* clan over the other.

Sometime in the 1930s Adonias Filho drafted a novel with broadly the same geographical and historical setting which treated of the self-same struggle for the land. This novel, much revised, was eventually published in 1962 with the title *Corpo Vivo*.[1] Despite the shared setting and same fundamental subject-matter, these two books present a stark contrast one with the other.[2] Jorge Amado's story rarely loses contact with a known and clearly defined spatial and historical reality. Many of its characters are portrayed as having close socio-economic and cultural links with places in Bahia and other parts of Brazil: Ilheus, Salvador, Ceará, Rio de Janeiro ... Their story is told almost exclusively by an omniscient narrator; there are a few flashbacks, but essentially the narrative exhibits a slow, inexorable, linear progression until the final pages when, in turn, the fates of each and every one of these people are revealed. In other words, we begin at the beginning and the end is conclusive, closed. Adonias Filho's novel of the *zona de cacau* is very different. The landscape and milieux of *Corpo Vivo* may at times be the same but they have little of the geographical or even socio-economic precision of *Terras do Sem Fim*. Only the town of Itabuna features to any extent in both novels. In *Corpo Vivo*, it is the only town that features by way of a setting for any of the events that unfold – and then but briefly. The outside world, the 'civilized' world of Salvador, Rio de Janeiro or Europe, might as well not exist. Only the struggle for the *cacau* lands allows us to situate historically the story told in *Corpo Vivo*. Beyond this, the world of violent conflict is to all intents and purposes timeless, while the gap between *fabula* and *suzhet* in the narration of this conflict is enormous.[3]

There are many parallels and many contrasts to be noted between these two novels – sufficient to fill a lengthy essay. There are, however, two particularly striking ones. The first of these is structural and narratological. The second concerns the characters. Jorge Amado's narrative is fundamentally in the noble tradition of the nineteenth-century European realist novel. *Terras do Sem Fim* offers a realist anatomy of the *cacau* lands at the close of the nineteenth century. It celebrates the loves and joys, the trials and the tribulations, of a cross-section of the population of southern Bahia at that time. There is no central protagonist, no hero or heroine; the protagonist is collective. Adonias Filho's novel is of a very different order. *Corpo Vivo* is divided into four parts. *Terras do Sem Fim*, too, is divided into parts but the structural comparison ends here. Part One of *Corpo Vivo* is preceded by six brief paragraphs that open the narrative. These describe a huge and terrifying mountain covered in impenetrable forests, away from which one Bem-Bem and a band of men he obviously leads are travelling. With them is another man named João Caio, some of whose thoughts are vouchsafed to the reader: he thinks to himself that an unnamed man and woman will find 'o ninho' there, in that awesome environment. In the third paragraph we learn that the band are returning the way they came and that one of them carries a leather cord: 'Era para enforcar Cajango' (p.2). In João Caio's mind's eye other figures are leaping and shooting in the midst of a pitched battle. He is jerked out of his reverie by the persistent memory of the leather cord and its deadly purpose. Finally, we learn that João Caio had guided this band of armed men to the mountain where the mysterious couple are to find their nest. The man is identified now as Cajango – the man who was to have been hanged. The reader has to deduce the following: that Bem-Bem and his gang have enlisted João Caio to guide them in search of Cajango in order that they might kill him; that they failed to find him; and that they are returning, having renounced the chase. At the close of this introductory passage, the voice of one padrinho Abílio blots out the present, rising in João Caio's memory until it fills his consciousness. Thus, six brief paragraphs into Part One, the omniscient narrator cedes the narrative to padrinho Abílio. Clearly, the story of Cajango's destiny has begun at its end. Equally clearly, *Corpo Vivo*, unlike *Terras do Sem Fim*, has a central protagonist whose destiny calls the narrative into being. This much has been accepted by critics. The present essay, however, contends that *Corpo Vivo* begins with one hero, but ends with two. There is no suspense; we already know Cajango's fate; crudely speaking, we know what happens; the novelist – and his narrative – will be concerned not with what happens, but how it happens. They are concerned as well with how the events that lead to those six introductory paragraphs come to be known.

Padrinho Abílio now purports to begin at the beginning. The first words of Part One are: 'Tudo começou no sábado' (p.5). Later, we discover that it is not true that everything began that Saturday. It is true that padrinho Abílio describes to João Caio and two companions the circumstances that set off the process whereby Cajango became the wanted man of the prologue to Part One. Cajango's father Januário and his family are small pioneer cocoa planters. Their plantation, Os Limões, is coveted by a larger, more powerful family who command a *jagunço* army.[4] One night the entire family, except the eleven-year-old Cajango, is massacred. The boy witnesses the atrocity from his hiding-place. His godfather Abílio arrives some hours later and, after burying the bodies, takes Cajango on a journey of many days into the depths of a vast forest called the Camacã where he knows there lives Januário's Indian half-brother Inuri. Inuri brings up Cajango in the Camacã until he is mature enough to head a bandit gang that will be his intrument of vengeance on the men who killed his family.

However, three days after the momentous night João Caio spends in the company of padrinho Abílio, he enters by chance a village in which an old man, one of Cajango's band, is being held by rival *jagunços*. He rescues him. The old man reveals himself to be one Lourenço Dias, old retainer of Cajango's family. Instead of moving the story forward, Lourenço Dias takes it far back beyond the opening of padrinho Abílio's narrative, to the very origins of Cajango. Lourenço Dias had seen him born and held him in his arms at three days old. This is truly the beginning of Cajango's destiny in this world. Lourenço Dias lovingly describes life at Januário's in those early days of his service there. Cajango's childhood emerges as an idyll watched over by Lourenço Dias, his second father, and by his greatest and truest friend, O Negro Setembro, whose tin cross Cajango still wears at his throat when going into battle. Only now, as he himself is incorporated into Cajango's band, can João Caio piece together the rest of Cajango's career as each of the other prominent members of the band, Inuri, O Alto the psychopathic killer, and Dico Gaspar the deadly shot, describe how Cajango develops into a homicidal beast – with vengeance his only thought – until the day on one of his expeditions he meets Malva Pereira, rescuing her, her father and her brother Leonel from persecution. Pereira and Leonel enter Cajango's service and Malva goes to relatives in Itabuna. Pereira and Leonel are killed and Cajango, unable to forget Malva, sends João Caio to Itabuna to fetch the girl. Reunited with Malva, Cajango is a changed man; he knows he cannot live without her and that living with her is incompatible with his bloody quest for vengeance and the brutal, bandit life represented by his uncle Inuri. To free himself and escape that destiny, he must kill Inuri. He does so and the *jagunço* band he has led disintegrates, while Cajango, Malva, padrinho Abílio, O Alto and João Caio flee north. Only Cajango, Malva and João Caio survive to reach the main road. Here, João Caio parts company with Cajango and Malva, and returns to human habitation where he is captured by one of the *jagunço* gangs hunting Cajango and led by Bem-Bem. It is now that João Caio is forced to lead Bem-Bem to the mountain; and so we come full circle to the moments described in the opening paragraphs of the text.

When one considers its quantity of incidents, multitude of arresting characters, and thematic grandeur, at a mere 130 pages, *Corpo Vivo* is a work of quite astonishing concision. The hero's rite of passage and his trajectory of fall and redemption lead the reader into a world of myth and epic narrative. Such, of course, is the world of oral poetry and primary epic, in which the grandeur and the remoteness in time of the narrative, the sheer authority of myth and tradition, guarantee that authority. In written literature, however, the authority of tradition is replaced by the more problematic authority of the author. In the Renaissance and in the Baroque we meet with the search for the truth by our author through his narrator(s). In the late medieval and Renaissance romances, as well as in their supreme parody, *Don Quijote de la Mancha*, he seeks to impose this 'truth' on the reader, frequently resorting to the authority of a pseudo-chronicler. To achieve the same purpose, the author may resort to the obvious immediacy of the first-person narrator, as in the picaresque novel. Later, he may create the illusion of authenticity through an eye-witness who conveniently fades away early in the text, as happens in some nineteenth-century realist novels. Later still, he may have recourse to a witness-protagonist, like Marlow in various novels and novellas of Conrad. There is, nevertheless, always implied a search for the truth. In the age of modernism this may never be attained because the implied author's intent is the demonstration of the impossibility of reaching it owing to unreliability of narration or narrator. The artist in the age of modernism, operating in a massive sea-change and reaction against the certainties of a positivistic nineteenth century, was haunted by the feeling that reality is unknowable. In prose fiction, this conviction has led the novelist to draw his reader into the tale being told, to make the reader participate, recreate, even create, the work of art – or at least complete it to his or her satisfaction. Adonias Filho was aware of his place in the history of western prose fiction; hence the multiplicity of narrators, bewildering time shifts, the archetypal, mythical figures and imagery, the multiple points of view. His narrative is also interestingly ambivalent. On one hand, *à la* Henry James, he dramatizes the point of view in his narrator-actors, while on the other, his effaced narrator will enter directly the mind of the character, creating passages of interior monologue using direct tagged thought and direct free thought. This ambivalence makes Adonias Filho emerge as recognizably neo-modernist, and yet also as a man aware of standing in the long tradition of the teller of tales.

In a comparison of *Corpo Vivo* and Autran Dourado's *Os Sinos da Agonia* (1975), Ruth Silviano Brandão Lopes has adduced Todorov's famous analysis of the *Thousand and One Nights* and the idea that the narrative is a privileged space because its primal property is language, whose function is to fill a void – the void of death.[5] Thus, Scheherezade narrates in order to avoid her own death. Todorov refers to the deadly white page. Where there is no narrative, there is death.⁶ Absence of narrative signifies death. To the same end, myth resolves the problem of historical time leading to death by means of effecting an eternal return to primordial beginnings.⁷ Just as the sacred space is constructed by reproducing the work of the gods (like Cajango and Malva's mountain that is an *axis mundi* joining heaven, earth and underworld) so the narrator, leading the reader to Cajango's apotheosis, purports to conquer death thereby.⁸ I would add to the notion of the eternal return a second attempt to fill Todorov's void, through narrative. I believe this is a function, hitherto unrecognized, of the narrative in *Corpo Vivo*.

In the course of an essay on the mythic significance of the forest in the prose fiction of Adonias Filho, Roberto Reis points out that, yes, Malva is Cajango's redemption, and, yes, Cajango's deeds are related by members of his band in such a way that he becomes a legend; while João Caio, the last to desert him,⁹ will be henceforth 'a memória do que aconteceu . . . persistência da lenda'.¹⁰ Or is he? In the course of his analysis of the narrative of Homer's *Odyssey*, Todorov distinguishes two *paroles*: *parole-action* and *parole-récit*. The latter is, in its purest form, the minstrel's utterances. The former, however, is the one that detains us here, for *parole-action* is the utterances of the protagonist of an event or situation and/or of the narrator-agents therein.¹¹ The *parole* of the actor in the unfolding tale related within the primary epic is potentially accompanied by risk; that is to say, the actor runs the risk of irritating the gods when the moment to speak arrives. In Part Four of *Corpo Vivo*, João Caio, tortured by Bem-Bem's men, blurts out the whereabouts of Cajango; but having done so, he then 'speaks'; that is, he chooses to speak in that he volunteers the full revelation of Cajango's destination and whereabouts. In this case, the risk is justified for this decision to speak saves his life. He chooses to speak, in the first place, in order to gain time – to put off his own execution. Later, freed by Bem-Bem, he declares he will henceforth be silent on what he knows of Cajango. Yet, Roberto Reis claims that João Caio is the perpetuator as well as the carrier of Cajango's story. Certainly, the text needs him as possessor of the story; but the novel describes the mythification of the hero – his immortality in the imagination of mankind. My purpose is to analyse this process of mythification and João Caio's role that lies outside as well as inside this process.

João Caio's role of witness and actor in Cajango's story has been ignored hitherto. The decision to speak saves João's Caio's life so that he can become 'a memória do que aconteceu'. The importance of knowing when to speak or not to speak is emphasized on various occasions in the course of the novel. After the massacre, Alonso's wife, overjoyed at Cajango's survival, declares this fact triumphantly to a stranger who turns out to be a spy. Her decision to speak leads directly to the murder of Alonso and padrinho Abílio's wife, and also seals her own fate. As the *jagunços* approach the house to kill her, O Negro Setembro has no option but to kill her himself in order to re-establish the code of silence that alone will cover the flight of Cajango and padrinho Abílio into the Camacã (p.29). The first example we meet in the course of the narrative, however, is arguably the most important. When João Caio enters the village and saves Lourenço Dias's life, he is henceforth in a position to learn the stories of Dias, O Negro Setembro and O Alto. João Caio's closeness to the sources of knowledge will also convert him, quite suddenly, from observer into actor in Cajango's story. The text takes cognizance of this fundamental change when the time comes for Cajango to claim Malva:

> O que escuta, batendo nos nervos, são as vozes distantes. Padrinho Abílio falando, O Alto contando. E o que vê é o acampamento no crepúsculo, a tristeza dos homens sem céu para os olhos, Cajango mandando chamá-lo para dizer:
> – Vá buscar a moça em Itabuna. (p.75)

Todorov opined that Homer's *Odyssey* is not primarily concerned with the return to Ithaca but with the business of telling of the return.[12] In *Corpo Vivo*, the prime concern is less with the fates of Cajango and Malva and more with the telling of how their fate is realized. Hence the true importance of João Caio.

At first sight, the heavy investment in the act of transmission of knowledge to the prime recipient of the message, João Caio, would appear to highlight his importance as maximum repository of knowledge about the career and destiny of Cajango. From the first, there are tense moments that would appear to confirm this impression. Padrinho Abílio, sitting in the gloom of the resthouse, pauses in the midst of his recounting of the circumstances of Cajango's quest and wonders whether to continue (p.11). He is, of course, one of the principal narrative devices of the novel, but it is not without significance that João Caio, with his unerring sense of when it is the time to speak or the time to remain silent, now provokes the continuation.

CORPO VIVO'S SECOND HERO AND THE AGE OF IRON

It is also of significance that he does so after the appearance in the resthouse of padrinho Abílio's comrade-in-arms, Dico Gaspar. As the latter enters, João Caio recalls three stories that illustrate, in turn, three arresting qualities of this legendary outlaw: his thirst for just retribution; his compassion; and his superhuman marksmanship. With an apparent lack of coherence and logic, João Caio, in the face of these legendary exploits that impress him mightily, challenges point blank the veracity of padrinho Abílio's view of Cajango; but his challenge has the desired effect, and padrinho Abílio completes his story. João Caio's urge to challenge is irresistible:

> João Caio, que parece crescer nas trevas, não pode conter-se no mutismo. Mais forte que ele sua própria necessidade de falar. Pesada é a voz:
> – Você contou como foi e eu acredito. Cajango saiu do sangue dos pais e dos irmãos para a maloca de Inuri. Em todas estas terras do cacau, porém, a verdade é outra. Quem crê, nestas matas, que Cajango tenha nascido de mulher? (p.17)

The completed story enables the three listeners to reach the conclusion that Cajango is carrying out an unavoidable duty (p.21). The admiration for the man who fulfils a tragically ineluctable mission in life will combine with the admiration for Dico Gaspar and stir the irresistible impulse to intervene in order to save the life of Lourenço Dias. The text makes this plain:

> Um velho, que usa chapéu de couro, informa antes que pergunte:
> – Apanharam um dos cabras de Cajango.
> Abrindo caminho entre a multidão, enquanto pensa em Dico Gaspar, encontra-se com os homens armados que não o deixam entrar. A decisão que vem é imprevista e, em voz alta, diz:
> – Sou o tropeiro João Caio e quero falar com o chefe. (p.22)

When the *jagunços* appear minded to shoot Lourenço Dias before leaving, João Caio, utterly under the spell of padrinho Abílio and Dico Gaspar, again instinctively intervenes:

> O tropeiro surpreende-se com sua própria frieza. Não sabe por que interfere mas a verdade é que se sente calmo e seguro como se estivesse a negociar um cavalo. Põe a mão no ombro do tipo agressivo e observa que, em silêncio, todos esperam a sua voz.
> – Matar o velho será o suicídio.
> – E por quê? – indaga o tipo agressivo
> – Topando o velho morto, aí com chumbo na carcaça, Dico Gaspar

e padrinho Abílio quererão vingar-se. Apanharão vocês tão certo
quanto me chamo João Caio. Vocês não irão muito longe. (p.23)

A part of João Caio's destiny is already adumbrated in the resthouse:
to be a witness to Cajango's unfolding destiny. He feels it again as
he enters the village of Itapitanga (p.22) and yet again as he and
Lourenço Dias flee (p.25). João Caio knows that the old man has
much to tell. He is a co-creator of Cajango's mythic story. His role
is to impose upon João Caio the image of the iconic tragic hero:
Cajango's Herculean appearance; his destiny as a Hercules bound to
the past, wearing his dead friend's cross, forever remembering the
catastrophe to which his family fell victim (pp.26–7). João Caio is
attracted to Cajango's heroic but also tragic quest. He wishes to
follow in Dico Gaspar's footsteps. Dico Gaspar has already inspired
his rescue of Lourenço Dias. O Alto senses this yearning: 'Muitos
como ele O Alto já vira, atraídos pela fama de Cajango, carneiros
que vinham morrer em troca do sangue alheio. Em breve, se tivesse
sorte, falariam dele como de um Dico Gaspar' (p.39). By now, João
Caio is no longer the observer, the outsider. He has become inextricably involved in Cajango's quest and in his destiny. Moreover,
his thirst to know the reality of Cajango in all its aspects, his thirst
for truth, have led him into proximity with a legend, with a man who
has already been made myth.

By occupying a space one repeats the cosmogony.[13] The outside
world is chaos.[14] When Januário's plantation is invaded, chaos
invades. The ensuing occupation is, consequently, not an act of
cosmicization but the institution of the rule of chaos. Cajango,
beneath his bloodlust, is nostalgic for paradise lost and therefore
seeks to reactualize that time of origin. He makes his existence in
profane time, that chaos of the outside world to which he has been
banished, bearable by banishing in his turn chaos from the erstwhile,
sacred space of Os Limões that has been desacralized. Cyclic time
is a terrifying periodical destruction and creation. Cajango's logical
response to the destruction of the paradise described by Lourenço
Dias is the equally violent destruction of what replaced it. What
happened *in illo tempore* must never be forgotten.[15] This explains
why Cajango, having killed off and razed by fire the occupation of
Os Limões by the forces of chaos and profane time, sends Dico
Gaspar back sometime later to ascertain whether or not the plantation is deserted. It also explains why he spares one *jagunço* to noise

abroad the utter annihilation of the occupiers. Cajango, in other words, renders life in the chaos of his exile from paradise tolerable by the creation of his own myth. This explains his command to the surviving *jagunço*, Tonho Cuminho, on the night he burns Os Limões: 'Vá depressa e conte o que viu' (p.38). In O Alto's narrative we glimpse the myth of the green-eyed destroyer that soon the whole of southern Bahia will know:

> Fitava-nos com espanto e parecia fascinado pelo verde dos olhos de Cajango. 'Volte e avise que morrerão todos os que aqui vierem. Vá depressa e conte o que viu'. . . Em nossas costas, provocando calor mais forte que o do sol, o fogo parecia ter ganho léguas. Os cacaueiros ardiam, o vento levando o fogo, Tonho Cuminho andando para dizer ao sul que Cajango existia. (p.38)

All Cajango's followers, from Inuri downwards, contribute unknowingly to the creation of this myth of the making of a monster not born of mother (p.17), while a part of its tragedy is its uncertainty; hence padrinho Abílio's energetic refutation of the monster myth and his attempt to replace it by that of the tragic hero, whose reverses as well as his victories must be told and retold. Thus we learn of the total annihilation of the fifty-man posse foolish enough to follow Cajango into the Camacã: 'João Caio ouvira, Lourenço Dias narrara a cena mais de uma vez' (p.45). By the same token, when disaster strikes his companion, Dico Gaspar feels impelled to leave his autographed knife in the dying Leonel's chest 'para que os jagunços a vejam e digam: "Foi Dico Gaspar quem matou Leonel"' (p.68). By the time João Caio meets padrinho Abílio, a myth of the making of Cajango is in full flower: '"Onde passo escuto o nome de Cajango. Seu nome enche o sul inteiro"' (p.10); '"É verdade que mil homens perseguem ele?"' (p.10); at Dico Gaspar's entrance 'Os tropeiros recuam instintivamente, fitando-o com assombro, como se Dico Gaspar não fosse uma criatura como eles. João Caio lembra-se: é o selvagem que enche as conversas nas roças de cacau. Seu nome está em todas as bocas e todos os caminhos' (p.12); the smaller of João Caio's two companions proffers the legend of the mad white woman Hebe that is also corrected by padrinho Abílio (p.17); after the departure of padrinho Abílio and Dico Gaspar from the resthouse, the three men discuss what they have heard and reveal that they already know the immediate sequel – Cajango's violent return to Os Limões (p.21); and João Caio then remembers his own father's opinion of Cajango: '"Dizem que viveu dez anos na selva e tem as manhas das feras"' (pp.21-2). When Lourenço Dias reaches Itabuna, everyone knows of the massacre and the deaths of Alonso and padrinho Abílio's wife. Even in Ilheus, when Dias goes there in search of him, padrinho Abílio's name is on everyone's lips (p.30). João Caio has already heard how Cajango makes plans of attack (p.33) while O Alto will confirm the habit of drawing them on the ground (p.36). Cajango has 'o nome na boca do povo' (p.44), while 'O sul inteiro associa o Camacã ao nome de Cajango' (p.44). At Marcolino's inn, on the way to Itabuna, João Caio hears in the babel of voices talking about Cajango, in essence, the whole latter part of his career as bandit leader (p.74).

So the reader, with João Caio as companion, witnesses the making of a myth. For all the attempts to control its creation, the participants in Cajango's drama and destiny are powerless to control its course. Lying awake in his hammock in the resthouse on his journey to fetch Malva, João Caio acknowledges this reality (pp.74-5). The best that any of them can hope to do is to modify Cajango's destiny in some way. It is precisely at this point in the narrative that João Caio's role and importance for the structure of the narrative become clearer: for João Caio is the second protagonist of the novel. From the moment he rescues Lourenço Dias, he becomes, like Cajango, a man with a destiny. 'Sou um homem jurado', he declares (p.34) to O Alto. O Alto it is who observes João Caio visibly acquiring his own place in the mythology that surrounds Cajango. This sense of destiny is intensified when Cajango bestows upon him the pivotal task of fetching from Itabuna the woman he loves; for this mission, carried out successfully, will be indeed crucial in the course of Cajango's trajectory. João Caio's journey to Itabuna is described on four separate occasions as a mission (pp.71, 72, 73 and 75). His successful completion of the mission brings about the idyll of Malva and Cajango, the death of Inuri and the destruction of Cajango's band. It is true that João Caio is a mere witness to the lovers' departure into the mountain, but his decision to co-operate with Cajango's pursuers, that at first sight is calculated simply to save his skin, results in the definitive renunciation in Part Four of all further attempts at pursuit.

In sum, the importance of João Caio cannot be exaggerated. It is threefold: he is fictional narratee of stories concerning Cajango's outlaw career; he is actor in Cajango's drama from the moment in which its turning-point arrives; and finally, as second protagonist, he has a symbolic role in the narrative as a whole. It is with some brief consideration of this third role that I conclude this essay.

Corpo Vivo is a novel with two protagonists, two plots and two stories. The two plots and stories intertwine constantly, but essentially, the *fabula* of Cajango occupies Parts One, Two and Three of the text; that of João Caio occupies the six introductory paragraphs, the respective prologues to the first three parts, and the whole of Part Four. Even the most casual reader of *Corpo Vivo* becomes aware that each of these pieces of text contains a brief narrative of the same event: Bem-Bem's hunt for Cajango. The last of these sections into which the novel is divided, Part Four, begins and ends with a recapitulation of this event. Altogether, these five brief narratives as well as descriptive passages frame the *fabula* of Cajango. Looking more closely, one perceives that each of the five enters the narrative present at a different point. In the prologue to Part One, Bem-Bem's gang are already returning home after admitting defeat. In the prologue to Part Two, the mountain is described as emerging in front of them as they journey forward and João Caio, having won their confidence, is given a rifle. In the prologue to Part Three, we observe Bem-Bem's surprise and scepticism concerning Cajango's possibilities of survival in the mountain. The fourth version of the hunt for Cajango, at the opening of Part Four, expresses the full realization of defeat by Bem-Bem who, in a gesture of magnanimity, releases João Caio. The final recapitulation grants us the full revelation of João Caio's ordeal. It adds little to our knowledge of Cajango's redemption and victory. What it does do is to relate João Caio's victory – that of the plain, outspoken man who knew when and when not to risk the anger of the gods. João Caio, the man who swears that henceforth he will remain silent concerning Cajango, reveals just once, and to the man who holds power of life or death over him, the kernel of both Cajango's profane defeat and his sacred victory:

– O mundo foi contra ele. Matou o tio, aquele Inuri, o índio que criou ele. Teve um amigo, o negro Setembro, que fez a cruz de arame. Os outros, Dico Gaspar e Chico das Bonecas, largaram ele no último dia.

A pausa, um minuto apenas, tempo de erguer o braço na direção da serra;
– Foi a mulher quem trouxe ele. (p.132)

Bem-Bem, representative of the profane forces of chaos, cannot comprehend Cajango's mythic and sacred victory: 'Inútil dizer que Cajango se entenderá com a serra, ela o abrigando até fazer-se esquecido, o sangue de Inuri em suas veias' (p.133). For Bem-Bem, his profane victory in the battle for the land is enough. Significantly, the equally profane man João Caio exhibits his comprehension of Cajango's victory by encapsulating it in the final line of the above quotation. This is why he is the second protagonist, bearing his own burden of meaning within the novel. Cajango has been seen as the archetypal Brazilian hero, the new *homo brasiliensis*, depicted in all the five framing passages as identified with his earth mother, dwelling with his Eve in the mountain, there to 'construct a hopeful future'.[16] This future is by definition hopeful because, for Cajango and Malva, profane time has been abolished through their repetition of the archetypal act of discovery, penetration and occupation of the mountain. Januário occupied a sacred space, founding Os Limões; Cajango, also creator of sacred space, has recuperated that lost paradise described by Lourenço Dias:

> Everything that we know about the mythical memories of 'paradise' confronts us . . . with the image of an ideal humanity enjoying a beatitude and spiritual plenitude forever unrealizable in the present state of 'fallen man'. In fact, the myths of many peoples allude to a very distant epoch when men knew neither death nor toil nor suffering and had a bountiful supply of food for the taking.[17]

The Golden Age of antiquity was always primordial and therefore remote. Os Limões is not distant in time, but for one who has known the hell of the Camacã, it might as well be. The passing of the Golden Age has frequently been attributed to greed and covetousness.[18] Ovid's version of its loss in *Metamorphoses*, Book One, speaks eloquently of this. In this context, gold itself has often been seen in terms of its moral ambivalence: it is at once, a supreme symbol of perfection and excellence, and the root of evil. This ambivalence is present in *Corpo Vivo*. Padrinho Abílio's friend Alonso observes at the outset of Januário's land that 'os Bilá, após certas brigas com Januário, tinham jurado lhe tomar as terras. O cacau novo de Januário começava a dar frutos. Aquelas terras *valiam ouro* e os Bilá tinham um exército no rifle' (p.5). Adonias Filho balances this vision with another at the close of the narrative in which João Caio foresees, long after the deaths of Cajango and

Malva, the cocoa plantations reaching the very top of the mountain, but in far happier circumstances (p.133). In the meantime, he, João Caio, will preserve within him the vision of primordial time regained: 'As imagens estarão nos olhos, as vozes renascendo, *a vida perto como a pulseira de ferro*' (p.134). João Caio will be content to remain in the profane time of the here and now – the Age of Iron that the bracelet on his wrist so frequently alluded to in the course of the text equally clearly signifies. In his *Works and Days* Hesiod refers to a hierarchy of metals in order to situate and qualify the Golden Age, which, he tells us, was followed successively by the ages of silver, bronze, the age of heroes, and finally, the present, evil, chaotic, violent, and decadent Age of Iron. Cajango is the recuperator of an earthly paradise and the pure beginnings of the Golden Age: 'As peles de suas feras vestirão a ele e à mulher, o alimento em suas caças e suas ervas, os braços se encontrando com suas árvores' (p.134). João Caio, with his talismanic iron bracelet, is a hero for the profane world he is destined always to inhabit. The Age of Iron, so well portrayed in *Corpo Vivo*, is the reign of the material, regression into brutality, the unconscious: 'D'origine chthonienne, voire infernale, le fer est un métal profane, qui ne doit pas être mis en relation avec la vie.'[19] Yet iron's vulgarity flies in the face of its sacred value in numerous cultures. It is an amulet against evil as well as an instrument of evil.[20] The magical, mythical and symbolic significances of iron are employed in *Corpo Vivo* in relation to João Caio and his bracelet, which is clearly a talisman when he is at Bem-Bem's mercy: 'Na hora, quando o espancaram, não arrancaram a pulseira de ferro' (p.2). Iron is, in short, like gold, an ambivalent substance: it can appear as the incarnation of the diabolical (it speaks to the human psyche of war); and it symbolizes the progress of civilization, given that its discovery furthered agriculture. Thus, on the one hand it speaks to us of order and of social cohesion, while on the other of chaos and disintegration, destruction and death.[21]

Yet it is not with this opposition that Adonias Filho leaves us at the close of the *fabulas* of Cajango and of João Caio. Through his hero of the Iron Age and his relationship with Cajango on the one hand, and with Bem-Bem on the other, the narrative contrives to mitigate the vision of chaos out of which the lovers escape. Cajango is vouchsafed the wisdom of the gods so that he can dismiss João Caio with these words: 'Não leve as armas. Vá *como homem de paz*' (p.117). In the course of his peregrinations through Cajango's world, João Caio has been stripped of almost everything he possesses; but the sole, named and constant possession has been the iron bracelet that has shared his fate throughout. The text emphasizes its role by depicting it, too, as a witness: 'Chico das Bonecas, agora, está falando. Dele, e testemunha de tudo, a pulseira de ferro' (p.117). To be a man of peace in the Age of Iron is, at the very least, a brave beginning to a new life. We should remember Cajango's final words to his follower when, at the moment in which our second hero's fate hangs in the balance, the *jagunço* leader lets the leather cord fall to the ground and, for the one and only time, smiles: 'Você regressará com a gente. Poderá depois *ir em paz*' (p.133). This is one of the most remarkable moments in the novel. Bem-Bem has every reason to kill Cajango's man, if only out of spite and frustration at his failure to capture Cajango; but instead, the narrative presents him as a man under the spell of the positive forces at work, even in this Age of Iron. The maximum representatives of the Ages of Gold and Iron (when viewed as mutually antagonistic) in the narrative, Cajango and Bem-Bem, are not contrasted in the novel's closure; they are pointedly set in parallel. Cajango dismisses his follower at the moment they finally emerge from the forest and reach the road. Bem-Bem will release João Caio at precisely the same moment – on regaining the road. Like Cajango, Bem-Bem gave João Caio a rifle: 'Entrega o rifle e a cartucheira. Lembra-se de Cajango, também na estrada, ao pedir as armas' (p.122). Cajango, João Caio and Bem-Bem are all at crucial points of their respective quests. All three will in the future undoubtedly use weapons of war, but at this highly symbolic turning-point in the *fabula* the 'new' weapon of the Age of Iron, the rifle, is manifestly useless. As Bem-Bem decides what to do having renounced his quest, his men stand in a tight circle around João Caio, 'nos braços *os rifles inúteis*, o assombro nos olhos' (p.131).

Just as João Caio's wanderings in the backlands lead him to informants who complete the story of Cajango, so his own passage through Cajango's world leads him to the origins of Cajango. Lourenço Dias's narrative enables him to see that Cajango's adventure is one of paradise lived and lost. The narration of João Caio's own adventure is a further structural device that frames Cajango's entire trajectory and facilitates the completion of his *fabula* that ends with paradise regained. At the end of the novel we understand the full significance of those opening paragraphs. The Edenic myth's presence in *Corpo Vivo* has been noted and commented upon by various critics; but the full richness of the novel is only available when the mythic dimension is related to its narratological complexity. Cajango and Malva, heroes of the Age of Gold, like João Caio, our hero of the Age of Iron, will live on. So it is that the sense of the novel's title has been sought, quite reasonably, in João Caio's thoughts on Cajango at the close of the narrative.[22] Bem-Bem would have exhibited Cajango's head in triumph through all southern Bahia; but now, this will not happen: 'Está viva no corpo, os cães não a puderam cortar, a serra protegendo como se fosse a mãe' (p.122). Nevertheless, the body in the title can just as reasonably be seen to be João Caio's: 'Até esse dia, porém, e *enquanto vivo estiver o corpo, não será um cego*. As imagens estarão nos olhos, as vozes renascendo, a vida perto como a pulseira de ferro' (p.134). In other words, João Caio will never use what he knows in order to celebrate and retell, like the blind poets of the backlands, the myth of Cajango and Malva. Cajango and Malva are sufficient unto themselves. They need no companions. Companions are, by definition, a contradiction, and so the mountain repels all that attempt to pursue them there. Safe in their new paradise, they need no chroniclers. Despite his considerable knowledge, João Caio declares that he will be no chronicler, no perpetuator of their story. Knowing when to speak and when not has been one of his salient characteristics, and in the last of the five, framing prologues that serves as epilogue, he summarily renounces all claim to such a role. The blind poets of the *sertão* have, in any case, already done their work: 'Vira o que tinha para ser visto: o mundo de frente em suas andanças. O que não vira, *ouvira no cantar dos cegos e na prosa dos ranchos*' (p.78). Cajango's story is already the property of his people. João Caio may know more about Cajango than any man alive, but even he cannot know everything. The complex of narratives, it is true, would appear to make him privy to the entire text, but there is a notable exception: the idyll of Cajango and Malva. João Caio can know neither of the thoughts of Malva vouchsafed to the reader as she is guided by him to her meeting with Cajango, nor can he know anything of what passes between the lovers that first night they spend together. However, the narrative assures us at the opening of Part Three that even if João Caio were to forget what he knew, it would make no difference:

Quando estiver sòzinho, e procurar destino, é possível que esqueça os pousos, o acampamento na selva, O Alto impassível como uma estaca. É possível que esqueça mesmo a voz de padrinho Abílio. Nos arruados, ele sabe, falarão de Cajango *e cegos não faltarão para cantar sua guerra e seu amor.* (p.89)

The repeated dramatization of the act of transmission in *Corpo Vivo* should be treated with far greater respect than has been customary hitherto. João Caio cannot know the entire story. He comes close to this, it is true, but the novel is telling us what we already know but are inclined to forget: complete knowledge and truth are vouchsafed to no one. What is true in *Corpo Vivo* is guaranteed by the mythification of Cajango's life and career by his comrades-in-arms, by his enemies (Bem-Bem and his men will surely have their tale to tell and, through them, the adventure of João Caio must also reach the blind poets) and by the bards themselves. The text underlines this truth through the tense dramatization of legends-in-the-making that offers us a fresh way of receiving the text of *Corpo Vivo* as well as an alternative reading of the novel.

Notes

[1] References to the text of *Corpo Vivo* are to the second edition (Rio de Janeiro: Civilização Brasileira, 1966). This novel completes Adonias Filho's 'trilogia do cacau' of which volumes I and II are, respectively, *Servos da Morte* (1946) and *Memórias de Lázaro* (1952). All quotations from the text of *Corpo Vivo* are from the above edition. Any italics in the quotations that ensue are my own.

[2] M. Fátima M. Albuquerque, 'The Brazilian nationalist myth in Adonias Filho's *Corpo Vivo*', *Portuguese Studies*, 3 (1987), 149–58 (149).

[3] Tzvetan Todorov, *Théorie de la littérature* (Paris: Éditions du Seuil, 1965), 54, 269–81; Victor Erlich, *Russian Formalism: History and Doctrine*, 3rd edn (New Haven and London: Yale University Press, 1981), 240–50.

[4] Albuquerque has commented upon the scant distinction generally made between the terms *jagunço* and *cangaceiro* ('The Brazilian nationalist myth', 150n). Her note on the subject is really drawing attention to the ambiguity of the term *jagunço*, the full richness of which is not well translated by the English words 'bandit' and 'outlaw' which approximate to the Brazilian Portuguese term *cangaceiro*. Bandits as well as outlaws are what Cajango, Inuri and their followers become.

[5] R. Silviano Brandão Lopes, 'O Trabalho da Escritura: Leitura como Negação da Morte', *Suplemento Literário de Minas Gerais*, 10 March 1984, p.2.
[6] Tzvetan Todorov, *Poétique de la prose* (Paris: Éditions du Seuil, 1971), 87.
[7] Susan Hill Connor, 'From anti-hero to hero: the rebirth archetype in *Corpo Vivo*', *Luso-Brazilian Review*, 16 (1979), 224–32 (230).
[8] Albuquerque, 'The Brazilian nationalist myth', 156.
[9] Roberto Reis, 'A Selva como Templo. Leitura mítica de *O Forte*' (II), *Suplemento Literário de Minas Gerais*, 21 April 1979. Actually, Reis has got this wrong. João Caio does not abandon his leader. Cajango dismisses him from his service; or even more accurately, they part company like the friends they have become. The distinction is important because it helps to point up their portrayal as men of destiny who are fated to go their own separate ways.
[10] Ibid., 7.
[11] Todorov, *Poétique de la prose*, 66–7.
[12] Ibid., 68–74.
[13] Mircea Eliade, *The Sacred and the Profane* (New York: Harvester Books, 1959), 32.
[14] Lauro Junkes, 'Vingança e Redenção em Adonias filho', *Suplemento Literário de Minas Gerais*, 31 October 1981, pp.6–7.
[15] Eliade, *The Sacred and the Profane*, 101–2.
[16] Albuquerque, 'The Brazilian nationalist myth', 158.
[17] Mircea Eliade, *The Myth of the Eternal Return or, Cosmos and History* (Princeton: Princeton University Press, 1974), 91.
[18] For further comment on the Golden Age and on the concept of the Five Ages, see the following: Harry Levin, *The Myth of the Golden Age in the Renaissance* (Bloomington and London: Indiana University Press, 1959), especially pp.12–27; and A. Bartlett Giametti, *The Earthly Paradise and the Renaissance Epic* (Princeton: Princeton University Press, 1969), especially pp.15–33.
[19] J. Chevalier and A. Gheerbrant, *Dictionnaire des symboles*, 2nd edn, 4 vols. (Paris: Seghers, 1973), II, 306–8.
[20] J. G. Frazer, *The Golden Bough: A Study in Magic and Religion*, 3 vols. (London: Macmillan, 1900), I, 346–7.
[21] J. A. Pérez-Rioja, *Diccionario de Símbolos y Mitos* (Madrid: Tecnos, 1962), 202.
[22] Hill Connor, 'From anti-hero to hero', 230.

Index

A., Ruben 65
Abelaira, Augusto 64, 65, 66
Agualusa, José Eduardo 117–35
  A Conjura 117–24, 129, 130, 133
  Estação das Chuvas 129–35
  Nação Crioula 124–9, 133
Almeida, Alfredo Wagner Berno de 158
Almeida, José Américo de 160
Alvès, José 145, 148, 149, 151, 153
Amado, Jorge 47, 158–75
  A Tenda dos Milagres 166, 167, 168, 170, 171
  Cacau 163
  Capitães de Areia 46, 158, 163
  Dona Flor e Seus Dois Maridos 165, 166, 170
  Gabriela, Cravo e Canela 159, 164
  Jubiabá 158, 161, 163
  Mar Morto 158, 163, 164
  Os Pastores da Noite 169, 170
  Os Subterrâneos da Liberdade 159
  Seara Vermelha 159
  Tereza Batista Cansada de Guerra 166, 170, 171, 172, 173
  Terras do Sem Fim 159, 163, 246, 247, 248
  Tieta do Agreste 171
Andrade, Mário Pinto de 130, 131, 134
Ângelo, Ivan 238–45
  A Casa de Vidro 239, 240, 241, 242, 243, 244
  A Face Horrível 239, 240
  A Festa 239, 241, 242, 243, 244

Amor? 239
  Duas Faces 239
Antunes, António Lobo 72
Aristotle 103
Armbruster, Carol 186
Arroyo, L. 223
Atkinson, Dorothy 141, 143
Azambuja, Darcy 198
  Romance Antigo 198

Barthes, Roland 32, 69
Bastide, Roger 152
Bataille, Georges 26, 27
Bello, Andrés 107
Belo, Ruy x
Bergson, Henri 17
Bessa-Luís, Agustina 65
Bessière, Jean 72
Blake, William 22, 80
Bloch, Ernst 108
Booth, Wayne C. 17, 144
Botelho, Fernanda 65
Bradbury, Ray 82
Braga, Rubem 145
Bragança, Nuno 68
Brandão, Raul
  Húmus 15, 20
Brown, Ashley 140, 153, 154

Cabral, Alexandre 3
Callado, Antônio 238, 240, 241
  Bar Don Juan 238, 244
  Quarup 241
Camões, Luís Vaz de 23, 24,
  Os Lusíadas 88, 151
Campos, Augusto de 235
Camus, Albert 151, 154
Cândido, Antônio 151
Candomblé 161, 162, 163, 164, 165, 166, 170, 171, 172

Index

Cangaceiro 161
Carvalho, Maria Judite de 65
Castelo Branco, Camilo x, 3-14, 23, 24
 Amor de Salvação 3-14
 O Romance de um Homem Rico 3-14
 Amor de perdição 4
 Cenas inocentes da Comédia Humana 5
 Anos de prosa 5, 6
 A Queda dum Anjo 7, 11, 12
 Memórias do Cárcere 7, 10, 13
Cavalcanti, Rodolfo 172
Castro Soromenho, Fernando Monteiro de x
Chamberlain, Bobby 167, 173
Cixous, Hélène 178, 179, 183, 184, 186, 188, 189
Clark, Katerina 50, 57, 60
Coluccio, Félix 159
Conrad, Joseph 250
Costa, Maria Velho da 68
Cristóvão, Fernando 141, 142, 143, 144, 145, 146, 149, 150, 152
Crowder, Diane Griffin 179, 184
Cruz, Viriato da 134
Cunha, Euclides da 151
 Os Sertões 151
Curran, Mark 159, 173

DaMatta, Roberto 239
 Carnavais, Malandros e Heróis 239
Dias, Augusto da Costa 47, 49
Dimmick, Ralph 139, 141, 142, 145, 149, 151, 153
Dionísio, Mário 47
Donzela de guerra 172, 233, 234
Dourado, Autran 250
 Os Sinos da Agonia 250
Dranch, Sherry E. 185, 186

Eco, Umberto 69, 70
Ellison, Fred 139, 140, 145, 146, 147, 152

Fantinati, Carlos Erivany 219, 220, 223, 224, 225
Faria, Almeida 65
Faulkner, William 140
Feldmann, Helmut 142, 143, 146, 148, 149, 150, 151, 153
Ferreira, Ana Paula 48, 49, 50
Ferreira, Lídia do Carmo 129
Ferreira, Vergílio 66, 68, 70
Filho, Adonias 246-63
 Corpo Vivo 246-63
Filho, Leodegario A. de Azevedo xi
Fokkema, Douwe W. 53, 72
Freyre, Gilberto 160, 241
 Casa-Grande e Senzala 241
Furman, Nelly 178

Gabeira, Fernando 240
 O Que é Isso, Companheiro? 240
Galvão, Walnice Nogueira 159, 160
Garbuglio, José Carlos 235
Garrett, João Baptista da Silva Leitão de Almeida 23, 24
 Frei Luís de Sousa 32
Gibson, William 83
Gladkov, Fyodor 50
 Cement 48, 50, 52, 59
Goldin, David 142, 147, 149, 150, 153
Gomes, Alfredo Dias 139
Gomes, Joaquim Soeiro Pereira 46-62
 Contos Vermelhos 46, 60
 Engrenagem 46, 52, 56, 60
 Esteiros 46-62
 Refúgio Perdido 46
Gorky, Maksim 50
 Mother 48, 50, 52, 60
Gotérrez, Pero 90

Hamilton, Russell 140, 141, 142, 147, 148, 149, 151, 153
Hegel, Georg Wilhelm Friedrich 88, 97
Helder, Herberto 48

Index

Henke, Suzette 183, 184, 189
Herculano, Alexandre 23, 24
Herzog, Wladimir 242
Hesiod 100, 259
Huxley, Aldous 75, 82

Iser, Wolfgang 145

Jagunço 217, 219, 220, 222, 223, 226, 227, 229, 232, 233, 235, 248, 249, 252, 253, 254, 255, 260
James, Henry 17, 19, 250
James, William 18
Jauss, Hans Robert 139, 143, 145, 150, 151, 153
Jeudy, H. 230
Jones, Ann Rosalind 178, 179
Jordan, David 147
Joyce, James 176–93
  'The Dead' 176–93
Jung, Carl Gustav 80

Khosa, Ungulani Ba Ka 117
  Ualalapi 117
Kristeva, Julia 26, 27, 30, 33, 38, 41, 43, 183
Krysinski, Wladimir 17

Lacan, Jacques 30, 81, 176, 177, 178, 179
Lawton, Aaron 141, 148, 149, 150, 151, 152
Leonard, Gary 177, 181, 182
Lima Barreto, Afonso Henriques de 240
Lispector, Clarice 176–93
  'A Partida do Trem' 176–93
Literatura de cordel 167, 168, 172, 173
Lopes, Ruth Silviano Brandão 250
Lowe, Elizabeth Schlomann 164, 170
Lukács, Georg 49

Machado de Assis, Joaquim Maria x, 139
Mallarmé, Stéphane 80

Malraux, André 154
Martin, Gerald 154
Mazzara, Richard 140, 141, 142, 151, 152
Mendonça, Fernando 47
Mitre, Bartolomé 107
Moi, Toril 179, 189
Monteiro, Adolfo Casais 47, 64
Montenegro, Olívio 141, 144
Mourão, Rui 146
Mourão-Ferreira, David 65
Movimento Regionalista of 1926 160

Namora, Fernando 54, 66
Naturalismo 15–21
Negritude 130, 132
Neto, Agostinho 107
Nietzsche, Friedrich Wilhelm 19, 20, 72
Norris, Margot 189
Nunes, Benedito 219, 220, 223
Nunes, Maria Luisa 159, 163

Oliveira, Carlos de 54, 64, 75
  Casa na Duna 54
Ornellas, Manoelito de 198
  Tiaraju 198
Orwell, George 75, 82

Parker, John 140, 147, 149, 150, 153
Patai, Daphne 171, 173
Pavia, Cristovam x
Peirce, Charles Sanders 18
Pepetela 107–16, 130
  A Geração da Utopia 109, 110, 112, 114, 115, 130
  Lueji, O Nascimento dum Império 109, 115
  Mayombe 108, 109, 110, 111, 112, 113
  Muana Puó 109
  O Desejo de Kianda 109, 112, 113
Pessoa, Fernando 23, 24, 31, 43
Picchio, Luciana Stegagno 141, 153

Index

Pina, Álvaro 47, 49
Pinto, Rolando Morel 144, 145
Pires, José Cardoso xi, 64, 65, 66, 67, 70, 73
O Delfim 67, 68
Plato 218, 230
Phaedrus 218
The Symposium 218, 223, 235
Plotinus 232, 234
Portuguese neo-realism 46, 48, 50, 51
Proença, Cavalcanti Manuel 233
Proudhon, Pierre Joseph 90

Queirós, José Maria Eça de x, 23, 141, 143
A Correspondência de Fradique Mendes 124, 125
O Crime do Padre Amaro 80
O Primo Bazílio 15, 16

Ramos, Graciliano 54, 58, 139–57
Angústia 152
Memórias do Cárcere 141, 149, 152ßΣ
São Bernardo 152
Vidas Secas 54, 58, 139–57
Reali, Erilde Melillo 142, 144, 145, 146, 149, 150, 151, 153
Redol, Alves 46, 49, 71
Rego, José Lins do 160, 161
Reis, Carlos 47, 48, 49
Reis, Roberto 251
Ricciardi, Giovanni 140, 141, 142, 147, 148, 153
Rilke, Rainer Maria 80
Riquelme, John Paul 188
Roche, Jean 142
Rodrigues, José Honório 238, 239
Conciliação e Reforma no Brasil 238
Rodrigues, Urbano Tavares 47, 49, 66
Romance aberto 15, 69
Romance pós-neo-realista português 63–74
Rosa, João Guimarães 217–37
Corpo de Baile 220, 223, 224, 232
Grande Sertão: Veredas 217–37
Sagarana 221, 223, 224
Rosenfeld, Anatol 140

Salazarismo ix, x, 24, 37, 43
Santiago, Silviano 239
Duas Faces 239
Santos, Nelson Pereira dos 140
Saramago, José xi, 88–104
O Evangelho Segundo Jesus Cristo 88–104
Schwarz, Roberto 238, 239
Sebastianismo 29, 32, 33, 34
Sena, Jorge de x
Sertanejo 143, 150, 220
Sertão 141, 148, 149, 150, 152, 153, 154, 222, 228, 234, 261
Simões, João Gaspar 47
Socialist realism 48, 50, 52, 59, 60
Socrates 99
Sovereign, Marie 151, 152, 153
Steen, Edla van 239, 243
Viver e Escrever 239
Steinbeck, John 140

Todorov, Tzvetan 250, 251, 252
Torga, Miguel 22–45
Bichos 37, 40, 43
Contos da Montanha 29, 36
Mar 29, 30
Novos Contos da Montanha 30, 34, 35, 39
Pedras Lavradas 25, 34, 36, 37, 40, 42
Rua 25
Terra Firme 29, 31, 32, 33
Torres, Alexandre Pinheiro ix–xi, 47, 48, 49, 75–87
A Nau de Quixibá ix, 75, 76
A Quarta Invasão Francesa x
Ensaios Escolhidos I & II xi
Espingardas e Música Clássica x
Le Mouvement Néo-Réaliste au Portugal xi
O Adeus às Virgens x
O Meu Anjo Catarina x, 75–87

*O Neo-Realismo Literário
    Português* x
'Pentateuco Salazarista' 78
*Poesia: Programa para O
    Concreto* x
Romance: O Mundo em Equação x
*Sou Toda Sua, Meu Guapo
    Cavaleiro* x, 84
Vai Alta A Noite x
*Vida e Obra de José Gomes
    Ferreira* x
Trony, Alfredo 119, 126
Nga Muturi 119

Veríssimo, Érico 194–216
  Caravana 195
  O Continente 195, 196, 197,
    198, 199, 201, 202, 203,
    205, 206, 209, 210, 211,
    212, 213, 214, 215

Saga 194
Solo de Clarineta 195, 196, 197
O Arquipélago 196, 199, 201,
    202, 204, 205, 208, 209,
    213, 215
O Resto é Silêncio 194, 195
O Retrato 196, 199, 201, 202,
    204, 205, 209, 210, 213,
    214
O Tempo e O Vento 194–216
Vicente, Gil 31
Vieira, Luandino 118
  *A Vida Verdadeira de Domingos
    Xavier* 118
Vincent, Jon 152, 223

Williams, Frederick 144, 145, 147,
    150, 152

Zamyatin, Eugene 82